घनानन्द का काव्य

घनानन्द का काव्य

डॉ. रामदेव शुक्ल

[illegible] हिन्दी विभाग
गोरखपुर विश्वविद्यालय

लोकभारती प्रकाशन

लोकभारती प्रकाशन
पहली मंजिल, दरबारी बिल्डिंग, महात्मा गाँधी मार्ग
प्रयागराज-211 001
वेबसाइट : www.lokbhartiprakashan.com
ईमेल : info@lokbhartiprakashan.com
शाखाएँ : 1-बी, नेताजी सुभाष मार्ग, दरियागंज
नयी दिल्ली-110 002
अशोक राजपथ, साइंस कॉलेज के सामने
पटना-800 006 (बिहार)
36-ए, शेक्सपियर सरणी
कोलकाता-700 017 (प. बंगाल)

वर्तमान संस्करण : 2019

सिटी ऑफसेट
प्रयागराज द्वारा मुद्रित

GHANANAND KA KAVYA
by Ramdev Shukl

ISBN : 978-93-88211-65-9

मूल्य : ₹ 200

द्वितीय संस्करण की भूमिका

'घनानन्द का काव्य' का दूसरा संस्करण पाठक और छात्र वर्ग की अपेक्षा के अनुकूल एक वर्ष पूर्व ही प्रकाशित हो जाना चाहिए था। गत वर्ष पुस्तक की प्रतियों के लिए छात्रों की मांग का दबाव और पुस्तक न मिल पाने पर उनकी असुविधा से हमें कष्ट हुआ। देर अपरिहार्य कारणों से हुई। असुविधा के लिए क्षमा-याचना सहित यह नया संस्करण प्रस्तुत है। प्रथम संस्करण में मुद्रण की जो अशुद्धियां रह गई थीं उन्हें ठीक कर दिया गया है।

आशा है प्रथम संस्करण के समान यह भी पाठक-वर्ग को तोष दे सकेगा।

रामदेव शुक्ल

बसंत पंचमी
1979

प्रस्तावना

घनानन्द मध्यकाल के सर्वाधिक विवादग्रस्त कवि हैं। एक ओर इन्हें 'साक्षात रसमूर्ति' कहा गया तो दूसरी ओर इनके विपुल काव्य को नजर-अंदाज करते हुए इन्हें रीतिमुक्त फुटकर कवियों के खाते में डाल दिया गया। यदि इनके कतिपय समकालीन इन्हें ब्रज-भूमि को कलंकित करने वाला 'पाप का भवन' कहते हैं तो संप्रदाय के भीतर ये 'बहुगुनी' नाम प्राप्त करते हैं और महात्माओं के भी पूज्य कहे जाते हैं। एक ओर कहा गया कि 'इनके भाग्य में प्रेम का हर्ष बदा ही नहीं था', पर दूसरी ओर इनका काव्य इस बात का साक्ष्य उपस्थित करता है कि 'वह हर्ष' इन्हें खूब मिला।

इन परस्पर विरोधी बातों से घनानन्द के काव्य की असाधारण शक्ति का परिचय मिलता है। घनानन्द एकमात्र कवि हैं जो प्रेम के लौकिक और आध्यात्मिक, दोनों छोरों की स्पष्ट व्याख्या करते हैं और उनमें से किसी को भी छोटा या उपेक्षणीय नहीं मानते।

इस पुस्तक में मैंने घनानन्द के काव्य के एक सौ एक छंदों को हिंदी साहित्य के मर्मज्ञ पाठकों के लिए व्याख्या सहित प्रस्तुत किया है जिससे इस महाकवि के काव्य-वैभव की एक झलक मिल सके। हमारी पिछली पुस्तक 'घनानन्द का शृंगार काव्य' को प्रस्तुत पुस्तक के संदर्भ में रखकर ही इस अध्ययन की सार्थकता को समझा जा सकता है।

रामदेव शुक्ल

छंद अनुक्रम

जा हित मात को नाम जसोदा	1
घनआनन्द जीवनमूल सुजान	3
लै ही रहे हो सदा मन और को	4
तब तौ छबि पीवत जीवत हे	5
हीन भएं जल मीन अधीन	6
कंत रमैं उर अंतर मैं	7
सुखनि समाज साज सजे	8
तपति उसास औधि रूंधियै	9
मरिबो बिसराम गनें वह तौ	10
ए रे बीर पौन तेरो सबै ओर गौन	11
बधिकौ सुधि लेत सुन्यौ हृति कैं	13
साधनि ही मरियै भरियै	14
मन जैसें कछू तुम्हैं चाहत है	15
अति सूधो सनेह को मारग है	16
अकुलानि के पानि पर्‌यौ दिनराति	17
बैरी बियोग की हूकनि जारत	19
कित को ढरिगौ वह ढार अहो	20
घनआनन्द प्यारे सुजान सुनो	21
बिरहा-रवि सों घट ब्योम तच्यौ	22
मोहन अनूप रूप सुंदर सुजान जू को	23
जोई रात प्यारे-संग बातन न जात जानी	24
पूरन प्रेम को मंत्र महापन	26
आनाकानी-आरसी निहारिबो	26
घनआनंद जान, सुनौ चित दै	29
रूप-उजियारे जान, प्रानन के प्यारे	30

जीवन-मूरति जान सुनौ गति 32
उघरि नचे हैं, लोक लाज तें बचे हैं 33
चूर भयौ चित पूरि परेखनि 35
दृग नीर सों दीठिहिं देहुं बहाय 36
तुम दीनी पीठि, दीठि कीनी सनमुख याने 37
अंसुवानि तिहारे बियोगहि सों 38
परकाजहि देह कों धारि फिरौ 39
बात सुजानन की घनआनंद 40
महा अनमिलन-मिलेई मिलौ 41
सावन आवन हेरि सखी 43
कान्ह परे बहुतायत मैं 44
पहिलें पहिचानि जु मानि लई 45
मो अबला तकि जान तुम्हैं 46
कहौं जो संदेसो ताको 47
मग हेरत दीठि हिराय गई 49
इतै अनदेखें देखिबेई 50
इक तौ जग मांझ सनेही कहां 52
मनमोहन तौ अनमोह करौ 53
जगि सोवनि में जगियै रहै चाह 54
पलकौ कलपै कलपौ पलकै 55
चलि आई सदा रस रीति यहै 56
मोरचंद्रिका सी सब देखन कौं 57
जौ उहि ओर घटा घनघोर 58
आनि लई न कछू सुधि हाय 59
बात के देस तें दूरि परे 60
प्यारे सुजान को प्रान-पियारो 62
रस-आरस-भोय उठी कछु सोय 63
रूप चमूप सज्यौ दल देखि 64
अंजन त्यौर ही ताक्यौ करै 65
रूप की उलझि आछे आनन पै नई नई 66
सोभा-बरसीली सुभ सील सों लसीली 67
रति सांचें ढरी अछवाई भरी 68
आनन की सुथराई कहा कहौं 70
अंगुरीन लौं जाय भुलाय तहीं 71
आड़ न मानति चाड़ भरी 71
पानिप अनूप रूप जल को निहारि मन 73

सिसुताई-निसि सियराई बाल ख्यालन में	73
साखा-कुल टूटै ह्वै रंगीली अभिलाषा-भरी	74
हमैं तुम्हैं आजु लौं न अन्तर हो प्रान प्यारे	76
अन्तर गठीले मुख ढीले ढीले	77
याहि आएं आवन की आसा	78
कंठ-कांच घटी तें बचन चोखो	80
कहियै सु कहा रहियै गहि मौन	82
अंग अंग आभा-संग	83
नैन किये अति आरति-ऐन	84
अभिलाखनि लाखनि भांति भरीं	85
जिन आंखिन रूप-चिन्हारि भई	86
आंखें रूप-रस चाखें	87
पल-दल संपुट मैं मुंदै मन मोद मानै	89
बरसैं तरसैं सरसैं अरसैं न कहूं	90
रूप लुभाय लगी तब तौ	91
नैन कहै सुनि रे मन	93
फैलि रही बर अंबर पूरि	94
प्रान-पखेरू परे तरफैं	94
सोवत भाग जगे सजनी	95
दरसन-लालसा ललक-छलकनि पूरि	96
बिरह दवागिनि उठी है तन-बन बीच	97
दुख धूम की धूंधरि मैं घनआनंद	98
ए मन मेरे कहा करी तैं	99
रीझि बिकाय निकाई पै रीझि	100
घूंटैं घटा चहुंधा घिरि कै	101
अवधि सिराएं ताप तापे ह्वै कलमलाय	102
साहस सयान ज्ञान ताकत तुम्हैं सुजान	103
मोहिं दुख-दोष सोखै	104
अंग अंग छाई है उदेग उरझनि महा	105
आयौ महारस-पुंज-भर्यौ	106
रैन-दिना घुटिबो करै प्रान	107
चाह-बढ्यौ चित चाक-चढ्यौ	108
कहियै किहि भांति दसा सजनी	109
बात अनोखी कहा कहियै	109
जान सजीवन-प्रान लखें बिन	110
मीत सुजान अनीति करौ जिन	111

उर-भौन मैं मौन को घूंघट कै	112
अंतर मैं बासी पै प्रबासी को सो अंतर है	114
बहुत दिनान के अवधि-आस-पास परे	116
प्रेम को महोदधि अपार हेरि कै विचार	117

घनानन्द : रीतिकालीन काव्य पर पुनर्विचार की मांग

'सूर सूर तुलसी ससी' से लेकर 'कृति की राह से होकर गुजरने' तक की हिंदी समीक्षा की उपलब्धियां निश्चय ही बड़ी हैं, किंतु व्यापक सरलीकरण के दुष्परिणाम आज तक (बल्कि आज कुछ ज्यादा ही) भोगने पड़ते हैं। कुछ सामान्य नियमों का चौखटा गढ़कर हिंदी साहित्य में काल विभाजन हुआ है और हजारों कवियों, लेखकों के साहित्य को कुछ वर्गों-उपवर्गों में बांटकर यह महत कार्य संपादित किया जाता रहा है। आचार्य रामचन्द्र शुक्ल की दृष्टि और बुद्धि के साथ उनकी व्यक्तिगत 'रुचि' आज तक हिंदी समीक्षा को बहुत गहरे स्तरों पर प्रभावित करती आ रही है। यही कारण है कि हिंदी शब्द सागर की भूमिका के रूप में जो इतिहास उन्होंने बहुत जल्दी में लिखा, उसके आस-पास ही डी० लिट० के स्तर तक का साहित्येतिहास लेखन आज भी घूम रहा है। छायावाद युग तक के हिंदी साहित्य, उसकी प्रवृत्तियों और उसके लेखकों, कवियों के संबंध में आचार्य शुक्ल के निष्कर्ष आज भी प्रायः अकाट्य बने हुए हैं। घनानन्द जैसे कवियों के साहित्य पर व्यापक विचार न हो सकने का कारण इसके अतिरिक्त दूसरा नहीं हो सकता कि आचार्य शुक्ल ने जिसको महाकवि घोषित कर दिया उसके अतिरिक्त किसी अन्य को उस वर्ग में स्वीकार करना कुछ अनुचित कार्य जैसा मान लिया गया। घनानन्द और बिहारी पर 'हिंदी साहित्य का इतिहास' के अतिरिक्त आचार्य शुक्ल ने कहीं कुछ नहीं लिखा, किंतु इतिहास में ही उन्होंने इन दोनों कवियों के संबंध में जो कुछ लिखा है, उसको आमने-सामने रखकर देखने[1] पर स्पष्ट हो जाता है कि घनानन्द को वे बिहारी की अपेक्षा बहुत बड़ा कवि मानते थे, फिर भी उन्होंने वर्गविभाजन के क्रम में बिहारी को रीतिकाव्य की मुख्य धारा के साथ रखा और घनानन्द को फुटकर कवियों के खाते में डाल दिया। तब से अब तक हिंदी साहित्य पर कार्य करने वाले विद्वान घनानन्द के काव्य पर यही मानकर विचार करते रहे हैं कि ये फुटकर कवियों में से एक कवि हैं और इनके काव्य में कलात्मक निखार ढूंढ़ना व्यर्थ है।

इसी प्रकार के सरलीकरण का एक ताजा नमूना है 'हिंदी साहित्य का इतिहास'[2] में घनानन्द संबंधी विवरण। एक ओर इस ग्रंथ में यह स्वीकार किया गया है कि 'काव्य-सौंदर्य के अतिरिक्त रचनाविस्तार की दृष्टि से भी घनानन्द महाकवियों में गिने जाने योग्य हैं।'[3] वहीं दूसरी ओर रीतिमुक्त स्वच्छंद कवियों की कुछ सामान्य विशेषताओं का उल्लेख करते हुए यह भी कह दिया गया है कि 'इस धारा के प्रायः सभी गुण इनकी शैली में मिल जाते हैं।'[4] फिर इस चौखटे के भीतर उनके काव्य को रखकर इस प्रकार के निष्कर्ष निकाले गए हैं: 'घनानन्द की कविता रूपप्रधान कम है', 'उक्ति को सजाने संवारने की कोशिश उन्होंने कम की है', 'वे सब प्रकार की रूढ़ियों से मुक्त हैं', और

'उनके भावों में विषाद और निराशा का प्राचुर्य है' तथा 'उनके भाग्य में प्रेम का हर्ष बदा ही नहीं है।'[5]

उपर्युक्त निष्कर्ष तथाकथित स्वच्छंद धारा के कवियों के संदर्भ में चाहे जितने सत्य और अकाट्य हों, घनानन्द का काव्य इस प्रकार के सभी निष्कर्षों को झुठला देता है। इस प्रकार के कथन घनानन्द की प्रणयानुभूति से सर्वथा अपरिचय के परिणाम हैं। इस महाकवि की प्रणयानुभूति अत्यंत सूक्ष्म, विशद, स्पष्ट और व्यक्त है। उसमें किसी प्रकार के गोपनभाव अथवा रहस्यात्मक आवरण की भी कोई गुंजाइश नहीं है। उनकी स्पष्ट धारणा है कि मनुष्य की प्रेमानुभूति ईश्वरीय प्रेम की गरिमा से किसी तरह भी हल्की नहीं है। घनानन्द ने पूर्ण आवेग के साथ मानवीय प्रेम का सुख-दुख भोगा। उसके बाद उन्होंने भक्ति के दिव्य आनंद का अनुभव किया। दोनों की पवित्रता में उन्हें कोई गुणात्मक अंतर नहीं दिखाई पड़ा। भेद के नाम पर मात्राभेद ही उन्होंने संकेतित किया। जिस घनानन्द ने अपने को सुजान के हाथों में सौंप ही नहीं दिया था, उसके पांवों के नीचे अपने मन को पांवड़े की तरह बिछा दिया था, उसी घनानन्द ने भक्ति मार्ग में दीक्षित होकर राधा-कृष्ण का अभिन्न साहचर्य और अतिशय प्रगाढ़ विश्वास भी अर्जित कर लिया। 'बहुगुनी' के 'दिव्य अनुभव' किसी भी भक्त के लिए स्पृहणीय हो सकते हैं। बहुगुनी के रूप में उसी घनानन्द का कथन है:

राधा मदन गोपाल की हौं सेज बनाऊं।
दूधफेन फीको करै बर बसन बिछाऊं॥[6]

शय्या निर्माण के बाद राधा-कृष्ण को उस पर पधरा कर बहुगुनी उन दोनों के मन में काम की लालसा को उद्दीप्त करती है:

संगम ओज मनोज कै रंगनि दरसाऊं।[7]

समयानुसार वही उनको रसभेद की बातें सुनाती है:

समुझि समय रस भेद की बतियानि सुनाऊं।

राधा-कृष्ण बहुगुनी के कानों में अपनी अपनी भेद की बातें कहते हैं तो बहुगुनी के प्राणों का पोषण हो जाता है:

कहैं कछू लगि कान सों, सुनि जीव जिवाऊं।

दोनों के गले में एक ही माला डालकर यह अंतरंग सखी कोई बहाना बनाकर वहां से हट जाने को होती है कि राधा इसके आंचल का छोर पकड़ लेती है। छुड़ाने से नहीं छोड़तीं। उल्टे सखी (बहुगुनी) को ही अपने आलिंगन में जकड़ लेती हैं। मुश्किल से राधा की पकड़ से छूटकर यह सखी उन दोनों को रस के चरम क्षणों में छोड़कर बाहर निकल पाती है। बाहर से ही पट बंद कर देती है। भीतर की बातों से अपने प्राणों में उत्तेजना का अमृत भरती है:

भाजि इकौसी ह्वै रहौं कनसुवौ लगाऊं।
सुनि सुनि सीचनि प्रेम की 'नाही' अरु 'हाऊं'॥

फिर क्रीड़ा में रसमसे युग्म को नींद की बांहों में झुलाने का उपाय करती है :

बैठि आपनी ठौर हौं मृदु बीन बजाऊं।
केलि रसमसे मिथुन को सुख नींद अनाऊं।
या विधि मनभायौ करौं जगि रैनि बिताऊं॥

फिर प्रातःकाल—बड़े भोर अनुराग सों भैरवी जगाऊं।
अति रस मतवारेनि को नव प्रात जताऊं॥

रस में डूबे वे दोनों इतने पर भी नहीं जागते तो :

निकट जाय पग चांपि कै हित हाथ जगाऊं।
आरस भरी जंभानि पै चुटकीनि चिताऊं॥

शय्या से उठाकर डगमगाते हुए उन दोनों को अपनी बांहों का सहारा देकर बहुगुनी आंगन में ले आती है। उनको धीरे धीरे जगाती है। इस प्रकार नित्य नूतन रसरीति के प्रति अपने मन की उमंग बढ़ाती है।[8]

बहुगुनी का यह अनुभव प्रत्यक्ष है। इस प्रत्यक्ष का क्या मतलब? सांप्रदायिक शास्त्रानुसार इसकी व्याख्या इस प्रकार हो सकती है कि राधा-कृष्ण की लीला नित्य है। ब्रज, यमुना, गोप, गोपी, सखी, रास सब कुछ नित्य है। उसी नित्य लीला के साथ भक्त के तदाकार हो जाने की यह स्थिति है। मानवीय अनुभव-जगत के तर्कों के अनुसार इसकी जांच करें तो भक्त घनानन्द के हृदय की उस आनंदविह्वल अवस्था का परिचय मिलता है जिसे ब्रजधाम में राधा-कृष्ण के विग्रह की अहर्निश सेवा करते हुए प्रतिपल उनके प्रकट साहचर्य की प्रतीति होती रहती थी। उनकी नित्य लीला में बहुगुनी की सदेह उपस्थिति को, कम से कम इस रूप में, अस्वीकार नहीं किया जा सकता।

सुजान के प्रति अपने ऐंद्रिय प्रेम और बहुगुनी के अनुभवों की तुलना करने के बाद ही घनानन्द ने निश्चय किया होगा कि प्रेम में कभी कोई कल्मष आ ही नहीं सकता। उन्होंने अनुभव के बाद विचार किया, मंथन किया और तब कहीं निश्चय रूप में यह कह सके कि प्रेम एक सागर है जिसके ओर-छोर का पता नहीं। उसकी थाह लेने को आतुर विचार बेचारा घबराकर इसी किनारे से लौट आता है। उसी समुद्र में राधा और कृष्ण निरंतर केलि करते हैं। इस युगल को अपनी लहरों पर झुलाकर वह सागर उमंगता रहता है। उसी अपार सागर की एक बूंद छिटक गई है जिसने तीनों लोकों को आप्लावित कर दिया है। बिना किसी संकोच के घनानन्द कहते हैं कि इस संसार में स्त्री-पुरुष का प्रेम वही है, और कुछ नहीं :

प्रेम को महोदधि अपार हेरि कै बिचार
बापुरो हहरि वार ही तैं फिरि आयौ है।
ताही एकरस ह्वै बिबस अवगाहैं दोऊ
नेही हरि-राधा जिन्हैं देखे सरसायौ है।

ताकी कोऊ तरल तरंग-संग छूट्यौ कनं
पूरि लोक लोकनि उमगि उफनायौ है।
सोई घनआनंद-सुजान लागि हेत होत
ऐसें मथि मन पै सरूप ठहरायौ है॥

घनानन्द ने इस बूंद की प्रगाढ़ता का अनुभव सुजान के साथ अपने ऐंद्रिय प्रणय प्रसंगों में किया तो बहुगुनी के रूप में उस अपार सागर में क्रीड़ा करते राधा-कृष्ण के साथ साथ उस सागर की अगाधता का अनुभव भी किया। इसीलिए घनानन्द की प्रेम परिकल्पना में कोई गोपनभाव, कोई उलझन, कोई अधूरापन, कोई पाप भावना और कोई अस्पष्टता नहीं है।

आख्यानपरक न होने के कारण घनानन्द के काव्य में भावस्थितियों के विकास का कोई क्रम बना-बनाया नहीं मिलता, किंतु उनके श्रृंगारकाव्य में उसे ढूंढ़ना कठिन भी नहीं है। प्रिय के असाधारण रूप के प्रति आश्रय की रीझ, पूर्वराग की आवेगदशा, असाधारण सुख के अतिरेक के साथ रंकवत लालसा की सीत्कार और 'शुद्ध सामीप्य' जैसी तन्मयता वाला संयोग और उस संयोग के बाद स्वभावत: तीव्र विरहानुभूति, यह सब कुछ उनके काव्य में है।[9] जिन लोगों ने घनानन्द का केवल विरहानुभूतिपरक काव्य ही देखा है, उन्हें उनकी तीव्र विरहानुभूति के रहस्य को समझने का धैर्य रखना चाहिए था। वस्तुतः इस वेदना का रहस्य उससे पूर्व भोगे गए संयोग के उस सुख में ही है जो साधारण अवस्था में और सामान्य प्रेमियों के लिए अप्राप्य है। अब वह सुख अप्राप्य हो जाने पर यह प्रेमी अपने मन प्राणों को जितना आकुल पाता है उतना ही यह चाहता है कि इस जंजाल को तोड़कर स्मृतियों के फंदे से निकल जाए। जब वह प्रिय इतना निठुर हो गया है, अपना सर्वस्व समर्पित करनेवाले प्रेमी की ओर से उदासीन हो गया है तो वही (आश्रय) क्यों इस तरह अपने को मारता रहे। किंतु इतना दुख देनेवाले उस निठुर प्रिय से मुक्त होने की बात सोचते ही उस अपूर्व आनंद की स्मृति साकार हो आती है। प्रिय के साथ भोगे हुए उस आनंद की स्मृति से रोम रोम पुलकित हो आता है और वह सोचता रह जाता है कि यदि ऐसा न होता तो उस निठुर के लिए इतना पछतावा न होता :

जीवनि-मूरति जान सुनौ गति, जौ जिय रावरो प्यार न पावतौ।
संगम-रंग अनंग-उमंगनि-झूमि न आनंद अंबुद छावतौ।
लाड़िलौ जोबन त्यौं अधरासव चोपनि लोभी मनै नहिं भावतौ।
तौ उर-दाहक प्राननि गाहक रूखे भए को परेखो न आवतौ॥

प्रिय के रूखा हो जाने की कचोट इसीलिए तो है कि संगम (संभोग) का वह रंग, अनंग की वे तरंगें, उनका झूम झूमकर आनंद की वर्षा करनेवाले बादलों के रूप में छा जाना, वह लाड़ला जोबन (यौवन से अधिक मुखर), अधरों की वह मादक मदिरा, यह सब भुलाए नहीं भूलता। यह सब न मिला होता तो दुख किस बात का रहता।

निकाई की निधि उस प्रिया का सहज प्रकाशमान रूप, उसका सलोनापन, उसकी

लाड़ली लसनि, लुनाई की लहरें उठाती माधुरी, ज्योत्स्ना की भांति अपरिमेय आभा, जब से प्रेमी की आंखों में आई है, ये आंखें उस रूप के प्रति निछावर हो गई हैं।

माधुरी निधान प्रान ज्यारी जान प्यारी तेरौ,
रूप-रस चाखैं आंखैं मधुमाखी ह्वै गई।

उसकी अपनी आंखें सुजान की आंखों को देख लेने के बाद उसके पास नहीं लौटतीं :

तेरी सौं ए री सुजान तो आंखिन देखि ये आंखि न आवति मो पै।

रूप मतवारी उस सुजान के एक एक अंग की छटा अद्भुत है। उसकी पीठ तक को देख लेने वाला अपना मन अन्य दृश्यों से सदा के लिए फेर लेता है। उसके पांव केलि कला के कंद और विलास के मंदिर हैं। प्रेमी उन पांवों पर अपने कपोल घिस घिस कर ही मनोज सिंधु का संतरण करना चाहता है :

सीस लाय दृग छाय, हिये मैं बसाय राखौं
इते मान मान आवै प्राननि मैं लै धरौं।
हेरि हेरि चूमि चूमि सोभा छबि घूमि घूमि
परसि कपोलनि सों मंजन कियौ करौं।
केलि-कला-कंदिर बिलास-निधि-मंदिर ये
इन ही के बल हौं मनोज सिंधु कों तरौं।
यातैं घनआनंद सुजान प्यारो रीझि भीजि
उमगि उमगि बेर बेर तेरे पा परौं॥

प्रिया सुजान के पांवों पर कपोल रगड़नेवाली लालसा एकपक्षीय नहीं है। प्रिया सुजान प्रेमी की दृष्टि को पहचानती है। उस दृष्टि के भूले पर वह रूपगर्विता और प्रेमगर्विता लहक कर झूम उठती है, जैसे फूलोंभरी लता किसी हल्के इशारे से हौले हौले इठलाती हुई झूमती रहे :

लाड़ लसी लहकै महकै अंग रूप-लता लगि दीठि झकोरै।
हास-विलास-भरे रसकंद सु आनन त्यों चख होत चकोरै।
मौन भली, कहि कौन सकै घनआनंद जान सु नाक सकोरै।
रीझि बिलोएई डारति है हिय, मोहति टोहति प्यारी अकोरै॥

रूप और प्यार के गर्व से उसका नासा मोड़ना और बांहें फैलाए प्रेमी के आलिंगन में सिमट आने की मुद्रा के प्रति रीझता हुआ प्रेमी पुलक के साथ अनुभव करता है कि यह रीझ उसके हृदय का मंथन किए डाल रही है।

न जाने कितने अवसरों पर कितने उल्लास और उमंग के साथ क्रीड़ाकौतुक भरा यह संयोग घटित होता है। आतुर प्रेमी को प्रिया की असाधारण सुकुमारता के कारण बड़े धैर्य से काम लेना पड़ता है। सखी बार बार उसके अधैर्य को रोकती है। उसकी

सुकुमारता का यह हाल है कि जरा से दबाव से उसके उरोजों पर चोली की सिलाई के दाग उभर आते हैं :

चोली चुनावट-चीन्हैं चुभैं चपि होत उजागर दाग उतू के ॥

ऐसी प्रिया के साथ इस आतुर प्रेमी का संयोगसुख कैसा है, उसकी झलक कुछ छंदों में देखी जा सकती है :

ललित उमंग-बेली आलबाल-अंतर तें
आनंद के घन सींची रोम रोम ह्वै चढ़ी।
आगम-उमाह-चाह छायो सु उछाह रंग
अंग अंग फूलनि दुकूलनि परै कढ़ी।
बोलत बधाई दौरि दौरि कै छबीले दृग
दसा सुभ सगुनौती नीकें इन पै पढ़ी।
कंचुकी तरकि मिले सरकि उरज, भुज
फरकि सुजान चोप-चुहल महा बढ़ी॥

अंग अंग उमंग में इतने तरंगित हैं कि वस्त्रों को फाड़ कर निकल आना चाहते हैं। इस आवेग के साथ मिलने वालों के सुरतांत के चित्रों में उस आनंद दशा के संकेत मिलते हैं :

सोए हैं अंगनि अंग समोए सु भोए अनंग के रंगिन स्यों करि।
केलि-कला-रस-आलस आसव-पान-छके घनआनंद यौं करि।
प्रेम निसा-मधि रागत पागत लागत अंगनि जागत ज्यौं करि।
ऐसे सुजान बिलास निधान हैं सोएं जगे कहि ब्यौरियै क्यौं करि॥

इस सुख के बाद की आलस्ययुक्त छबि प्राणों को अपने पाश में कसती जाती है :

सुख स्वेद-कनी मुखचंद बनी बिथुरी अलकावलि भांति भली।
मद-जोबन, रूप-छकीं अंखियां, अवलोकनि आरस-रंग-रली।
घनआनंद ओपित ऊंचे उरोजनि चोल मनोज के ओज-दली।
गति ढीली लजीली रसीली लसीली सुजान मनोरथ-बेलि-फली॥

रात भर ऐसे सुख में जगी हुई सुजान को देख कर दृष्टि नजर न लगने की आशंका से तिनके तोड़ने लगती है :

रस-रैनि जगी प्रिय-प्रेम-पगी अरसानि सों अंगनि मोरति है।
मुख-ओप अनूप विराजि रही ससि कोरिक वारने, को रति है।
अंखियानि मैं छाकनि की अरुनाई, हियौं अनुराग लै बोरति है।
घनआनंद प्यारी सुजान लखें डरि डीठि हितू तिन तोरति है॥

विद्यापति के गीतों में सुरतांत के मोहक चित्र हैं। उनमें से एक है :

सुरत समापि सुतल वर नागर पान पयोधर आपी।
कनक संभु जनि पूजि पुजारी धरए सरोरुह झांपी॥

घनानन्द के चित्रों में ऐसे प्रसंगों पर शिवलिंग और पुजारी की याद नहीं आती। वहां तो यह दशा है :

मद-उनमाद-स्वाद मदन के मतवारे,
केलि कै अवारि लौं संवारि सुख सोए हैं।
भुजनि उसीसो धारि अंतर निवारि, जानु
जंघनि सुधारि तन मन ज्यौं समोए हैं।
सपने सुरति पागें महा चोप अनुरागें,
सोए हू सुजान जागें, ऐसे भाव-भोए है।
छूटे बार टूटे हार आनन अपार सोभा
भरे रस-सार घनआनंद अहो ए हैं॥

इतने पर भी आलोचक कहते हैं कि 'इनके भाग्य में प्रेम का हर्ष बदा ही नहीं।' सच तो यह है कि मध्यकाल का यह अकेला कवि है जिसे प्रणयानुभव के दोनों सीमांतों, जैविक और आध्यात्मिक पर पूर्ण परितृप्ति (फुलफिलमेंट) की प्राप्ति हुई। ऐसा भाग्यवान कोई दूसरा कवि नहीं दिखाई पड़ता।

रही संयोग में भी वियोग के अनुभव की बात, कवि के हृदय में बैठी चिरविरहिणी की बात, तो यहां महाकवि विद्यापति, कविगुरु रवीन्द्रनाथ टैगोर और घनानन्द सबके अनुभव एक ही हैं। घनानन्द संयोग का सुख एक ओर 'शुद्ध सामीप्य' के स्तर पर प्राप्त करते हैं :

मीत सुजान मिले को महासुख अंगनि भोय समोय रह्यो है।
स्वाद जगे रस रंग पगे अति जानत वेई न जात कह्यो है।
द्वै उर एक भए घुरि कै घनआनंद सुद्ध समीप लह्यो है।
रूप-अनूप-तरंगनि चाहि तऊ चित चाह प्रवाह बह्यो है॥

तो दूसरी ओर यहीं से आरंभ होती है वह चिर अतृप्ति :

त्यों त्यों प्यासोई रहत ज्यों ज्यों पियत अघाइ। (बिहारी)

संयोग का सुख, इस अतिशय प्रगाढ़ता के साथ भोगता हुआ भी, वह 'हृदय' भिखारी की तरह अतृप्त है :

पौढ़े घनआनंद सुजान प्यारी परजंक
धरे धन अंक तऊ मन रंक गति है।
भूषन उतारि अंग अंगहि सम्हारि, नाना
रुचि के बिचार सों समोय सीझी मति है।

ठौर ठौर लै लै राखें औरै और अभिलाखें,
बनत न भाखें तेई जानें दसा अति है।
मोद-मद छाके घूमैं रीझि भीजि रस झूमैं
गहैं चाहि रहैं चूमैं अहा कहा रति है।

यही चिर अतृप्ति विद्यापति के प्राणों की है :

सखि की पूछसि अनुभव मोय।
से हो पिरीत अनुराग बखानिए तिल तिल नूतन होय।
जनम अवधि हम रूप निहारल, नयन न तिरपित भेल।
से हो मधुबोल स्रवनहि सूनल, स्रुति-पथ परस न भेल।
कत मधु जामिनि रभस गमाओल, न बूझल कइसन केल।
लाख लाख जुग हिय हिय राखल, तइयो हिय जुड़ल न गेल।
कत विदगध जन रस अनुमोदई, अनुभव काहु न पेख।
विद्यापति कहे प्रान जुड़ाइत, लाखो मिलल न एक ।।

क्षण क्षण नूतन होता हुआ यह अनुराग कभी तृप्ति की सीमा का स्पर्श नहीं करता। नेत्र बार बार उस रूप-सुधा से आपूरित होते हैं, कानों में वह अमृत झरता ही रहता है, कितनी मधुयामिनियां क्रीड़ानिरत बीत गई हैं, लाखों लाख युगों से प्रिय छाती से लगा हुआ है, फिर भी न आंखें तृप्त हो पाती हैं, न कान, न छाती जुड़ा पाती है और न यही मालूम हो पाता है कि केलि क्या होती है। असंख्य विदग्ध जन इस रस का अनुमोदन करते हैं लेकिन बेचारे अनुभवहीन लोग, करें तो क्या करें ?

कविगुरु के हृदय में बैठी यही चिरविहिणी तृण तृण और लहर लहर के स्वर में स्वर मिलाकर कातर याचना करती रहती है, अभी नहीं, अभी नहीं, अभी जाने नहीं दूंगी, जाने नहीं दूंगी।[10]

जब ये आकुल प्राण जुड़ा ही जाएंगे, जब प्रेम की बढ़ती हुई उमंगती हुई तृषा बुझ ही जाएगी, तो बचेगा क्या ? इसीलिए 'चातकता' को आदर्श रूप में स्वीकर करते हुए भी गोस्वामी तुलसीदास चातक को सावधान कर देते हैं :

चातक तुलसी के मते स्वातिहुं पियै न पानि।
प्रेम तृषा बाढ़ति भली घटें घटैगी आनि ।।[11]

घनानन्द में अतृप्ति है तो इस स्तर की है। इसके आधार पर इनको प्रेम का सुख न प्राप्त कर सकने वाला भाग्यहीन नहीं घोषित किया जा सकता।

प्रेम के ऐसे विलक्षण अनुभव के बाद ही घनानन्द का विरह इतना तीव्र आवेगमय, इतना करुण और इतना गंभीर हो सका है कि संसार की दृष्टि में प्रेम के सर्वश्रेष्ठ प्रतीक मीन और पतंग इनके सामने कायर और कपूत होकर रह जाते हैं।

मरिबो बिसराम गनै वह तौ यह बापुरो मीत तज्यो तरसै ।
वह रूप छटा न सहारि सकै यह तेज तवै चितवै बरसै ।
घनआनंद कौन अनोखी दसा मति आवरी बावरी ह्वै थरसै ।
बिछुरें मिलें मीन पतंग दसा कहा मो जिय की गति को परसै ।।

मीन और पतंग की बशा तो इस अनुभूति का स्पर्श भी नहीं कर सकती। घनानन्द के विरहवर्णन पर सबकी दृष्टि गई है, इसलिए इस संबंध में मुझे बहुत नहीं कहना है। केवल आचार्यों के इस निष्कर्ष की परीक्षा की जा सकती है कि 'घनानन्द के भावों में विषाद और निराशा का प्राचुर्य है।'[12]

साधारण सी बात है, जीवन में सुख के क्षण बहुत छोटे होते हैं और दुख की घड़ियां बहुत लंबी। दूसरी बात यह कि जिस रस का छककर पान करना ऊपर की पंक्तियों में देखा जा चुका है, वह रचना की, सृजन की, जमीन पर नहीं होता। वह जमीन उस सागर से बाहर आने के बाद ही मिलती है। यह दूसरी बात है कि टी० एस० ईलियट, अज्ञेय, घनानन्द और तुलसीदास जैसे कवि अपने भोक्ता और स्रष्टा को समानांतर सक्रिय रख सकने में बहुत दूर तक सफल हो पाते हैं। वियोग को प्रेम की जाग्रत गति इसलिए भी कहा गया है कि उस दशा में भोक्ता की अपेक्षा रचनाकार के सक्रिय रहने की संभावना अधिक रहती है। यही कारण है कि घनानन्द के शृंगारकाव्य में विरहानुभूति के चित्र संयोग चित्रों की अपेक्षा कई गुना अधिक हैं। घनानन्द के विरह वर्णन में सर्वाधिक महत्वपूर्ण बात यह है कि यह कवि विरह की तीव्रता का चाहे जितना अनुभव करता और कराता हो, 'निराशा' और 'विषाद' को वह पास फटकने नहीं देता, जिसकी दुहाई आलोचकप्रवर दिया करते हैं।

घनानन्द के चित्त में जो चिरविरही बैठा है, वह एक ओर तो संयोग में भी सुख शांति नहीं पाता और दूसरी ओर मृत्यु के बाद भी आशा का दामन छोड़ने को तैयार नहीं होता। उसका विरह दुख इतना तीव्र है कि उस ज्वर के कारण जीवित रहना ही कड़ुवा लगने लगा है :

अंग अंग छाई है उदेग उरझनि महा
सांस लैबो आली गिरि हू तें गहवौ लगै ।
जोबन सरूप गुन सूल से सलत गात
तूल तिनका लौं ह्वै गुमान हरुवौ लगै ।
सुंदर सुजान प्रान प्यारे के निहारे बिन
दीठि तौ अदीठि सी उजार घरुवौ लगै ।
और जे सवाद घनआनंद विचारे कौन
विरह विषाद जुर जीवौ करुवौ लगै ।

ज्वरग्रस्त व्यक्ति का मुंह ऐसा कड़ुवा हो जाता है कि अच्छे से अच्छे खाद्य पदार्थ का स्वाद नहीं मिलता, ज्वर की कड़ुबाहट के कारण सब कुछ कड़ुवा लगता है। यहां विरह ज्वर

के कारण केवल मुंह की स्वाद प्रक्रिया में ही नहीं, जीवन प्रक्रिया में ही कड़ुवाहट भर गई है। जीवित रहना ही असह्य हो उठा है।

रात-दिन प्राण घुटते रहते हैं। आंखें झरने की तरह झरती रहती हैं। प्रिय की स्मृति कलेजे में धंसे हुए कांटे की तरह कसकती रहती है। धीरज बंधाया जाए तो विरह जर्जर हृदय उसे धारण करे भी तो कैसे ? हजार छिद्रों वाला जाल कहीं जल को बांधकर रख सकता है ?

पीर भरो जिय धीर धरै नहीं
कैसे रहे जल जाल के बांधे ?

संदेशा भेजना संभव नहीं। जिस दुख का संदेश कहना है वह मन से अधरों तक आते आते इतना हल्का हो जाएगा कि अनुभूति और अभिव्यक्ति में दिन और रात, स्याह और सफेद का अंतर पड़ जाएगा :

जानैं वेई दिन राति बखाने तें जाय परै दिन राति को अंतर ॥

पत्र लिखना संभव नहीं। इसलिए नहीं कि लेखनी का डंक लगने से कागज जल जाएगा, बल्कि इसलिए कि आंखों के निरंतर अश्रु प्रवाह के कारण दृष्टि आगे बढ़ ही नहीं पाती। 'बरुनी' रूपी ओलती दिन-रात टपकती रहती है। दृष्टि को बहिर्मुख होने का अवसर ही नहीं आता। फिर पत्र कैसे लिखा जाए ? खैर किसी तरह प्रिय तक इस दुखदशा की सूचना पहुंच भी जाए तो वहां से 'उत्तर' आएगा ही कैसे ? 'उत्तर' के पांवों में तो मेंहदी लगी है। इधर विरह ने शरीर के साथ ऐसा किया है कि सभी कुछ को धीरे धीरे फौज के आगे जाने वाले सामान (बहीर) की तरह, भेज दिया है, आयु तक का प्रस्थान हो गया है, अब केवल प्राण बचे हैं। इस आशा में कि प्रिय आ जाए, न हो तो संदेश ही आ जाए, तो प्राण पल्लवित हो उठेंगे। यह दुख किसी तरह भी सहा नहीं जाता। दुख-सुख का अनुभव करने की चेतना तक नहीं रह गई है। लेकिन यह विरही कायर नहीं है कि मछली की तरह प्राण त्याग कर इस दुख से मुक्त हो जाए क्योंकि प्राण त्याग देने से एक तो उस पीड़ा का सुख नहीं मिलेगा और दूसरे प्रिय की निठुराई की घोषणा हो जाएगी। यह विरही प्रिय को किसी भी शर्त पर कलंकित करने को तैयार नहीं है। इसलिए प्राणों का त्याग उसे नहीं ही करना है। मीन और पतंग संसार की दृष्टि में चाहे जितने बड़े प्रेमी हों, आदर्श हों, इस विरही की दशा का तो वे स्पर्श भी नहीं कर सकते।

बिछुरे मिलें मीन पतंग दसा कहा मो जिय की गति को परसै ॥

किंतु, विरह की समस्त दशाओं से गुजरने के बाद यहां तक कि कहीं कहीं शास्त्रीय सीमाओं का अतिक्रमण करने के बावजूद, 'निराशा' या 'विषाद' घनानन्द के काव्य में नहीं आने पाया है। यह विरही ऐसा विचित्र है कि प्रवाह पर चित्र बनाकर रखे हुए है :

अंग अंग आभा संग द्रवित स्रवित ह्वै कै,
रचि सचि लीनी सौंज रंगनि घनेरे की।

हंसनि लसनि आछो बोलनि चितौनि चाल,
मूरति रसाल रोम रोम छवि हेरे की।
लिखि राख्यो चित्र यौं प्रवाह रूपी नैनन पैं
लही न परति गति ऊलट अनेरे की।
रूप को चरित्र है अनंदघन जान प्यारी
ऐ किधौं विचित्रताई मो चित चितेरे की।।

यह विचित्रता उस रूप की भी हो सकती है, लेकिन उस रूप को धारण करने की 'क्षमता' तो इसी प्रेमी में है।

प्रिय जब गया था तो बिना किसी सूचना के चला गया था। अब अवधि का निश्चय हो गया है। अवधि की सीमा अभी दूर है। लेकिन विरही की आंखें उसी मार्ग पर बिछ गई हैं। इसी दशा में अवधि भी बीत गई। अब अंतिम क्षणों में भी वह मुखचंद्र दिखाई दे जाए तो प्राण जी उठें :

प्रान पखेरू परे तरफैं लखि रूप-चुगौ जु फंदे गुन गाथन।
क्यौं हतियैं हित पालि सुजान दया बिन ब्याध-वियोग के हाथन।
सालत बान समान हियें सु लहे घनआनंद जो सुख-साथन।
देहु दिखाय दई मुखचंद लग्यौ अब औधि दिवाकर आथन।।

अवधि बीत रही है। प्रियागम की कोई आशा नहीं है, लेकिन यह विरही तो आशा के विरुद्ध अपनी अटूट लगन और विश्वास के सूत्र से जुड़ा हुआ है। उसका यह बिश्वास अटल है कि मौन की पुकार व्यर्थ नहीं हो सकती :

आनाकानी-आरसी निहारिबो करौगे कौ लों,
कहा मो चकित दसा-त्यों न दीठि डोलिहै।
मौन हू सों देखिहौं, कितेक पन पालिहौ जू,
कूक-भरी मूकता बुलाय आप बोलिहै।
जान, घनआनंद यौं मोंहि तुम्हैं पैज परी,
जानियैगी टेक टरें कौन धौं मलोलिहै।
रूई दियें रहौगे कहां लौं बहराइबे की,
कबहूं तो मेरियै पुकार कान खोलिहै।।

उस 'टेक' को ही पता चलेगा कि कौन 'उसके' टूटने पर मलाल करता है, मैं या तुम अर्थात यही देखना है कि किसकी टेक टूटती है, निठुर बने रहने की तुम्हारी टेक या तुमको द्रवित कर लेने की हमारी टेक ?

दुष्यंत कुमार 'टेक' के इस दुहरे रूप को ही पहचानते हैं, जब वे कहते हैं :

वे मुतमइन हैं कि पत्थर पिघल नहीं सकता,
मैं बेकरार हूं आवाज में असर के लिए।[13]

अवधि बीत चली। आने के कोई संकेत नहीं, किंतु इस विरही को प्रिय की अनोखी अदा और अपने विश्वास दोनों पर अटूट भरोसा है :

अवधि सिराएं ताप तातें ह्वै कलमलाय
आपु चाय बावरे उमहि उफनात हैं।
दरस दुखारे चैन-वंचित विचारे हारे
आंखिन के मारे आय तहीं मडरात हैं।
इतै पै अमोही घनआनन्द रुखाई, उर
सोचनि समाय कै थहरि ठहरात हैं।
जानि अनखौहीं बानि लाड़िले सुजान की सु
करि हूं पयान प्रान फेरि फिरि जात हैं।।

आशा के कभी न टूटनेवाले अदृश्य सूत्र से बंधे ये प्राण निकलकर भी निकल नहीं पाते। जिस छंद को घनानन्द के अंतिम छंद के रूप में जनश्रुति (लोकमानस) में स्वीकार किया गया है, उसमें प्राणों के निकलने की प्रक्रिया और उनका आशा सूत्र में गुंथा होना साफ साफ झलकता है :

बहुत दिनान की अवधि आस-पास परे
खरे अरबरनि भरे हैं उठि जान कौ।
कहि कहि आवन संदेसो मनभावन को,
गहि गहि राखत हैं दै दै सनमान कौ।
झूठी बतियानि की पत्यानि तें उदास ह्वै कै
अब न घिरत घनआनन्द निदान कौ।
अधर लगे हैं आनि करिकै पयान, प्रान
चाहत चलन ये संदेसौ लै सुजान कौ।।

वैसे तो ये प्राण उस समय तक रुके ही रहेंगे (मंडराते ही रहेंगे) जब तक संदेश न मिले या प्रिय न आ जाए, किंतु प्राण निकल भी जाएं (शरीरधर्म की सीमा के कारण, पंच-तत्वों की जड़ता के कारण) तो भी 'आशा' का सूत्र अविच्छिन्न बना रहेगा :

दुख धूम की धूंधरि मैं घनआनंद जौ यह जीव घिर्‍यौ घुटि है।
मनभावन मीत सुजान सों नातो लग्यौ तनकौ न तऊ टुटि है।
बन-जीवन प्रान को ध्यान रहौ, इक सोच बच्योऽब सोऊ लुटि है।
घुरि आस की पास उसास गरे जु परी सु मरे हूं कहा छुटि है।।

मृत्यु के बाद भी आशा का यह पाश उसांस के गले में झूलता ही रहेगा। आशा नष्ट नहीं होगी। शास्त्रीय दृष्टि से भी इस बिंदु पर शृंगार (विप्रलंभ) समाप्त नहीं होता, केवल करुण विप्रलंभ में रूपांतरित हो जाता है।

ऐसे कवि को 'निराशा' और 'विषाद' का कवि कहना उचित नहीं है।

घनानन्द के काव्य के शिल्प पक्ष के संबंध में भी ऐसे ही निष्कर्ष निकाले गए हैं : 'कवि की प्रवृत्ति अपने हृदय के पर्त खोलने की अधिक होती है, अपनी उक्ति को सजाने संवारने की कम।'[14]

"उक्ति को सजाने संवारने का अर्थ यदि दाता और सूम को इकसार करना (सेनापति) और कनक को कनक से सौगुना मादक बताना (बिहारी) ही है तो निश्चय ही घनानन्द की उक्तियां अनसंवरी कही जाएंगी, किंतु उक्ति की रसात्मकता और कलात्मक प्रौढ़ता के लिहाज से घनानन्द के काव्य की कोई पंक्ति अनसंवरी नहीं है अर्थात शिथिल नहीं है। घनानन्द की कोई पंक्ति अनगढ़ नहीं है। यह 'गढ़न' यह 'सुथरापन' यह रसात्मक प्रौढ़ता, यह कलात्मक निखार ही है जिसके कारण रीतिकालीन काव्य को दूसरे दर्जे का काव्य माननेवाले आचार्य शुक्ल को भी कहना पड़ता है कि 'जबांदानी का ऐसा दावा करने वाला ब्रजभाषा का दूसरा कवि नहीं हुआ।'[15] 'भाषा पर जैसा अचूक अधिकार इनका था वैसा और किसी कवि का नहीं।'[16] 'भाषा मानो इनके हृदय के साथ जुड़कर ऐसी वशवर्तिनी हो गई थी कि ये उसे अपनी अनूठी भावभंगी के साथ साथ जिस रूप में चाहते थे उस रूप में मोड़ सकते थे। इनके हृदय का योग पाकर भाषा को नूतन गतिविधि का अभ्यास हुआ और वह पहले से कहीं अधिक बलवती दिखाई पड़ी'।'[17]

बाबू अमीरसिंह जैसे विनम्र संकलनकर्ता इस बात को विशेष रूप से रेखांकित करते हैं : '···इनकी (घनानन्द की) प्रत्येक कविता में कोई न कोई अनूठी बात अवश्य पाई जाती है।'[18] आचार्य विश्वनाथ प्रसाद मिश्र कहते हैं : 'घनआनंद की विरोध की प्रवृत्ति इन्हें औरों से पृथक करती है।'[19] 'विरोधाभास के अधिक प्रयोग से घनानन्द की सारी रचना भरी पड़ी है। साहसपूर्वक यह कहा जा सकता है कि जिस पुस्तक में कहीं भी यह प्रवृत्ति न दिखाई दे उसे बेखटके घनआनंद की कृति से पृथक किया जा सकता है और जहां यह प्रवृत्ति दिखाई दे उसे निस्संकोच इनकी कृति घोषित किया जा सकता है। इस 'अन्वय व्यतिरेक' से इनकी कृतियों के छांटने में पूरी सहायता मिल सकती है।'[20] 'वाग्योग का ऐसा विधान शब्दों का मनमाना और निरर्थ प्रयोग करनेवालों में कहां?'[21] स्पष्ट है कि मिश्रजी भी यही सिद्ध करना चाहते हैं कि काव्य की भाषागत और शिल्पगत प्रौढ़ता घनानन्द के समान दूसरे कवियों में नहीं मिलती।

घनानन्द के छंदों में अद्भुत लाक्षणिक वक्रता, विशदतम और सूक्ष्मतम व्यंजना, विरोध का रागप्रेरित चमत्कार तथा भाषा की अकल्पनीय बारीकियों के हजारों हजार प्रमाण मिलते हैं। कहीं से भी उठाकर घनानन्द की कुछ पंक्तियां देखी जा सकती हैं।

वियोगिनी के प्राण निकल पड़े हैं, यह तो आशा का वह सूत्र है कि प्रयाण कर कर के वे फिर आते हैं। इस स्थिति में भी घनानन्द की तराशी हुई भाषा तीन तीन स्तरों पर विरोध का चमत्कार उत्पन्न करती है और रसात्मक प्रभाव को बढ़ाती है :

> औसर सम्हारौ न तौ अनआयबे के संग,
> दूरि देस जायबे कौं प्यारी नियराति है।

प्रवासी प्रिय को लौट आने के लिए विवश करने के उद्देश्य से सहज कथन में वक्रता की

जो तरंगें उठा दी गई हैं, उनकी अभिव्यंजना अकथनीय रूप में बढ़ गई हैं 'अनआयबे' के कारण 'दूर देस जायबे को नियराति है', आने और जाने की क्रियाओं का ऐसा प्रयोग शायद ही कहीं और मिले।

श्लेष सम्राट सेनापति 'बचन की रचना' के बल पर दाता और सूम तथा राम और कृष्ण को एक कर दिखाते हैं तो घनानन्द संयोग और वियोग को एक कर देते हैं।

पलकौ कलपै कलपौ पलकै सम होत संजोग वियोग दुहू।

दूसरी ओर बात भी बहुत सीधी है: संयोग में कल्प भी पल की तरह उड़ जाता है और वियोग में पल भी कल्प की तरह लंबा हो जाता है। लेकिन उक्ति का सौंदर्य केवल यमक (सभंग या अभंग) से आगे बढ़ जाता है, यह सीधे हृदय से निकली हुई उक्ति है और अब इसका क्या कीजिएगा कि घनानन्द के हृदय के उफनते हुए सागर से कोई अनसंवरी उक्ति निकलती ही नहीं है।

वियोगिनी एक साथ ही अपनी तीव्र वेदना के कारण अपने को पतझड़ और बसंत दोनों से घिरी हुई पाती है:

किंसुक-पुंज से फूलि रहे सु लगी उर दौ जु वियोग तिहारे।
मातो फिरै, न घिरै अबलानि पै, जान मनोज यों डारत मारे।
ह्वै अभिलाषनि पात निपात कढ़े हिय-सूल उसांसनि डारे।
है पतझार बसंत दुहूं घनआनंद एकहि बार हमारे।।

अन्यत्र वही वियोगिनी है जिसके लिए भरपूर बसंत पतझर होकर रह गया है:

बिन घनआनंद सुजान अंग पीरे परि,
फूलत बसंत हमैं होत पतझार है।

इस बसंत के पतझर की प्रेषणीयता और बढ़ जाती है जब उसके संयोग के दिनों का स्मरण हो आता है। उस समय उसके तन-मन में बारहों महीने बसंत ही रहता था:

सोभित सुजान घनआनंद सुहाग सींच्यौ
तेरे तन-मन सदा बसत बसंत है।।

सदा बसंत बसाने वाली सुजान की कमर बिहारी की नायिका की तरह परब्रह्मवत सूक्ष्म और अलख तो नहीं है, किंतु लगी-अनलगी के बीच इस तरह है कि उसका भेद या तो किंकिणी जानती है या उस कमर को अपनी बांहों में कसने वाला नायक।

है किधों नाहीं लगी अलगी सी लखी न परै कवि क्यों हू प्रमानै।
तो कटि-भेदहि किंकिनि जानति तेरी सौं ए री सुजान हों जानौ।।

(उस कटि का होना कवि रूप में तो मैं प्रमाणित नहीं कर सकता, उसके 'होने' का साक्ष्य मेरा भोक्ता दे सकता है।)

खंडिता को भोर में आए हुए नायक की आंखों में सांझ का फूलना दिखाई पड़ता है:

आए हौ भोर भए घनआनंद आंखिन मांझ तो सांझ सी फूली ।

'भोर' में 'सांझ' का यह 'फूलना' रंगों की छटा को मूर्त करने के साथ ही पूरे प्रसंग के मर्म को जिस रूप में मुखर करता है, उसका बखान नहीं किया जा सकता।

विरह में शीतोपचारों की व्यर्थता की बात अविश्वसनीय रूढ़ि की सीमा तक पहुंच-कर अकाव्यात्मक तक हो गई है।

'बीचहि सुखि गुलाब गो छींटो हुई न गात' (बिहारी) की विश्वसनीयता के संबंध में सोचना भी व्यर्थ है। जिस विरहिणी का शरीर ताप गुलाब जल की औंधी शीशी से गिर रही धार की एक बूंद तक को बिना स्पर्श का अवसर दिए भाप बनाकर उड़ा देता है, वह शरीर, शरीर न रहकर अग्नि पिंड हो गया होगा, जो शय्या क्या, पूरे घर गांव को भस्म कर देने के लिए काफी होता, लेकिन तब यह दोहा नहीं बनता। लेकिन शीतोपचारों की यही व्यर्थता घनानन्द के छंद में आती है तो विरहिणी के जलते शरीर का नहीं उसके जलते हृदय की ज्वाला का तीखा अहसास करा देती है :

धूम कौं न धरै, गात सीरो परैज्यौं ज्यौं जरै
ढरै नैन-नीर, बीर हरै मति आह की।
जतन बुझे हैं सब जाकी झर आगें, अब
कबहूं न दबै भरी भभक उमाह की॥

हृदय में लगी हुई यह आग ज्यों ज्यों तेज होती जाती है, शरीर ठंडा पड़ता जाता है। वह आग नहीं बुझती, उसकी भभक बढ़ती जाती है और उस भभक में वियोग ताप को कम करने के सारे उपाय (उपचार, जतन) बुझते जाते हैं।

प्रवासी के पास से न आने वाले 'उत्तर' के पांवों में मेंहदी लगी होने की कल्पना करने वाली विरहिणी उस दुख में मृत्यु की यंत्रणा पाती हुई बिना जीवन के जी रही है और बिना मौत के मर रही है :

हे घन आनंद सोच महा मरिबो अनमीच
बिना जिउ जीजै।

यमकाश्रित विरोध का एक अद्भुत प्रयोग है :

कौन विधि कीजै कैसे जीजै सो बताय दीजै
हा हा हो बिसासी दूरि भाजत तऊ भजौं॥

विरही के मन को काम पीड़ित कर रहा है। काम को मनोज कहते हैं; मन से उत्पन्न अर्थात मन उसका पिता हुआ। माता इसलिए नहीं कि पुल्लिग है। संस्कृत में नपुंसक लिंग हो तो हुआ करे। उसी मन का पुत्र जब पिता के हित की चिंता न करके उसे दुख दे रहा है— वही 'काम' जो मनोज है, 'मन्मथ' भी है—तो वह सपूत तो है ही नहीं। विरही कहता है :

मन को कपूत कहूं पिता मोह मयो ना।

जो पिता के मोह में नरम नहीं हुआ वही तो कपूत है। छंद में 'काम' का कोई पर्याय नहीं

आया है, लेकिन कथन की यह सादी वक्रता चित्त की दशा को सहज ही प्रेषणीय बना देती है।

सुजान की आंखों को देखकर देखने वाले की अपनी आंखें उसके पास नहीं लौटतीं :

तेरी सौं ए री सुजान तो आंखिन देखि ये आंखिन आवति मो पै।

लौटकर आएं भी तो कैसे आएं ? उन आंखों की तो दशा ही विचित्र है :

चाहत ही रीझि लालसानि भीजि सुख सीझि।
अंग-अंग रंग-संग भाव भरि भ्वै गईं।
रैनि-द्यौस जागैं ऐसी लगीं जु कहूं न लागैं।
पन अनुरागैं पागैं चंचलता च्वै गईं।
हित की कनौड़ी लौंड़ी भईं ये अनंदघन।
फिरैं क्यों पिछौंड़ी नेह-मग डग द्वै गईं।
माधुरी-निधान ,प्रान-ज्यारी जान-प्यारी तेरो,
रूप-रस चाखैं आंखैं मधुमाखी ह्वै गईं॥

इस छंद की भावगरिमा और कलात्मक प्रौढ़ता की अन्य बातें छोड़कर केवल एक प्रयोग देखें। प्रान के साथ ज्यारी (जिलाने वाली) के वजन पर जान के साथ प्यारी की जो छटा है वह यमक मात्र नहीं है। ध्वनि की लहरों के साथ उत्पन्न होने वाली अर्थछवि इसमें मूर्त हो उठती है, बजती सी सुनाई पड़ती है।

आलंबन की आंखों की चोट ऐसी है कि आश्रय की आंखें मर जाती हैं, फिर उसी से जी उठती हैं :

नैनन मैं लागै, जाय जागै सु करेजे बीच,
या बस ह्वै जीव धीर होत लोटपोट है।
रोम रोम पूरि पीर, व्याकुल सरीर महा,
घूमै मति गति-आसैं, प्यास की न टोट है।
चलत सजीवन-सुजान-दृग-हातन तें,
प्यारी अनियारी रुचि रखवारी ओट है।
जब जब आवै तब तब अति भावै, ज्यावै,
अहा कहा विषम कटाच्छ-सर-चोट है।

असंगति, रूपक, विरोध यह सब तो है ही, सुजान की आंखों के हाथों की ओट और उन्हीं हाथों से छूटे वाण की चोट के परस्परविरोधी प्रभावों की व्यंजना रूप को झेल न पाने के कारण उसी पर जल मरने वाले पतंगे की लघुता को रेखांकित करती है।

प्रिया के रूप की उपस्थिति से प्रेमी के मन, उसकी इंद्रियों और उसकी संपूर्ण चेतना में उफनती हुई लालसा का एक चित्र है :

आंखैं रूप-रस चाखैं, चाहैं उर सचि राखैं,
लोभ-लागी लाखैं अभिलाखैं निबरै नहीं।
तोहि जैसी भांति लसै, बरनिबो मन बसै,
बानी गुन गसै, मति-गति बिथकै तहीं।
जान प्यारी सुधि हूं अपुनपौ, बिसरि जाय,
माधुरी-निधान तेरी नैसिक मुहाचहीं।
क्यौं करि अनंदघन लहियै संजोग-सुख,
लालसानि भीजि रीझि बातैं न परैं कहीं ॥

'सुधि' तक अपने को भूल जाती है, 'मति' की 'गति' थक कर बैठ जाती है। उसी प्रिया के रूप वर्णन में मुहावरों की नई शक्ति कितनी सरसता और सहज कलात्मक दीप्ति के साथ आती है :

अंजन त्यौर ही ताक्यौ करै, नित पान लखै मुख-त्यौं-रंग-चायनि।
औरो सिंगार सदा घनआनंद चाहैं उमाह सों आपने दायनि।
तू अलबेली सरूप की रासि सुजान विराजति सादे सुभायनि।
ऐ परि नाच कै सांच छक्यौ जु लट्टू भयो लाग्यौ फिरै तुव पायनि ॥

सुजान तो सादे स्वभाव की है और सादगी ही पसंद है उसे, किंतु अलंकारों की दशा यह है कि उस सुजान के अंगों के एक इशारे के लिए वे मुंह जोहते रहते हैं। इस छंद में मुहावरों की कलाबाजी और आभूषणों की दयनीय दशा से जो कविता उभरती है उसका कोई जवाब नहीं। जिस अंग की श्रेष्ठता की बात कही जा रही है उसी अंग के आभूषण की विनीत मुद्रा का प्रदर्शन उसी अंग से संबद्ध मुहावरे द्वारा कराया जा रहा है। सुजान की आंखों की सादगी और उनके विलक्षण सौंदर्य के सामने आंखों को अलंकृत करने वाला अंजन, आंखों की त्यौरियों को ही (आशा में, प्रतीक्षा में, संभ्रम में, आतंक में) ताकता रहता है। अधरों को रचाने वाला पान (मुख की शोभा है किंतु यहां सुजान का) मुंह जोहता रहता है। नृत्य सुंदरी के पांवों की शोभा है किंतु यहां सुजान के पांवों से लगा लगा डोलता है कि कब उन चरणों द्वारा स्वीकार कर लिया जाए और कब अपने को प्रमाणित करने का अवसर पाए।

इस स्तर की कलात्मक प्रौढ़ता जिस कवि के छंदों में सहज रूप में हो उसे केवल 'प्रेम की पीर का' 'उक्ति को संवारने की ओर से उदासीन' कहना किस प्रकार का 'साहस' है, कहना व्यर्थ है।

केवल प्रणय-परितृप्ति और कलात्मक प्रौढ़ता के ही संदर्भ में घनानन्द के काव्य का मूल्यांकन करने में जल्दबाजी नहीं हुई है, बल्कि सैद्धांतिक (भक्ति के) स्तर पर भी इन्हें कुछ का कुछ समझा और समझाया गया है। रीतिकालीन साहित्य को उचित मूल्यांकन के लिए प्रस्तुत करने में आचार्य विश्वनाथ प्रसाद मिश्र का योगदान अप्रतिम है। घनानन्द की संपूर्ण कृतियों को तो एकत्र प्रकाशित करने का श्रेय एकमात्र उन्हीं को है। किंतु वे

भी जब तथाकथित रीतिमुक्त धारा के अन्य कवियों के साथ ही घनानन्द के काव्य पर विचार करते हैं तो सामान्यीकरण के कुप्रभाव से बच नहीं पाते। घनानन्द के संबंध में मिश्र जी के विचार हैं, '···इसलिए रसखानि, आलम, शेख, घनानन्द आदि को शुद्ध भक्त कहने में हिचक होती है।'[22]

'···जिस प्रकार ये रीति से अपने को स्वच्छन्द रखते थे, उसी प्रकार भक्ति की साम्प्रदायिक नीति से भी। अतः ये भक्तिमार्गी कृष्णभक्तों, प्रेममार्गी सूफ़ियों, रीतिमार्गी कविन्दों, सबसे पृथक स्वच्छन्दमार्गी प्रेमोन्मत्त गायक थे। कोई इन्हें इनकी भक्ति विषयक रचना के कारण भक्त कहे तो कहे, पर इतने व्यतिरेक के साथ कहे कि ये स्वच्छन्द प्रेममार्गी भक्त थे, तो कोई बाधा नहीं है। स्वच्छन्दता इनका नित्य लक्षण है।'[23] 'इन स्वच्छन्द कवियों ने भक्ति और रीति दोनों की साम्प्रदायिकता से पृथक रहने का प्रयास किया, अतः इनका प्रेम संबंधों की ओर मुड़ना स्वाभाविक था।'[24]

घनानन्द का प्रेमकाव्य रीतिकाल के अन्य कवियों से स्पष्टतः अलग है, दूसरी ओर जब उन्होंने अपने को लौकिक प्रेम से ऊपर उठा कर भक्ति के समुद्र का अवगाहन आरंभ किया तो सांप्रदायिक रीतिनीति को पूरी तरह स्वीकार कर लिया। इसीलिए सांप्रदायिक भक्ति में इन्हें महत्वपूर्ण स्वीकृति मिल सकी। आचार्य मिश्र स्वयं लिखते हैं : 'परमहंस-वंशावली प्राप्त हो जाने से घनआनंद के संप्रदाय के संबंध में कोई संदेह नहीं रह जाता। कहा जाता है कि 'नामूला तु जनश्रुतिः', जनता में प्रचलित अनुश्रुति निराधार नहीं होती। पहले से ही प्रसिद्ध है कि घनआनंद ने निम्बार्क सम्प्रदाय में दीक्षा ली थी। इस परमहंस वंशावली से यही प्रमाणित हो जाता है।'[25]

संप्रदाय में घनानन्द को कितनी प्रतिष्ठा के साथ स्वीकार किया गया इसका अनुमान उनके संबंध में प्राप्त तथ्यों से लगाया जा सकता है : "निम्बार्क संप्रदाय में उपासना का भाव 'सख्य' माना जाता है। यह 'सनकादि संप्रदाय' कहलाता है और इसका दार्शनिक मत 'द्वैताद्वैत' है। इस सप्रदाय में 'सखी भाव' की उपासना चलती है। 'सख्य भाव' की उपासना करने वाले महात्माओं के, जो साधना के अनेक सोपान पार कर इस भाव में लीन हो जाते हैं, सांप्रदायिक नाम भी उनके सिद्ध गुरुओं द्वारा रख दिए जाते हैं। निम्बार्क संप्रदाय की गद्दी पर आसीन होने वाले सभी आचार्यों के सांप्रदायिक नाम थे और वे अपने अंतरंग परिसर में उसी नाम से अभिहित होते रहे हैं। ऐसे नाम साधना की ऊंची भूमिका में पहुंचने पर ही प्राप्त होते हैं। 'नगर समुच्चय' में जो वृत्त आनंदघन के संबंध में राजकवि जयलाल ने दिया है उससे 'आनन्दघन' जी महात्मा कोटि में माने जाते थे। प्रेमसाधना का अत्यधिक पथ पार कर वे बड़े बड़े साधकों, सिद्धों को पीछे छोड़ 'सुजानों' की कोटि में पहुंच गए थे। अतः संप्रदाय में उनका सखी भाव का नामकरण हो गया था।'[26] आचार्य मिश्र आगे लिखते हैं : 'संप्रति घनआनंद जी के सखीनाम का पता न संप्रदायवालों को है, न साहित्यवालों को, पर इनकी नवीन प्राप्त दो पुस्तकों से इनके सखीनाम का संकेत मिलता है। 'वृषभानुपुरसुषमा वर्णन' में स्पष्ट कहा गया है : 'नीको नांव बहुगुनी मेरो। बरसाने ही सुंदर खेरो।' यह नाम स्वयं श्री राधा ने रखा है : 'राधा नांव बहुगुनी राख्यो। सोई अरथ हिये अभिलाख्यो।'[27] बहुगुनी सदा श्री राधा के साथ

रहती है अथवा श्रीराधा बहुगुनी का साथ नहीं छोड़तीं।'[28]

जो व्यक्ति सांप्रदायिक साधना में इस प्रकार की अंतरंग स्वीकृति प्राप्त कर चुका हो उसके संबंध में यह कहना कहां तक उचित है कि 'ये जिस प्रकार अपने को रीति से स्वच्छन्द रखते थे, उसी प्रकार भक्ति की सांप्रदायिक नीति से भी।'[29]

दूसरी बात यह है कि अन्य कवियों की तरह घनानन्द के काव्य के संबंध में यह नहीं कहा जा सकता कि सांप्रदायिकता से पृथक रहने के परिणामस्वरूप ये स्वाभाविक रूप से प्रेम संबंधों की ओर मुड़े।[30] घनआनंद पहले प्रेम (लौकिक) संबंधों के कवि थे और बाद में सांप्रदायिक साधना की ओर अग्रसर होने पर उस दिशा में बहुत दूर तक बढ़ते चले गए और स्वीकृत हुए।

'घनानन्द का शृंगार काव्य' में स्पष्ट विवेचन किया जा चुका है कि ये रीति की परंपरा से मुक्त नहीं हैं और इनके काव्य की जो एकांत विशेषताएं हैं वे भी परंपरा से किसी न किसी रूप में प्रभावित हुई हैं। यह दूसरी बात है कि इनकी उत्कृष्ट काव्य प्रतिभा रीतिकाव्य की परंपरा के कारण कुंठित नहीं हुई हैं वरन उन सीमाओं का अतिक्रमण करके आगे बढ़ गई है।

ऊपर की पंक्तियों में प्रसिद्ध विद्वानों के घनानन्द के संबंध में प्रकट किए गए परस्पर विरोधी विचारों को एकत्र करने और उनको आमने सामने रखकर अंतर्विरोधों को उजागर करने का काम इसलिए नहीं किया गया है कि उन विद्वानों की विचार क्षमता की सीमाओं को रेखांकित किया जाए। ऐसा करने का उद्देश्य केवल यह दिखाना है कि घनानन्द के संबंध में इस प्रकार की बातें इसलिए कही गई हैं कि रीतिकालीन कवियों का विभाजन और उनमें घनानन्द जैसे समर्थ कवि का स्थान निर्धारण आरंभ से ही दोषपूर्ण रहा है। दूसरा कारण यह है (जो पहले का स्वाभाविक परिणाम है) कि घनानन्द के दोनों प्रकार के काव्य में उस विभाजन पर ध्यान नहीं दिया गया है जो स्वयं उस महाकवि का किया हुआ है। उनके शृंगार काव्य तथा भक्ति काव्य को एक साथ ही रख दिया गया है।

घनानन्द ने अपने काव्य का स्पष्ट विभाजन कर दिया है। सुजान के प्रति अपने प्रगाढ़ राग को अपने जिस काव्य में वे व्यक्त करते हैं, वही हिंदी साहित्य में उनकी कीर्ति का आधार है, किंतु साधना पथ की ओर अग्रसर हो जाने पर घनानन्द ने उसको बकवास कह दिया। पदावली के एक पद में वे कहते हैं :

> रसना गुपाल के गुन उरझी।
> बहुत भांति छलछन्द-बन्द बकवाद-फंद ते सुरझी।
> ब्रज-मोहन-रस-चसकें बीधी हिलग-जाल गसि गुरझी।
> आनंदघन रस-पान चातकी आन कथा-रुचि मुरझी।।[31]

अब मेरी रसना गोपाल के गुणों में उलझी है। अब तक वह बहुत तरह की बकवास करती रही है। उस छलछन्द और बकवास के फंदे से अब मेरी रसना (वाणी) छूट कर मुक्त हो गई है। ब्रजमोहन कृष्ण के रस का चसका इसे लग गया है। अब इसको कृष्ण आकर्षण के नए जाल ने अपने में उलझा लिया है। मेरी वाणीरूपी चातकी को कृष्णरूपीआनंद के

बादलों से झरनेवाले रस की चाट पड़ गई है। अब किसी दूसरी कथा का रस पड़ने पर यह वाणीरूपी चातकी मुरझा जाती है।

रीतिकालीन काव्य को दूसरे दर्जे का साहित्य मानने वाले आलोचक भी घनानन्द की जिस कविता के आधार पर उन्हें 'साक्षात रसमूर्ति' कहते हैं उसी काव्य को बकवास कहकर छोड़ देने वाले घनानन्द का भक्तिकाव्य कितना समृद्ध है इसकी ओर अभी तक हिंदी साहित्य के विद्वानों का ध्यान नहीं जा सका है। 1057 पद तो केवल पदावली में ही हैं। इसके अतिरिक्त संप्रदाय की रीति-नीति के अनुसार घनानन्द ने दर्जनों काव्यग्रंथों की रचना की है। अपने परवर्ती कृतित्व में घनानन्द भावना की उस जमीन पर कहीं नहीं उतरते हैं जिसको छोड़कर वे आगे बढ़ आए हैं। उनका भक्तिकाव्य अत्यंत महत्वपूर्ण है जिस पर एक स्वतंत्र और विस्तृत विवेचन अपेक्षित है।

घनानन्द के इतने समृद्ध और विपुल काव्य का सम्यक मूल्यांकन न हो सकने का कारण रीतिकालीन कवियों का दोषपूर्ण वर्गीकरण है। पहले के प्रयत्नों को छोड़ें, आचार्य रामचन्द्र शुक्ल के 'हिंदी साहित्य का इतिहास' में सूर-तुलसी-जायसी वाले भक्तिकाव्य की तुलना में रीतिकाल और छायावाद काल की उपेक्षा हुई और अधिकांश परवर्ती समालोचकों, शोधग्रंथकारों और हिंदी साहित्य के इतिहास पर कार्य करने वालों ने जाने-अनजाने आचार्य शुक्ल के संकेतों को ही पल्लवित किया। कम से कम मध्यकाल तक के साहित्य के कालविभाजन और प्रवृत्तिनिरूपण के क्षेत्र में यही हुआ। आचार्य शुक्ल की स्थापनाओं से आगे बढ़कर नन्ददुलारे बाजपेयी ने छायावादी काव्य को स्थापित किया। डा० नगेन्द्र ने रीतिकालीन काव्य के मूल्यांकन में वही कार्य किया। रीतिकालीन काव्य को उपलब्ध, प्रकाशित और विवेचित करने में आचार्य विश्वनाथ प्रसाद मिश्र का योगदान असाधारण है किंतु आचार्य शुक्ल की खींची हुई या संकेतित विभाजक रेखाओं को लांघ पाना उन्होंने अनुचित समझा, अतः घनानन्द जैसे कवि का निरपेक्ष मूल्यांकन नहीं हो सका। अति साधारण अथवा नगण्य आचार्य बनने का लोभ छोड़ कर असाधारण महत्व का कवि बनने का जो चुनाव बिहारी ने अपने लिए किया था, उससे आचार्य शुक्ल इतने अभिभूत हुए कि बिहारी के लिए उन्होंने अपने ही वर्गविभाजन को तोड़ दिया। उसी चुनाव को वृहत्तर रूप में प्रतिफलित करने वाले घनानन्द को शुक्ल जी रसमूर्ति मानते हुए भी प्रेम की पीर का फुटकर कवि कह कर रह गए। अलग अलग जब उन्होंने इतिहास में ही बिहारी और घनानन्द के काव्य पर विचार किया तो घनानन्द के काव्य के महत्व को कई तरह से रेखांकित किया किंतु परवर्ती विद्वानों पर तो उनका वर्ग विभाजन ही सवार रहा। फलतः घनानन्द जैसे महाकवि के विपुल काव्यवैभव का उचित मूल्यांकन नहीं हुआ जो पूर्वग्रहमुक्त हुए बिना, रीतिकाल पर नए सिरे से विचार किए बिना और घनानन्द के संपूर्ण काव्य को एक साथ रख कर देखे बिना, संभव भी नहीं हो पाएगा।

—रामदेव शुक्ल

संदर्भ

1. दे० रामदेव शुक्ल : 'घनानन्द का शृंगार काव्य' (मैकमिलन, नई दिल्ली, 1975).
2. डा० नगेन्द्र (सं०) : 'हिंदी साहित्य का इतिहास', 1973.
3. वही, पृ० 360.
4. वही, पृ० 360.
5. वही, पृ० 359-360.
6. विश्वनाथ प्रसाद मिश्र : 'घनानन्द ग्रंथावली', पदावली, पद 54, पृ० 342.
7. वही, 'घनानन्द ग्रंथावली', पद 54, पृ० 342.
8. वहीं, पृ० 342-344.
9. दे० रामदेव शुक्ल : 'घनानन्द का शृंगार काव्य' (मैकमिलन, नई दिल्ली, 1975).
10. हजारी प्रसाद द्विवेदी : 'मध्यकालीन धर्मसाधना', संस्क० 4, पृ० 177-78.
11. तुलसीदास : 'दोहावली' (गीता प्रेस, गोरखपुर, संवत 2031), दो० 279, पृ० 96.
12. डा० नगेन्द्र (सं०) : 'हिंदी साहित्य का इतिहास', पृ० 360.
13. दुष्यंत कुमार : 'साये में धूप' (राधाकृष्ण प्रकाशन, नई दिल्ली, संस्करण 1976) पृ० 13.
14. डा० नगेन्द्र (सं०) : 'हिंदी साहित्य का इतिहास', प्र० सं०, पृ० 360.
15. रामचन्द्र शुक्ल : 'हिंदी साहित्य का इतिहास', पृ० 320.
16. वही, पृ० 321.
17. वही, पृ० 322.
18. अमीरसिंह (सं०) : 'रसखान और घनानन्द' (मनोरंजन पुस्तक माला, 51, प्र० सं० सं० 1929), पृ० 48.
19. विश्वनाथ प्रसाद मिश्र : 'घनानन्द ग्रंथावली', भूमिका, पृ० 29.
20. वही, पृ० 50.
21. वही, भूमिका, पृ० 51.
22. वही, वाङ्मुख, पृ० 42.
23. वही, पृ० 43.
24. वही, पृ० 44.
25. वही, वाङ्मुख, पृ० 74-75.
26. वही, पृ० 77.
27. वही, पृ० 79.
28. वही, पृ० 79.
29. वही, पृ० 43.
30. वही, पृ० 44
31. वही, पदावली, पद 687, पृ० 494-95.

जा हित मात को नाम जसोदा सुबंस को चंद-कला-कुलधारी।
सोभा-समूह भई घनआनंद मूरति रंग-अनंग-जिवारी।
जान महा, सहजै रिझवार, उदार बिलास मैं रासबिहारी।
मेरो मनोरथ हू बहियै, अरु हैं मो मनोरथ पूरनकारी॥ 1॥

भक्त कवियों ने भगवान की कृपा की असीमता और भक्तों का मनोरथ पूर्ण करने की उनकी आदत के प्रति अगाध श्रद्धा व्यक्त की है। इसीलिए बड़े से बड़ा भक्त अपने को बड़े से बड़ा पापी कहते हुए अघाता नहीं। अपनी संपूर्ण इच्छाओं की पूर्ति के लिए भक्त अपने आराध्य का ही स्मरण करता है। अपार प्रेम पयोधि में राधा के साथ अवगाहन करने वाले कृष्ण का स्मरण करते हुए इस छंद में घनानन्द उनसे प्रार्थना करते हैं कि आपने भक्तों के मनोरथ को नियंत्रित और उनको पूर्ण करने का काम बहुत किया है। यह आपकी आदत है। आप मेरे मनोरथ को भी नियंत्रित करें और उसे पूर्ण करें। अपनी प्रार्थना के लिए उपयुक्त भूमिका बांधते हुए कवि कृष्ण के अद्भुत कार्यों का उल्लेख करता है, विशेषत: भक्तों की तृप्ति के लिए किए गए कार्यों का।

जिसके हित के कारण (जिसका स्नेह पाने के कारण) माता का नाम यशोदा (यश प्रदान करने वाली) पड़ा (चरितार्थ हुआ), हितपूर्वक जिसके अवतरित हो जाने के कारण उस कुल (सुंदर वंश, सुबंस) का नाम चंद्र की कलाओं को धारण करने वाला, (चंद्र वंश), प्रसिद्ध हुआ; जो मूर्ति शोभा के समूह को धारण करने वाली तो हुई ही, अशरीरी (अनंग) काम के रंग को जीवन प्रदान करने वाली (जिलाने वाली) (जियारी) भी हुई, (कृष्ण को देखने पर देखने वाली में बिना शरीर के होते भी काम जग पड़ता है।) इस तरह वह मूर्ति अनंग को पुनरुज्जीवित करने वाली हुई। दूसरी बात यह कि कृष्ण स्वयं कामदेव जैसे सुंदर हैं। देखने पर लगता है, भस्मीभूत काम फिर सदेह उपस्थित हो गया है। तीसरी यह कि कुछ कथाएं अनिरुद्ध को काम का अवतार मानती हैं, किंतु अधिकांश के अनुसार प्रद्युम्न ही काम के अवतार थे। इस प्रकार अशरीरी काम को पुत्र के रूप में जीवन दान देने वाले कृष्ण ही हुए।

जो महा ज्ञानी (जान, सब कुछ जानने वाले) सहज ही (रिझानेवाले पर) रीझ जाने वाले, अत्यंत उदार और बिलासपूर्वक रास में विहार करने वाले हैं, वे ही मेरे मनोरथ का 'भी' वहन करें अर्थात मेरे मनोरथ को गति और नियंत्रण दें। साथ ही उस मनोरथ को पूर्ण करने वाले भी बनें।

घनानन्द का यह छंद भाव, भाषा और शिल्प की दृष्टि से अत्यंत निखरा हुआ छंद

है। इसमें भाषा की नूतन गति दिखाई पड़ती है। अंतिम पंक्ति में 'मनोरथ' के साथ 'हू' (जिसका अर्थ होता है 'भी') जोड़कर अन्य भक्तों की ओर संकेत है। 'आपने अनेक भक्तों के मनोरथ का वहन किया है और पूरा किया है। मेरे मनोरथ का भी वहन (नियंत्रण) करें और उसे पूरा करें। आप भक्तों और प्रेमियों के मनोरथ को नियंत्रित करते हैं और उन्हें पूर्ण करते हैं। छंद की प्रथम तीन पंक्तियों में भगवान के द्वारा परम संतुष्ट-तृप्त भक्तों की गणना करा दी गई है, यशोदा, यदुकुल, रति-काम, गोपियों और भक्तों आदि के मनोरथ पूर्ण होने का ही संकेत किया गया है।

मनोरथ 'वहन' करने में 'रथ वहन करना', 'रथ चलाना' जैसी 'क्रिया' की सजीव उपस्थिति से महाभारत की प्रसिद्ध घटना का संबंध सूत्र यहां जुड़ता है कि उस युद्ध में कृष्ण ने अर्जुन का रथ चलाया था। यहां भी रथ को वहन करने (चलाने) की प्रार्थना है। अंतर एक शब्द का है। यह केवल 'रथ' न होकर 'मनोरथ' है। आपने उनका (अन्य भक्तों का, फिर अर्जुन का) रथ चलाया था। मेरा 'भी' चलाएं। यह सारी बात, कृष्ण-अर्जुन कथा सहित 'हू' के माध्यम से संप्रेषित हो रही है। एक अक्षर के प्रयोग से अर्थ की इतनी विशद व्यंजना का यह आश्चर्यजनक उदाहरण है।

प्रथम पंक्ति में यशोदा और चंद्रवंश के नाम को कृष्ण द्वारा सार्थकता दिए जाने की बात कही गई है। कृष्ण के अवतार से पहले भी, 'यशोदा' और 'चंद्रवंश', ये नाम थे, किंतु 'यशोदा' (यश प्रदान करने वाली) और (चंद्र की कलाओं को धारण करने वाला अथवा 'कृष्ण चंद्र' को अपने मध्य धारण करने वाला) चंद्रवंश, जिसके हित (प्रेम, कृपा) के कारण हुआ, वे कृष्ण ही हैं, अन्य कोई नहीं।

इस छंद की बड़ी विशेषता यह है कि इसमें आराध्य कृष्ण का नाम कहीं नहीं आया है। केवल विशेषणों और उपमानों के प्रयोग द्वारा 'विशेष्य' कृष्ण को मूर्त किया गया है। स्पष्ट है कि ये विशेषताएं अन्य किसी में नहीं हैं, अतः वे ही, जिनमें ये सब विशेषताएं हैं, मेरे मनोरथ को भी पूर्ण करें। जैसे उन्होंने बहुतों का मनोरथ पूर्ण किया है।

भाव के स्तर पर तो छंद और भी गंभीर है। भक्त भगवान से सामान्यतः अपनी कामना की पूर्ति की प्रार्थना करते हैं, किंतु यहां कामनापूर्ति की प्रार्थना नहीं की जा रही है। यह नहीं कहा जा रहा है कि 'हे भगवान हमको अमुक वस्तु प्रदान करो' बल्कि यह कहा जा रहा है कि 'हे भगवान, बताओ कि हम तुमसे क्या मांगें? और तब उस मांग (मनोरथ) को पूरा करो।' 'मनोरथ हू बहियै अरु हैं मो मनोरथ पूरनकारी।' आराध्य के प्रति समर्पण की यह पराकाष्ठा है जो वैष्णव भक्त के लिए अति सहज है। अनियंत्रित मनोरथ भक्त के लक्ष्य के, निश्चय ही, प्रतिकूल होगा। इसलिए उसे पूरा करने की प्रार्थना नहीं है। नियंत्रित मनोरथ को पूरा करने की प्रार्थना की गई है।

भक्त (प्रेमी या कवि) का निवेदन। सर्वाधिक महत्वपूर्ण बात है, मनोरथ को पूरा करने की प्रार्थना के स्थान पर मनोरथ का नियंत्रण करने की प्रार्थना। 'मेरो मनोरथ हू' में केवल 'हू' से कृष्ण द्वारा अर्जुन के रथ संचालन का पूरा संदर्भ उपस्थित कर दिया गया है। व्यंजना का एक अद्भुत उदाहरण।

घनआनंद जीवनमूल सुजान की कौंधन हूं न कहूं दरसैं।
सु न जानियै धौं कित छाय रहे दृग-चातिग-प्रान तपें तरसैं।
बिन पावस तौ इन थ्यावस हो न सु क्यौं करि ये अब सो परसैं।
बदरा बरसैं रितु मैं घिरि कै नित ही अंखियां उघरी बरसैं॥ 2॥

तीव्र प्रणयानुभूति के कारण सब कुछ भुला देने वाली प्रिया प्रवासी प्रिय की झलक तक पाने को तरस रही है। प्रिय सघन आनंद प्रदान करने वाला सुजान है (जो सब कुछ अच्छी तरह जानता है), विरहिणी के जीवन का तो वह मूल ही है। (इस समय जीवनमूल पास नहीं, दूर है।) वियोग में निर्जीव (जीवनमूल से अलग) होती जा रही वह प्रिया (अब मात्र विरहिणी) चाहती है कि प्रिय की एक झलक ही मिल जाए तो उसमें जीवन का संचार हो जाए। पर वह झलक नहीं मिलती। उस झलक की लालसा से भरे अपने नेत्रों को वह चातक कहती है। इन चातकों के प्राण तड़प रहे हैं, तप्त हो रहे हैं, तपन मिटाने को तरस रहे हैं। उधर प्रिय अब प्रवासी हो गया है। (प्रिय के अन्यत्र विराजमान होने की क्रिया से लेकर उसके संबंध में प्रयुक्त विशेषण तक, सभी श्लिष्ट हैं जिससे वह प्रिय चातक को तृप्त करने वाले बादल के रूप में प्रस्तुत हो सके।) नेत्र रूपी चातक तप रहे हैं, तड़प रहे हैं, उधर जगतप्राणों का मूल, सघन आनंददाता प्रिय (बादल) न जाने कहां छाया हुआ है ? उसके दर्शन तो क्या, एक झलक (कौंध) भी नहीं मिलती। ये चातक पावस घिरने पर ही (स्वाति नक्षत्र के मेघ छा जाने पर) अर्थात प्रिय के दर्शन होने पर ही धैर्य (थ्यावस, स्थिरता) धारण करेंगे। बिना पावस के आए प्रिय (बादल जो न जाने कहां छाया हुआ है) आएगा नहीं और जब तक प्रिय नहीं आता ये नेत्र (चातक) शांत नहीं होंगे। शांति को प्राप्त करना तो दूर शांति का स्पर्श भी ये तड़पते हुए नेत्र बिना बादल के आए कैसे करेंगे ? इनके शांत होने का तो अभी सवाल ही नहीं उठता। यहां संपूर्ण छंद का चमत्कार इस बात में केंद्रित है कि वह प्रिय बादल जैसा दिखाई तो देता है (छाए रहना, घन आनंद, जीवनमूल, ये सब बादल की विशेषताएं हैं) फिर भी बादल की तरह आचरण नहीं करता। बादलों का स्वभाव है कि ऋतु आने पर वे घिर कर बरसते हैं, किंतु प्रवासी प्रिय समय आने पर भी (वियोग ताप की सीमा, प्राणों की क्षमता की सीमा) पास आकर दर्शन जल से प्यास नहीं बुझाता। इतना ही नहीं वह प्रिय (बादल जैसा होते हुए भी) इतना कठोर है कि उसकी कठोरता के कारण विरहिणी की आंखें उघड़ी हुई हैं। (उघड़ी से तात्पर्य उजड़ी हुई, सूनी आंखों से है।) घनानन्द ने अन्य छंद में 'भाग' को उघरी बताया है। 'ह्वै हैं सोऊ घरी भाग उघरी अनंदघन, सुरस बरसि लाल देखिहौ हरी हमें।' (देखिए छंद 25) सूना आकाश बरसता नहीं है। बादल घिरकर ही बरसते हैं। इन उघरी (सूनी, अभागिन) आंखों की दशा यह है कि बिना घिरे ही ये रात-दिन बरसती रहती हैं।

आंखों के दो उपमान हैं : चातक और सूना आकाश। बिना बादल (प्रियदर्शन) के आंखों के आकाश (उजड़ेपन) के नित्य बरसते रहने में जो विरोध का चमत्कार है, वह व्यथा की तीव्रता को बढ़ा देता है।

श्लेष, रूपक और विरोधाभास के कारण भावगांभीर्य के साथ ही छंद में कलात्मक प्रौढ़ता का भी अपूर्व मेल हो गया है।

रहस्यात्मकता देखने का कोई ठोस आधार इस छंद में नहीं है।

प्रवासी प्रिय के प्रति तीव्र प्रणयानुभूति का निवेदन। विरोध का चमत्कार गंभीर भावव्यंजना में सहज सहायक। 'नैनउ धारि दियें बरसें' छंद से तुलनीय।

लै ही रहे हौ सदा मन और को दैबो न जानत राजदुलारे।
देख्यौ न है सपने हूं कहूं दुख, त्यागे सकोच औ सोच सुखारे।
कैसो संजोग बियोग धौं आहि! फिरौ घन आनंद ह्वै मतवारे।
मो गति बूझि परै तब ही जब होहु घरीक हू आप तें न्यारे॥ 3॥

अपनी दुर्वह पीड़ा और प्रिय की असाधारण मस्ती एवं उसके फलस्वरूप उत्पन्न सहज निठुराई को व्यक्त करती हुई विरहिणी कहती है कि हे प्रिय! जिस स्थिति में आप हैं, उसमें रह कर मेरे मन की व्यथा का अनुमान भी नहीं हो सकता। इसीलिए आप मेरे दुख की ओर से उदासीन हैं। (प्रिय इतना आकर्षक है कि जो भी उसे देखता है वही अपना सर्वस्व सर्मापित करने को प्रस्तुत हो जाता है, अतः उसे केवल दूसरों का समर्पण पाने का अभ्यास है। उसके मन में किसी के प्रति समर्पण की कोई भावना नहीं उठती। ऐसी दशा में अपना सर्वस्व अर्पित कर देने वाले प्रेमियों की वेदना को वह कैसे समझ सकता है?)

विरहिणी कहती है कि हे प्रिय! हे राजदुलारे! तुम दूसरों का मन लेना ही जानते हो, कभी किसी को मन देने (और उसके परिणाम) का कोई अनुभव तुमको नहीं है। जब मन ही किसी को नहीं दिया तो मन दूसरे को दे देने से अपने पर क्या बीतती है, यह जानने का सवाल ही कहां उठता है? दुख के दर्शन तो तुमने स्वप्न में भी नहीं किए। सब तरह की चिंता और संकोच से मुक्त होकर तुम परम सुखी हो। तुम तो मस्त होकर घूम रहे हो। संयोग और वियोग कैसा होता है इसका कोई आभास आपको नहीं है। (कहना चाहती है कि तुम्हारे पल भर के दर्शन से जो सुख मुझको होता है, न तो तुम्हें उसका अनुमान है और न इस बात का ही, कि तुम्हारे वियोग में मुझ पर क्या गुजरती है।) यहां घनआनंद का प्रयोग विशेषण के रूप में विशेष अर्थसौंदर्य उत्पन्न कर देता है। आकाश के बादलों की तरह अपने ही आनंद में मस्त तुम इधर-उधर घूमते रहते हो। इधर मेरी दशा यह है कि मैंने अपने हृदय को तुम्हारे प्रति ही सर्मापित कर दिया है। इस प्रकार मैं स्वयं अपने से ही अलग हो गई हूं। मेरी इस विषम स्थिति का अनुमान आप तभी कर सकते हैं जब पल भर के लिए आप अपने को अपने से अलग करके देखें। (प्रिय का स्वभाव मस्ती का है, अतः वह अपने से अलग होगा, इसकी कोई आशा नहीं है, इसीलिए यह भी स्पष्ट है कि वह विरहिणी की वेदना को कभी नहीं समझ पाएगा। ध्वनि यह है कि हे प्रिय! मेरा यह दुख अमिट है और आप इसको समझ भी नहीं सकेंगे। विरहिणी को तो वेदना की निरंतरता में ही आनंद है क्योंकि वह वेदना भी प्रिय के प्रति समर्पण के कारण ही उत्पन्न हुई है।)

जगत गति से उदासीन रहने वाला सदा सुखी रहता है। (सबते भले हैं मूढ़, जिन्हें

न व्यापै जगत गति : तुलसी) किंतु यहां प्रिय की मूढ़ता की ओर उतना संकेत नहीं है जितना अपनी वेदना की अगम्य स्थिति की ओर। इतने साफ ढंग से इतनी गंभीर बात की व्यंजना घनानंद की अपनी विशेषता है।

एकनिष्ठ प्रेमी की विवशता और अनेक से घिरे आलंबन की मस्ती। अपने आप से पृथक हुए बिना घनानन्द की प्रेमपीर का रहस्य समझना असंभव।

तब तौ छबि पीवत जीवत हे, अब सोचन लोचन जात जरे।
हित-पोष के तोष सु प्रान पले, बिललात महादुख-दोष-भरे।
घनआनंद मीत सुजान बिना, सब ही सुख-साज समाज टरे।
तब हार पहार से लागत हे, अब आनि के बीच पहारपरे॥ 4॥

प्रवास विरह की असह्य पीड़ा झेलती हुई विरहिणी इस स्थिति की तुलना संयोग के दिनों से करती हुई कहती है कि संयोग में अनुकूलता जितनी अधिक थी, वियोग में प्रतिकूलता उतनी ही बढ़ गई है।

पहले (संयोग के दिनों में) जो नेत्र (आश्रय के) प्रिय के सौंदर्य की सुधा का पान करके अपनी जीवनी शक्ति का निरंतर विकास करते थे अब वे ही सोच की (विरह की चिंता) आंच में जलते रहते हैं। अब उन्हें छवि सुधा तो क्या साधारण जल भी उपलब्ध नहीं है। विरहिणी सोचती है कि पहले उसके प्राण प्रिय द्वारा प्राप्त हित-चिंता (कल्याण कामना) के अमित तोष (आनंद : तृप्ति का आनंद) से पलते रहते थे। प्रिय मेरे प्राणों के लिए अद्भुत आनंददायक प्रीति पोषण की व्यवस्था करते रहते थे। अब, जब प्रिय दूर हैं, इन प्राणों की दशा यह हो गई है कि ये तृप्ति के एक एक कण के लिए तरस रहे हैं, बिलबिला रहे हैं। अब ये प्राण महत कष्ट का, अभाव और अभावजन्य दुख का अनुभव कर रहे हैं। इस अभाव की पीड़ा को संयोगकालीन परम तृप्ति की स्मृति और बढ़ा देती है। अंतिम पंक्ति में संयोगकालीन स्नेह की प्रगाढ़ता की स्मृति का उल्लेख है कि सुख के उन सघन क्षणों में दोनों शरीरों के बीच (आलिंगन के समय) छाती पर पड़ा हुआ हार पहाड़ की तरह (असह्य) लगता था। हार तक को उतार कर ही आलिंगन स्वीकार्य होता था। अब समय विपरीत होने पर प्रवास के कारण उन्हीं दोनों शरीरों के बीच की दूरी इतनी बढ़ गई है कि बीच में (अनेक दुर्लंघ्य) पहाड़ आकर पड़ गए हैं। ध्वनि यह कि पहले हार को पहाड़ मानकर उतार फेंकने वालों के बीच वास्तव में अलंघ्य पहाड़ों की दूरी आ गई है। 'हार पहार' में सभंग यमक की छटा और बीच में पहाड़ आ पड़ने के मुहावरे से भाषा की अनूठी भंगिमा प्रकट होती है।

हार को पहाड़ की तरह देखने वाले प्रेमी युग्म की ऐंद्रिय संवेदना का संकेत बड़ी सफाई के साथ इस छंद में व्यंजित है। इसीलिए घनानन्द की विरहानुभूति में इतनी असाधारण तीव्रता और विश्वसनीयता आ सकी है।

इस छंद में आश्रय, आलंबन के प्रति कोई आग्रह नहीं है। विरह की इस तीव्रता का अनुभव करने वाला आश्रय पुरुष भी हो सकता है, तब आलंबन स्त्री होगी। किंतु प्रवास में पुरुष का जाना अधिक स्वाभाविक है, अतः वियोगिनी को आश्रय और प्रवासी पुरुष को

आलंबन मानना अधिक औचित्यपूर्ण है। 'पहार' की तरह 'हार' की बाधा का वर्णन जब स्त्री करती है तो ऐंद्रिय सघनता तीव्रतर रूप में उभर आती है।

प्रवास विरह की तीव्र पीड़ा झेलती हुई विरहिणी संयोग के दिनों से वियोग के दिनों की तुलना करती है। पहले प्रगाढ़ आलिंगन में हार पहाड़ की तरह लगते थे अब अलंघ्य पहाड़ों की दूरियां सचमुच बीच में आ गई हैं। भाग्य की विडंबना।

हीन भएं जल मीन अधीन, कहा कछु मो अकुलानि समानै।
नीरसनेही कों लाय कलंक निरास ह्वै कायर त्यागत प्रानै।
प्रीति की रीति सु क्यों समुझै जड़, मीत के पानि परै कों प्रमानै।
या मन की जु दसा, घनआनंद जीव की जीवनि जान ही जानै॥ 5॥

घनानन्द के अधिकांश छंदों में विरही की भाव दशा का वर्णन इस रूप में किया गया है कि आश्रय के रूप में स्त्री को माना जाए या पुरुष को, अर्थसौंदर्य में कोई बाधा नहीं पड़ती। यह छंद भी इसी प्रकार का है।

विरही अपने विरहदग्ध मन की दशा की तुलना मीन (की तड़प) से करता हुआ कहता है कि जल से बाहर निकाले जाने पर तड़प कर प्राण देने वाले मीन के प्रेम भाव को महत्वपूर्ण मानकर संसार में उसे आदर्श प्रेमी माना जाता है, यह सत्य है। किंतु, अपने अनुभव से विरहाकुल प्रेमी यह सिद्ध करता है कि तड़पने और जान देने से मीन के प्रेम की प्रगाढ़ता के बदले उसका छिछलापन ही अधिक प्रमाणित होता है। जान देकर दुख से मुक्ति पा लेने वाला उस असह्य दुख को तिल-तिलकर जलते हुए झेलने वाले विरही की समानता कैसे कर सकता है?

मीन जल के अधीन रहता है। अतः जल के घट जाने पर (या जल से अलग हो जाने पर) उसका तड़पना स्वाभाविक है। यहां विरही कहता है कि उसका तड़पना मेरी आकुलता की समानता नहीं कर सकता। जल के वियोग में तड़पकर मर जाने वाला मीन अपने प्रिय (जल) पर (निठुर होने का) कलंक लगाता है। (अपनी मृत्यु से प्रिय की कठोरता को जग जाहिर कर देता है।) नीरसनेही में सभंग श्लेष का चमत्कार भी है। नीरस को नेही (प्रेमी जल) का विशेषण मान लेने पर अर्थ होता है कि जल नीरस नेही है, अतः मीन के प्रति कठोर है।

यहां विरह की प्रत्येक दशा को झेलने का साहस रखने वाला प्रेमी कहता है कि मीन जल से वियुक्त होकर इसलिए प्राण त्याग देता है कि वह कायर है। प्रणय के क्षेत्र में दुख की मार को वह सहन नहीं कर सकता। वह आशावादी भी नहीं है, इसलिए निराश हो जाता है, जबकि प्रणयी आशा के सूत्र को मृत्यु के बाद भी नहीं छोड़ता। आशा और साहस दोनों के अभाव में मीन स्वयं तो मरता ही है जल के ऊपर नीरस और कठोर होने का कलंक लगा देता है। अपने प्राण देकर वह यह प्रमाणित कर देता है कि वह जड़ प्रेमी के हाथ पड़ गया था। अथवा वह जड़ (मीन) प्रीति की रीति को समझ नहीं पाता, उल्टे मीत (जल) के हाथों (उसके प्रेम में) पड़ने को कलंकित (प्रमाणित) करता है। ऐसा मीन भला प्रीति की विलक्षण रीति को कैसे समझ सकता है? वियोग व्यथा से घबराकर प्राण

दे देना, प्रणय के क्षेत्र की सूक्ष्म रीति नीति के प्रति उसकी अनभिज्ञता ही प्रकट करता है।

यहां प्रेमी अपनी व्यथा की गंभीरता और उसको निरंतर झेलते रहने की यातना की ओर संकेत करता है कि उसकी यातना मीन जैसे प्रेमी की समझ में आने वाली चीज नहीं है। ध्वनि यह भी है कि जो संसारी लोग मीन को ही आदर्श प्रेमी मानते हैं, वे इस विरही की पीड़ा का अनुमान भी नहीं कर सकते। विरह की असह्य यातना का आस्वादन करने वाला प्रेमी कहता है कि मेरे मन की दशा केवल वह प्रिय ही समझ सकता है जो मेरे प्राणों का प्राण है, जीवन का जीवन है। 'जान' विशेषण में भी एक संकेत है कि वह प्रिय सब कुछ जानने वाला है इसीलिए मेरी पीड़ा को भी जान लेगा। प्रेमी की आशा का सूक्ष्म तार यहीं है, प्रिय के प्रति अखंड विश्वास।

प्रेम के लोक प्रसिद्ध आदर्श मीन और पतंग के प्रेम की घनानन्द के गंभीर प्रेम के समझ क्षुद्रता। प्रेम या विरह में प्राण देकर पीड़ा से मुक्ति पाने वाला कायर है। प्रेमी का मन सब कुछ झेलता हुआ जीवित रहता है और उस व्यथा का आस्वादन करता है।

कंत रमैं उर अंतर मैं सु लहै नहीं क्यौं सुख रासि निरंतर।
दंत रहैं गहैं आंगुरी, ते जु वियोग के तेह तचे परतंतर।
जो दुख देखति हौं घनआनंद रैन-दिना बिन जान सुतंतर।
जानैं वेई दिन राति बखाने तें जाय परै दिन-राति को अंतर॥ 6॥

विरहिणी स्वयं अपने आप से अथवा सखी से अपनी व्यथा की गंभीरता के विषय में कह रही है। पहले प्रिय को निरंतर अपने मन-प्राणों में बसा लेना अच्छा लगा। एक प्रकार के गर्व का अनुभव हुआ कि प्रिय को हृदय में सदा के लिए रख लिया है। किंतु प्रियमिलन की आशा ज्यों ज्यों क्षीण होती जा रही है, हृदय में स्थित प्रिय सामने प्रकट न होकर वियोगिनी का दुख बढ़ाता जा रहा है। हृदय में वही प्रिय आकांक्षा की मूर्ति के रूप में बैठा है। वह आकांक्षा अर्थात शारीरिक रूप में प्रियमिलन की कामना दुख को और बढ़ा रही है।

छंद में एक संवाद की सी स्थिति उत्पन्न की गई है। सखी वियोगिनी से पूछती है कि जब वह कंत (प्रिय) निरंतर तुम्हारे हृदय में ही रमण करता है तब तुम क्यों नहीं सुख की राशि को प्राप्त करती हो? (प्रिय की कामना के प्रति व्यथा से बोझिल व्यंग्य का पुट बड़ा मार्मिक है। कंत, जिसे देखकर आसक्त हुई, हृदय में निरंतर रमण करता है, 'रमण' में भी वही व्यंग्य ध्वनि।) तब दुखी क्यों हो रही है? ले भोग सुख! ध्वनि यह भी है कि उससे (कंत से) सुख की आशा व्यर्थ है और तू उसी में फंसी है। 'कंत रमैं उर अंतर मैं' में सभंगपद यमक और ध्वनिप्रवाह का लालित्य द्रष्टव्य है।

अगली तीन पंक्तियों में उत्तर देती हुई विरहिणी कहती है कि मेरी हालत यह है कि जो प्रेमी प्रेम में पूर्णरूपेण बंधे हुए हैं और जो वियोग के ताप (या क्रोध) में तप चुके हैं, अपना सर्वस्व प्रेम को समर्पित कर चुके हैं, वे भी जब मेरे विरह दुख को देखते हैं तो दांतों तले उंगली दबा लेते हैं अर्थात मेरा दुख उनसे बड़ा है। मैं प्रिय से अलग 'स्वतंत्र' हो गई हूं। इस 'स्वतंत्रता' के कारण मुझे जितने दुखद दिन रात देखने पड़ते हैं, इसका अनुभव वे

दिन रात ही कर सकते हैं, कोई दूसरा नहीं। मैं दिन-रात जो दुख भोग रही हूं उसका यदि वर्णन करने बैठूं तो वास्तविक स्थिति में और वर्णन में जमीन-आसमान का अंतर हो जाएगा अर्थात वह दुख दशा वर्णनातीत है। मुहावरे में यमक का चमत्कार द्रष्टव्य है। दिन और रात का अंतर पड़ जाएगा अर्थात मेरा दुख रात जैसा है तो कहने पर दिन जैसा लगेगा। वर्णनातीत। 'स्वतंत्रता' की कामना सर्मापिता नहीं करती। पर वही उसे मिली है। प्रिय निरंतर हृदय में है, अतः वह मिलनेच्छा को उद्दीप्त करता रहता है।

विरहिणी का सखी अथवा स्वयं से कथन। संवाद की नाटकीयता। पूर्वपक्ष : जब निरंतर प्रिय अंतर में रमता है तो दुखी क्यों होती है ? उत्तर : मेरी दशा देखकर वियोग ताप में तपे विरही भी दांतों तले उंगली दबाते हैं। भीतर प्रिय है किंतु शरीर रूप से उसके अनुपस्थित होने के कारण जो दुख मुझे है, उसको वे दिन-रात ही जानते हैं जिन्हें मैं काटती हूं (वे ही साक्षी हैं)। उस दुख का वर्णन करने पर दिन और रात (आकाश-पाताल) का अंतर पड़ जाएगा। बाणी उस दुख का वर्णन करने में समर्थ नहीं है।

सुखनि समाज साज सजे तित सेवें सदा,
जित नित नए हित फंदनि गसत हौ।
दुख तम पुंजनि पठाय दै चकोरनि पै,
सुधाधर जान प्यारे, भले ही लसत हौ।
जीव सोच सूखै गति सुमिरें अनंदघन,
कित हूं उघरि कहूं घुरि कै रसत हौ।
उजरनि बसी है हमारी अंखियानि देखौ,
सुबस सुदेस जहां भावते बसत हौ ॥ 7 ॥

असह विरह दुख को अकेली झेलती हुई विरहिणी प्रवासी प्रिय को ही संबोधित करके कहती है कि हे प्रिय ! मुझे छोड़कर आप जहां जाकर बस गए हैं वहां (आपकी उपस्थिति के कारण) सुखों का सारा समाज एकत्र हो गया है। वे सभी (सुखोपकरण) आपकी सेवा करते हैं। वहां आपके अगणित प्रेमी हैं, जिनके प्रणय पाश (हित फंदनि) में आप निरंतर बंधते चले जा रहे हैं। (कुछ विद्वान व्याख्याकार इस पंक्ति में यह भाव देखते हैं कि हे प्रिय तुम वहां अपने प्रेम के फंदे में दूसरों को बांधते हो। यहां ध्यान देने की बात यह है कि घनानन्द का प्रिय इतना विलक्षण है कि जो भी उसे देखता है, स्वयं उसकी ओर सहज ही आकृष्ट हो जाता है। अपनी ओर आकर्षित करने के लिए उसे कोई प्रयत्न नहीं करना पड़ता।) यहां स्वाभाविक अर्थ यही है कि उस प्रिय को बांधने के लिए बहुत से लोग प्रणय-पाश फेंकते हैं जिनमें उलझकर वह अपनी पुरानी प्रिया को भूल जाता है।) आगे वह कहती है कि हे प्रिय ! तुम अमृत को धारण करने वाले हो (तुम्हारे साहचर्य में अमृत की प्राप्ति होती है। 'सुधाधर' में प्रिय के मांसल सौंदर्य की व्यंजना बहुत स्पष्ट है।) सुधा-सिक्त अधरों वाले हे प्रिय ! वहां तुम्हारा रूप और भी निखर आया है (लसत हौ) क्योंकि वहां प्रेमियों की कामना का वलय वृहत्तर हो गया है। किंतु जरा सोचो तो कि तुम चंद्र होकर भी (जो जगत को सुधापूरित करता है) अपना प्रकाश वहीं तक सीमित रखते

हो। जो तुम्हारे प्रेमी रूपी चकोर हैं उनकी ओर तुम्हारा विरह दुख रूपी अंधकार ही प्राप्त होता है। चंद्रमा प्रकाश फेंकता है और चकोरों को तृप्त करता है। यहां अंधकार विकीर्ण करता हुआ चंद्रमा (प्रिय) चकोरों (प्रेमियों) का दुख बढ़ाता है।

विरहिणी कहती है कि हे सघन आनंद देने में समर्थ (अब विमुख) प्रिय ! तुम्हारी इस विषम गति को सोच सोचकर हमारे प्राण सूख रहे हैं कि कहीं तो तुम एकदम उघड़ जाते हो और कहीं घुमड़-घुमड़कर बरसते हो। (बादल वाली विशेषताएं उघड़ना = विलुप्त हो जाना, घुरि = घुमड़ घुमड़कर)।

अंतिम पंक्ति में घनानन्द अपने प्रिय अलंकार विरोधाभास का प्रयोग करते हैं। विरहिणी कहती है कि मुझे छोड़कर जाने वाले हे प्रिय ! तुम ऐसे हो ही कि उजड़े प्रदेश में जाओ तब भी वह प्रदेश (तुम्हारे प्रबल आकर्षण के कारण) सुंदर लोगों से बसा हुआ हो जाएगा। किंतु इस पर विचार करो कि तुम्हारे न रहने पर हमारी आंखों में बसने के नाम पर केवल उजरनि (उजाड़ स्थिति, बसने की विरोधी स्थिति) ही बसी हुई है। इन आंखों की दशा बिना देखे नहीं जान सकते। उजाड़ को बसाने वाली आंखों की व्यंजना विशद है।

विरहिणी प्रवासी प्रिय के प्रति कहती है कि मेरी आंखों में उजरनि बसी है। सुंदर बस्ती तो वहीं है, जहां तुम हो। 'उजरनि (उजाड़) का बसना' तीव्र व्यथा की निरंतरता का विरोधमूलक चित्र। भाषा और अलंकार का विलक्षण प्रयोग।

तपति उसास औधि रूंधियै कहां लौं दैया,
बात बूझें सैननि ही उतर उचारियै।
उड़ि चल्यौ रंग कैसें राखियै कलंकी मुख
अनलेखें कहां लौं न घूंघट उघारियै।
जरि बरि छार ह्वै न जाय हाय ऐसी वैसि
चित चढ़ी मूरति सुजान क्यों उतारियै।
कठिन कुदायं आय घिरी हौं अनंदघन
रावरी बसौंय तो बसाय न उजारियै॥ 8॥

प्रवासी प्रिय के लौटने की अवधि तक प्रतीक्षा करने की क्षमता और जीवनी शक्ति का अभाव अपने में देखती हुई विरहिणी कातर होकर निवेदन कर रही है।

वह कहती है कि उखड़ी हुई लंबी सांसों से मेरा रहा-सहा अस्तित्व भी तपता जा रहा है। (मेरे प्राण निकल जाना चाहते हैं।)हे दैव ! कब तक और कहां तक इन आकुल प्राणों को मैं अवधि के घेरे (बाड़) के भीतर रोकूं ? अवधि भी तो दूर है अभी। वहां तक पहुंच पाना मेरे लिए संभव नहीं जान पड़ता। विरहजन्य कृशता अब इतनी बढ़ गई है कि जब कोई मुझसे किसी बात को पूछता है तो मैं इशारे से (सैननि) ही उत्तर दे पाती हूं। मुझ में इतनी शक्ति नहीं रह गई है कि मुंह से बोल सकूं। मेरा रंग फीका पड़ चुका है। मैं अपने कलंकित मुख को घूंघट में छिपाकर कब तक दूसरों की नजरों से दूर रखूं ? (प्रिया का मुख पहले सहज सौंदर्य के साथ ही अनुराग की लालिमा से चमकता था।) अब

प्रिय नहीं है। उसने प्रवास की लंबी अवधि दे दी है। प्रिय छोड़कर चला गया, इसमें प्रिया की ही कोई चूक है कि वह प्रिय को अपने गुणों से बांध न सकी। इसी कलंक की बात वह कहती है। यद्यपि अपनी समझ से उससे कोई चूक नहीं हुई है किंतु प्रिय चले गए तो कोई बात तो होगी ही। निराला का एक प्रसिद्ध गीत है : 'अलि घिर आए घन पावस के'। इसमें वियोगिनी साफ कहती है : 'क्या मैं ऐसी ही हूं अक्षम जो न रहे बस के।'

घनानन्द की यह विरहिणी जानती है कि अपने मुख को वह चाहे जितना छिपाए, उसकी (प्रिय को बांध न सकने की) कलंक कथा अलक्ष्य नहीं रह सकेगी। अगर प्रिय आ जाए तो यह कलंक कथा निर्मूल सिद्ध हो जाएगी। अपनी दयनीय दशा की सीमा का संकेत करती हुई वह कहती है कि उसी प्रिय ने कभी उसे अपने चित्त पर चढ़ाया था। उसका वह आकर्षण (यौवन का और रूप का) अभी भी बचा है। किंतु अब वह यौवन जल कर क्षार होने लगा है। वह कहती है कि मेरी ऐसी वयस (युवावस्था, यौवन) जल कर भस्म न हो जाए। मेरी यह मूर्ति आपके चित्त पर चढ़ चुकी है। अब तो इसे (मुझे) अपने चित्त से न उतारिए।

इस पंक्ति की एक ध्वनि यह भी हो सकती है कि प्रिय की निठुराई से इसी (अल्प) वय में मेरा रूप जलकर भस्म ही क्यों न हो जाए, अपने चित्त पर चढ़ी हुई प्रिय की मूर्ति को मैं उतार नहीं सकती। कैसे करूंगी ? अंत में घनानन्द की प्रिय चमत्कार शैली का प्रयोग है। विरहिणी असमय जल रही है, जबकि उसका प्रिय सब प्रकार की ज्वाला को बुझाने में समर्थ है। वह कहती है कि हे सघन आनंद की वर्षा करने वाले प्रिय ! मैं कठिन कुदांव (बुरे समय के घात) में घिर गई हूं, अगर आपका वश चले तो आप ही मुझे उजाड़िए मत। (वह जानती है कि प्रिय के वश में तो सब कुछ है ही, संबोधन में ही बुझाने की क्षमता का संकेत कर चुकी है। परिकरांकुर की विशेषता विशेष्य को साभिप्राय करने में होती है।) बसाय में ललित यमक और लोकोक्ति। पहले प्रिया को स्वीकार करके उसी प्रिय ने बसाया है, वही उजड़ने से बचा सकता है। मार्मिक संकेत है।

प्रवासी प्रिय की प्रतीक्षा में वियोगिनी के प्राण निकलना चाहते हैं। वह निठुर प्रिय से कहती है कि अब तो आ जाओ। तुम्हीं ने बसाया है, तुम्हीं तो मत उजाड़ो। यमक, लोकोक्ति, विरोधाभास के साथ परिकरांकुर की छटा दर्शनीय है।

मरिबो बिसराम गनै वह तौ यह बापुरो मीत तज्यौ तरसै।
वह रूप-छटा न सहारि सकै यह तेज तवै चितवै बरसै।
घनआनंद कौन अनोखी दसा मति आवरी बावरी ह्वै थरसै।
बिछुरें मिलें मीन-पतंग-दसा कहा मो जिय की गति को परसै।। 9।।

प्रणयक्षत्र में आत्मोत्सर्ग के लिए मीन और पतंग दोनों अप्रतिम कहे जाते हैं। पतंग अपने प्रिय (दीपक) से इतने तीव्र आवेश के साथ मिलता है कि अपने को जला डालता है। उधर मीन अपने प्रिय (जल) से पल भर का विछोह होते ही प्राण छोड़ देता है। यहां घनानन्द इस बात को रेखांकित करना चाहते हैं कि प्रणयी रूप की ज्वाला को भी झेल लेता है और बिछुड़न की पीड़ा को भी भोगता रहता है। अतः इन विश्वविख्यात प्रेमियों

का मरण प्रेम की गरिमा को कम कर देता है। ये तो प्राण देकर दुख के भार से छूट जाते है, प्रेम की पीर का स्पर्श भी नहीं कर पाते।

साहस और धैर्यपूर्वक सारी पीड़ा को सहन करने वाला प्रेमी कहता है कि वह (मीन) तो प्रिय (जल) से वियुक्त होकर मर जाने को ही विश्राम (दुख से मुक्ति का उपाय) मानता है जबकि (प्रेमी बेचारा) मेरा मन बेचारा मीत (प्रिय) के द्वारा छोड़ दिए जाने पर भी (जान देकर झंझट से मुक्त न होकर) उसी (निठुर प्रिय) के दर्शन के लिए बार बार तरसता रहता है। प्रियदर्शन के अभाव और प्रिय की उपेक्षा के दुख को सहन करता हुआ प्रेमी आशा के सूत्र को नहीं छोड़ता। दूसरी ओर वह (पतंग) अपने प्रिय (दीपक) के रूप की छटा को (रूप ज्वाला) सम्हाल नहीं पाता, उसी में जलकर प्राण दे देता है। इधर प्रेमी का मन प्रिय के रूप की दीप्ति (रूप तेज) में जलता रहता है, फिर भी उधर देखना छोड़ता नहीं। एक ओर वह प्रिय की रूप ज्वाला से जलता रहता है, दूसरी ओर उस आनंद में अश्रुधार बरसाता रहता है। (तपने के साथ बरसने में सुंदर विरोधाभास है।)

विरही प्रवासी प्रिय को संबोधित करता है (घन आनंद का श्लेष) हे सघन आनंद देने में समर्थ प्रिय ! इस मति (मेरी मति) की यह कौन सी विचित्र दशा है कि यह पगली (बावरी मति) विकल (आवरी) होकर त्रस्त होती है (थरसैं), फिर भी (मीन और पतंग की तरह) प्राण देकर इस दारुण दुख से मुक्त होना नहीं चाहती। (क्योंकि प्रेमी की बावरी मति को इस बात का ध्यान है कि अगर वह घबराकर मर गया तो प्रिय पर निष्ठुरता का कलंक लगेगा। यह बात वह (प्रेमी) सहन नहीं कर सकता कि उसके प्रिय को कोई निठुर कहे, इसलिए वह जीवित रहकर प्रिय द्वारा दिए गए दुसह दुख को सहन करता है।

अंत में विरही अपनी अकथ कथा को कहता तो नहीं, यह जरूर कहता है कि मेरे हृदय की गति को मीन और पतंग के प्रतीकों के सहारे समझा नहीं जा सकता। मिलन के समय पतंग और विरह के समय मीन की दशा, दोनों बहुत करुणापूर्ण हैं किंतु प्रिय के वियोग में मेरे हृदय की जो दशा है, मीन और पतंग की दशा उसका तो स्पर्श भी नहीं कर सकती।

प्रेमी की विरह दशा अवर्णनीय और अतुलनीय है। एक दूसरे छंद में घनानन्द मीन को प्रिय पर कलंक लगाने वाला कायर कहते हैं। वह स्पष्ट कहते हैं कि 'या मन की जु दसा, घनआनंद जीव की जीवनि जान ही जानै।' (दे० छंद 5)

पांचवें छंद के समान लोकविश्रुत प्रेमी, मीन और पतंग की दशा का ओछापन और प्रेमी के हृदय की दशा की गंभीरता, दोनों की तुलना। विरोधाभास।

एरे बीर पौन तेरो सबै ओर गौन, बीरी
तो सौ और कौन मनै ढरकौंहीं बानि दै।
जगत के प्रान, ओछे-बड़े कों समान घन-
आनंद निधान सुखदान दुखियानि दै।

जान उजियारे गुन-भारे अंत मोही प्यारे
अब ह्वै अमोही बैठे पीठि पहिचानि दै।
बिरह-बिथाहि मूरि, आंखिन मैं राखौं पूरि,
धूरि तिन पायन की हा हा ! नेकु आनि दै ॥ 10 ॥

प्रवासी प्रिय का संधान करके उनके चरणों की धूल ला देने में समर्थ पवन से विरहिणी प्रार्थना कर रही है। संबोधन में ही उत्तम श्लेष है। हे भाई पवन (वीरतापूर्ण कार्य करने वाले, समर्थ) तुम्हारी सर्वत्र गति है। दुःसाध्य कार्य करने के लिए बीड़ा उठाने वाला (बीरी) भी तुम समान कोई और नहीं है। (अनन्वय) बस, तुम द्रवित होने की आदत (ढरकौंहीं बानि) डाल लो। (मेरी करुण दशा के प्रति द्रवित हो जाओ तो तुम्हारे मार्ग में कोई बाधा नहीं आ सकती, जिसे तुम पार न कर लो। तुम सर्वत्र गति वाले हो अतः प्रिय तक पहुंच ही जाओगे। बीड़ा उठाने की आदत तुमको है ही।) भाई पवन को दुःसाहसी, सर्वत्र गतिवाला और द्रवणशील चित्त का बताने के बाद उसके स्वभाव की कुछ और विशेषताओं का स्मरण कराती हुई विरहिणी कहती है कि तुम जगत के प्राण हो (तुम्हारे ही माध्यम से सभी प्राणी प्राण धारण करते हैं। अतः मेरे प्राणों के पोषण का उपाय भी अवश्य करोगे।) इतना ही नहीं तुम 'समदरसी' भी हो। छोटे-बड़े सबको समान रूप से उपकृत करते हो। (मुझ में अपात्रता हो तो भी तुम मुझ पर दया करोगे।) तुम सघन आनंद के संपुंज हो (तो मुझ विरहिणी को पल भर का आनंद भी अवश्य दोगे), दुखियों को सुख देना तुम्हारा स्वभाव है। पवन की विशेषताएं बताने के बाद विरहिणी अपने प्रवासी प्रिय की असाधारण विशेषताएं बताती हुई कहती है कि (प्रिय को ढूंढ़ना कठिन नहीं है क्योंकि) वे सुजान हैं। जगत में उनका यश प्रकाशित है (उजियारे)। वे भारी गुणों वाले हैं। (तुम जब उनके पास पहुंचोगे तो मेरे पास से आया जानकर वे तुम्हारा सत्कार करेंगे क्योंकि) वे अंततः (या अंतःकरण के) मोही हैं। वे अत्यंत प्यारे स्वभाव के हैं (यह समय का फेर है कि इस समय) अमोही (मोहरहित) होकर पिछली पहचान (प्रीति) को पीठ देकर (भुलाकर) परदेश में जा बैठे हैं।

'अंत मोही' का अर्थ अन्यत्र मोह में पड़ा हुआ, किया जाता है। घनानन्द जिस गंभीर प्रेम के समर्थक हैं उसमें इस तरह के लांछन को स्थान नहीं है। साथ ही अन्यत्र 'अंत' का स्वाभाविक अर्थ भी नहीं है। एक मार्मिक संकेत यह भी है कि उन्होंने मुझसे मोह किया है और अंत तक करेंगे। यही विश्वास विरहिणी की आशा का आधार है।

अंत में वह पवन से प्रार्थना करती है कि प्रिय के पांवों की थोड़ी सी धूल अपने साथ उड़ाकर ला दे तो वियोग से जलती आंखों को मैं जुड़ा लूंगी। बिरह-व्यथा की औषध वह धूल ही है (बिरह-बिथाहि मूरि)। साधारणतः आंखों में धूल पीड़ा पहुंचाती है किंतु यहां प्रिय के साहचर्य को पाने वाली किसी भी वस्तु की कामना इतनी तीव्र है कि उसको आंखों में भर लेने से विरहिणी की आंखों की पीड़ा दूर हो जाएगी।

'बिरह-बिथाहि मूरि' : इस पद की व्याख्या धूल (प्रिय के पांवों की) के रूप में की जाती है, किंतु इस पूरे पद को वियोगिनी आंखों का विशेषण मान लें तो और महत्वपूर्ण

अर्थ निकलता है। ये आंखें ही विरह व्यथा की जड़ (मूरि) हैं। प्रिय के रूप के प्रति आसक्ति इन्हीं आंखों के माध्यम से उत्पन्न हुई। इसीलिए ये आंखें ही अधिक दुखी हैं, साहचर्यलिप्सा इन्हीं को सबसे अधिक है। सूर की गोपियां भी यही कहती हैं : 'इन नैना विरह की बेलि बई।'

पवनदूत से विरहिणी की प्रार्थना। प्रिय के पांव की धूल विरहिणी की व्यथा को मिटाने वाली संजीवनी है। 'बिरह-बिथाहि मूरि' आंखों का विशेषण भी हो सकता है। प्रिय चाहे जितना निठुर हो, 'अंत मोही' है, विरहिणी की चरम आशावादिता। 'पहचान को पीठ देकर बैठ गए हो' लोकोक्ति का ललित प्रयोग।

> बधिकौ सुधि लेत, सुन्यौ, हति कै, गति रावरी क्यौंहू न बूझि परै।
> मति आवरी बावरी ह्वै जकि जाय, उपाय कहूं किन सूझि परै।
> घनआनंद यौं अपनाय तजी, इन सोचनि ही मन मूझि परै।
> दिन रैन सुजान-बियोग के बान, सहै जिय पापी न जूझि परै॥ 11 ॥

प्रवासी प्रिय के प्रति विरहिणी कह रही है कि पहले आपने ऐसी तीव्रता से प्यार किया जैसे कोई नहीं करता। उसके बाद ऐसे ही छोड़ भी दिया जैसे कोई नहीं छोड़ता, यहां तक कि बधिक भी जिस जीव का बध करता है, उसे ऐसा नहीं छोड़ देता। इधर मन ऐसा है कि ऐसी विपरीत परिस्थिति में भी जूझ पड़ने के स्थान पर वियोग वाणों की चोट झेलता रहता है।

वह कहती है, हे प्रिय ! सुना जाता है बधिक (भी) जिस जीव का वध करता है, उसकी खबर लेता है (पक्षी या पशु को मारकर उसकी खोज न करे तो शिकार का उद्देश्य ही न पूरा हो) किंतु तुमने जो किया (मुझे अकेली छोड़कर चले गए और इस प्रकार मेरा वध ही किया) उससे तुम्हारी गति समझ में नहीं आती कि बधिक से भी अधिक निठुर तुम कैसे हो गए। यह मेरी मति (बुद्धि) विकल (आवरी) होकर पगली हो गई है (कोई उपाय नहीं खोज पाती)। स्तब्ध हो गई है (जकि जाय) अतः अब मुझे कोई उपाय नहीं दिखाई देता। (संयोग की सुखद स्मृतियों के आधार पर वह कहती है कि) आप सघन आनंदस्वरूप हैं। मुझे अपनाकर वही आनंद तुमने मुझे दिया था। किंतु इतनी प्रगाढ़ता से अपनाकर फिर इतने निस्पृह हो मुझे छोड़ दिया, इस बात को सोच सोच कर ही मेरा मन मुरझा जाता है। (यहां मुरझि के स्थान पर 'मूझि' शब्द बना लिया गया है जो अभिव्यक्ति में पूर्ण समर्थ है।) प्रणय के प्रति विलक्षण रूप में समर्पित अपने जीव के लिए अंत में वह कहती है कि यह पापी जीव (मेरा प्राण) दिन रात वियोग के वाणों को झेलता है तब भी जीवित बना हुआ है, जूझ नहीं पड़ता। (उसे पापी कहती है। ऐसे प्रिय के वियोग से भी जो न मरे उसे और क्या कहा जाए ?) जूझ पड़ने से एक तो वियोग वाणों की चुभन से मुक्ति मिल जाती और दूसरे मीन एवं पतंग जैसा आदर्श भी कायम हो जाता।

इस छंद की सर्वाधिक महत्वपूर्ण विशेषता व्याजस्तुति के कारण प्रकट होती है। घनानन्द अनेक छंदों में यह बात कह चुके हैं कि मीन और पतंग कायर, निराश और कच्चे

प्रेमी हैं। इसीलिए वियोग की ज्वाला को सहन करने के बदले प्राण देकर छुट्टी पा लेते हैं। उन्होंने यहां तक लिखा है कि मीन और पतंग मेरे वियोगी मन की दशा का स्पर्श तक नहीं कर सकते। अतः 'जिय पापी है' कहकर वस्तुतः वह अपने मन की सराहना करती है। यह मेरा ही जी है जो इस दुसह दुख को झेल रहा है। मर कर छुट्टी पा लेने जैसा छोटा काम नहीं करता।

बधिक से भी अधिक कठोर हृदय प्रवासी के वियोगवाणों को निरंतर सहता हुआ भी विरहिणी का जी (जिय) जूझ नहीं पड़ता, सहता रहता है। 'जिय पापी' में खीझ के साथ सराहना का भाव भी है। व्याजस्तुति का सुंदर प्रयोग।

साधनि ही मरियै भरियै अपराधनि बाधनि के गुन छावत।
देखैं कहां ? सपनेहूं न देखत नैंन यौं रैंन दिना झर लावत।
जो कछूं जान लखैं घनआनंद तौ तन नेकु न औसर पावत।
कौन वियोग-भरे अंसुवा, जु संजोग मैं आगेई देखन धावत ॥ 12 ॥

घनानन्द ने वियोगिनी के आंसुओं को ही उसके सबसे बड़े प्रतिद्वंद्वी के रूप में चित्रित किया है। इससे व्यथा की गंभीरता व्यंजित होती है। वियोगिनी की आंखों से दिन-रात आंसू बरसते रहते हैं। इन्हीं आंसुओं के कारण वह सोने भी नहीं पाती। अगर सो पाती तो सपने के बहाने ही प्रिय की झलक मिल जाती। दूसरी ओर अगर कभी प्रिय का साक्षात हो जाए तो भी आंखें सामने खड़े प्रिय को नहीं देख पातीं क्योंकि ये आंसू न जाने किस वियोग में भरे रहते हैं कि पहले ही दौड़ पड़ते हैं।

वियोगिनी कहती है कि ये आंसू (मेरे प्रति) अपराधों का जाल (गुन, प्रिय के गुण रूपी रस्सी से निर्मित जाल) बिछाए हुए हैं, जिसके कारण मैं प्रिय को कभी (जागृति या सुप्ति में, संयोग या वियोग में) आंख भर कर देख नहीं पाती। प्रिय को देखने की साध लिए ही मैं मरती रहती हूं। ('भरियै' को बिताती हूं या दिन काटती हूं, के रूप में न देख-कर अगर आंसुओं के साथ जोड़ें तो अर्थ इस प्रकार होगा : 'ये आंसू अपराध से भरे हैं और इसी कारण मैं प्रिय को देखने की साध लेकर तड़पती हुई दिन काटती हूं। मरने की तरह जी रही हूं।' वैसे 'भरियै' में जिस किसी तरह दिन काटने की ध्वनि तो है ही।)

रात-दिन ये आंसू ऐसी झड़ी लगाए रहते हैं कि प्रत्यक्ष देखने की कौन कहे, स्वप्न में भी प्रिय के दर्शन नहीं हो पाते। (आंसुओं के कारण नींद ही नहीं आती है तो सपने कहां से आएं ?)

प्रिय अगर सामने पड़ जाता है तो उसे देखने का अवसर न तो आंखों को मिलता है, न शरीर के अन्य अंगों को ही कोई अवसर मिल पाता है, क्योंकि पहले ही ये आंसू उमड़ पड़ते हैं। न जाने ये आंसू किस वियोग में भरे रहते हैं !

वियोगिनी के मन में आंसुओं के लिए इस तरह की खीज स्वाभाविक है क्योंकि वह तो वियोग में भरी हुई है। उसके मन में प्रिय को आंख भर कर देखने, स्पर्श और आलि-गन करने की स्वाभाविक उत्कंठा (अंग अंग में) भरी हुई है। प्रिय की उपस्थिति पहले

तो होती नहीं और कभी हो भी जाए तो ये आंसू उमड़कर आंखों को दृष्टिविहीन कर देते हैं।

लंबे अंतराल के बाद प्रियदर्शन के समय स्वाभाविक रूप से उमड़ आने वाले आंसुओं को भी अपने और प्रिय के बीच में यह विरहिणी बर्दाश्त करने को तैयार नहीं है।

आंसुओं को विरहिणी से अलग व्यक्तित्व देकर सूक्ष्म कवित्व का विधान किया गया है।

छंद की एक विशेषता यह भी है कि इसमें प्रवासजन्य विरह की स्थिति को स्वीकार करना सहज नहीं लगता क्योंकि 'प्रिय का कभी सामने पड़ जाना' प्रवास विरह की स्थिति तो है नहीं। अतः पूर्वानुराग माना जा सकता है। पूर्वराग में भी विरह की तीव्रता होती ही है, अतः अस्वाभाविक भी नहीं कहा जा सकता। वैसे प्रवास विरह का संदर्भ भी इस प्रकार स्वीकार किया जा सकता है कि जब कभी प्रिय आया तो ऐसा हुआ, अब तो वह फिर लौट गया है। इस स्थिति का चित्रण बिहारी इस प्रकार करते हैं :

इन दुखिया अंखियानि को सुख सिरज्योई नाहिं।
देखत बनैं न देखते, बिनु देखे अकुलाहिं॥

इसमें पूर्वराग जितना स्पष्ट है, घनानन्द ने कौशलपूर्वक ही उतना स्पष्ट नहीं होने दिया है।

संयोग का अवसर मिलने पर वियोगिनी के आंसू ही उसके सबसे बड़े प्रतिद्वंद्वी हो जाते हैं। आंसुओं को पूर्ण व्यक्तित्व प्रदान किया गया है। प्रस्तुत चित्र पूर्वराग और प्रवास विरह दोनो स्थितियों में समान महत्व का है।

मन जैसें कछू तुम्हैं चाहत है सु बखानियै कैसें सुजान ही हौ।
इन प्राननि एक सदा गति रावरे, बावरे लौं लगियै नित लौ।
बुधि औं सुधि नैननि बैननि मैं करि बास निरंतर अंतर गौ।
उघरौ जग छाय रहे घनआनंद चातिक त्यौं तकियै अब तौ॥ 13॥

प्रिय के प्रति अपने संपूर्ण समर्पण के संबंध में विरहिणी कह रही है कि मेरा मन जिस प्रकार तुम्हें चाहता है (तुमसे स्नेह करता है और तुम्हें समर्पित है) उसका वर्णन नहीं किया जा सकता। एक तो मेरी उस दशा का वर्णन हो ही नहीं सकता, दूसरे आप सुजान (हर स्थिति को अच्छी तरह समझने वाले) ठहरे, अतः बिना कहे ही आप जान लेंगे, (इसलिए भी कहना अनावश्यक है) आपके प्रति समर्पित मेरे इन प्राणों की एक मात्र गति (लक्ष्य) आप ही हैं (और आप सहज रूप में सुलभ नहीं हैं) अतः पागल की तरह (लोकलाज और तर्क-वितर्क छोड़कर) मेरी लौ (लगन) नित्य प्रति आप ही के प्रति लगी रहती है। इसमें कोई व्यवधान नहीं पड़ता। मेरा मन (अंतःकरण या अंतर) क्रमशः बुद्धि, सुधि, नेत्रों और वाणी में वास करता हुआ अब पूर्णरूपेण आप तक पहुंच गया है। पहले मैंने आपके प्रति बुद्धि से चिंतन किया। फिर आपकी सुधि (स्मृति) में मेरी सुधबुध खो गई। उसके बाद मन (मेरा) नेत्रों में बसा अर्थात आपके रूप को प्रत्यक्ष देखने की लालसा आंखों में तीव्रतर हुई। अंत में वाणी तुम्हारे गुणों का ही निरंतर गान करने लगी। इस प्रकार मेरा

अंतर (मन) इन सबसे होता हुआ सीधे आपके स्वरूप में जाकर मिल गया है। ध्वनि यह कि अब मैं आपको इस प्रकार अपने मन में पाती हूं कि बुद्धि, सुधि, नेत्र, वाणी सब की शक्ति क्षीण हो गई है। अब बुद्धि काम नहीं देती। सुधि भूल गई है। नेत्रों ने सामने पड़ी वस्तु को भी देखना बंद कर दिया है। वाणी कोई दूसरा शब्द (आपके गुणों के अतिरिक्त) उच्चारण करना भूल गई है।

पूर्ण तदाकारता की स्थिति यह है कि यह संसार अब मेरे लिए अस्तित्वविहीन हो गया है, उघड़ गया है। जिस तरह आकाश में छाए हुए बादल हवा से उघड़ (बिखर) जाते हैं, उसी तरह प्रिय के, विरहिणी के मन में पूरी तरह बस जाने से (उसके लिए) संसार तिरोहित हो गया है। उसके मनरूपी आकाश में अब दूसरे बादल छाए हुए हैं। वे सघन आनंद के बादल हैं (प्रिय का नयनाभिराम रूप प्रिया की संपूर्ण चेतना पर छा गया है।) अब तो (वह कहती है कि) हे प्रिय! (सघन आनंद रूप प्रिय) मेरा सारा अस्तित्व आप को ही एकटक देखता रहता है। तन्मयता की यह स्थिति पूर्ण अद्वैत का संकेत करती है।

'उघरो जग छाय रहे घनआनंद' का विरोधमूलक चमत्कार घनानन्द की लाक्षणिक वक्रता का एक सुंदर निदर्शन है। आकाश में बादल उमड़ते हैं, फिर उघड़ जाते हैं, आकाश रिक्त हो जाता है। यहां प्रिया के मनरूपी आकाश पर प्रिय सुंदर सुखद नयनाभिराम बादल की तरह छाया हुआ है। इससे पहले उस (चित्ताकाश) पर संसार (सांसारिक बोध) छाया हुआ था। अब प्रिय की झलक मिलने पर उस आकाश से संसारबोध हट गया है। अब वहां केवल यही प्रिय है, और कोई बोध नहीं।

प्रवासी प्रिय के प्रति विरहिणी के संपूर्ण समर्पण का कथन। वह कहती है कि मेरा मन बुद्धि, सुधि, नेत्रों और वाणी से होता हुआ (इनकी शक्ति को क्षीण करता हुआ) अब आपके स्वरूप (के ध्यान) में खो गया है। मेरे लिए सारा संसार उघड़ (उजड़) गया है। अब मेरी स्थिति सूने आकाश को ताकते रहने वाले चातक की तरह है। पूर्ण तदाकारता। विरोध का चमत्कार। प्रिया के मनरूपी आकाश में आनंदघन (प्रिय) छा गए हैं। संसार वहां से हट गया है। सांसारिक बोध नहीं रह गया है। गंभीर आध्यात्मिक संकेत।

> अति सूधो सनेह को मारग है जहां नेकु सयानप बांक नहीं।
> तहां सांचे चलैं तजि आपुनपौ झझकैं कपटी जे निसांक नहीं।
> घनआनंद प्यारे सुजान सुनौ इत एक तें दूसरो आंक नहीं।
> तुम कौन धौं पाटी पढ़े हो लला मन लेहु पै देहु छटांक नहीं॥ 14॥

प्रेममार्ग की दुर्गमता और सरलता बताते हुए, प्रिया प्रिय को उपालंभ देती है।

स्नेह का मार्ग इतना सीधा है कि उसमें किसी प्रकार के सयानेपन (सांसारिक व्यवहारबुद्धि) की वक्रता को कोई स्थान नहीं है। उस मार्ग पर सच्चे स्नेही ही चल सकते हैं जिन्होंने अपनेपन के बोध को (अहंकार को) पूरी तरह छोड़ दिया है। जो कपटी हैं, अत: निःशंक नहीं हैं, वे उस सीधे मार्ग पर चलते हुए झिझकते हैं। वे वक्रता के अभ्यस्त हैं, अत:

इस सहज-सरल मार्ग पर चल ही नहीं सकते।

शब्द और अर्थ के चमत्कार के प्रति पूर्ण सजग कवि प्रेममार्ग और उस पर चलने वालों की विशेषता बताने के बाद आत्मपरकता का विधान करता है। प्रिया प्रिय को संबोधित करती हुई कह रही है कि हे सघन आनंद के देनेवाले और सब कुछ अत्यंत कुशलता से समझनेवाले सुजान प्रिय (तुम सब जानते हो, फिर भी कहना इसलिए पड़ता है कि तुम जानते कुछ और हो, आचरण कुछ और करते हो) सुनो, यहां (इत) इस प्रेममार्ग में केवल एक अंक है। दूसरा अंक है ही नहीं। (यहां अपने व्यक्तित्व को प्रिय के व्यक्तित्व से अलग रखने की बात चल ही नहीं सकती। कबीर का ढाई आखर घनानन्द के यहां एक अंक में सिमट आया है।) यहां दोनों एक बिंदु पर सिमट आते हैं। अतः चालाकी (जैसी तुम्हारे पास है) यहां नहीं चलने वाली। वह सुजान प्रिय सबका मन ले लेता है, अपना किसी को नहीं देता (लै ही रहे हो सदा मन और को दैबो न जानत राजदुलारे) इसकी ओर संकेत करती हुई वह कहती है कि हे लला (क्रीड़ाप्रिय) कौनसी पाटी तुमने पढ़ी है (यह चतुरता कहां सीखी है तुमने) कि दूसरे का मन लेकर अपना छटांक भी नहीं देते हो।

'लला' के स्थान पर 'कहौ' पाठ भी है। अर्थ में इससे कोई अंतर नहीं पड़ता किंतु 'लला' से नाटकीयता बढ़ जाती है क्योंकि वह प्रिय के खिलंदड़ेपन और प्रेमिका के उच्छल अनुराग का सूचक है।

मन लेकर छटांक न देने की जो कुशल चतुरता प्रिय के पास है वह प्रेम के क्षेत्र में नहीं होनी चाहिए, यही संकेत है। चमत्कार 'मन' के श्लेष पर आधारित है। छटांक का अर्थ एक सेर का सोलहवां भाग है। प्रणय के क्षेत्र में शोभा (छटा) का अंक (झलक) न देने का संकेत।

घनानन्द का अति प्रसिद्ध छंद। प्रेममार्ग की विलक्षणता। निष्कपट चित्त का पूर्ण समर्पण ही यहां अभीष्ट है। अंतिम पंक्ति में मन (चालीस सेर वाला, श्लेष) लेकर छटांक (एक सेर का सोलहवां भाग, श्लेष : छटा का अंक, एक झलक) तक न देने वाले चतुर खिलंदड़े प्रिय को उपालंभ। 'भाष्येन्दुशेखर' में परिवृत्त अलंकार माना गया है, जिसकी आवश्यकता इसलिए नहीं है कि यहां जोर वस्तुतः लेनदेन पर नहीं है, इस पर है कि प्रेम के क्षेत्र में यह चतुराई उचित नहीं।

तीसरी पंक्ति में 'इत' के स्थान पर 'यहां' पाठ भी मिलता है, जो समानार्थक है।

अकुलानि के पानि पर्‌यौ दिनराति सु ज्यौ छिनकौ न कहूं बहरै।
फिरिबोई करै चित चेटक चाक लौं धीरज को ठिकु क्यौं ठहरै।
भए कागद-नाव उपाव सबै घनआनंद नेह-नदी-गहरै।
बिन जान सजीवन कौन हरै सजनी, बिरहा विष की लहरै॥ 15॥

बिरहिणी अपनी किसी अंतरंग सखी से अथवा स्वगत कह रही है कि मेरी वियोग व्यथा इतनी बढ़ गई है कि इसको कम करने का कोई उपाय सफल नहीं होता। इसका उपचार केवल प्रियदर्शन है।

उद्विग्न बिरहिणी कह रही है कि मैं उद्विग्नता (अकुलानि) के हाथों पड़ गई हूं।

एक क्षण के लिए भी मेरा दिल कहीं बहल नहीं पाता। पूरी पंक्ति में श्लेष का चमत्कार भी देखा जा सकता है: मैं विरह विकलतारूपी जल (पानि, पानी) में पड़ गई हूं जो अथाह है। एक पल के लिए भी उस अथाह व्यथाजल से बाहर (बहरै) नहीं निकल पाती। रात दिन उसी (व्यथा की गहराइयों) में डूबी रहती हूं।

मेरा यह चित्त प्रिय का कृतज्ञ (चेटक, कनौड़ा) हो गया है (पहले की उनकी अनुकूलता के कारण) अतः उनके ध्यान में ही चाक (कुम्हार के चाक) की तरह चक्कर काटता रहता है। धैर्य की तनिक स्थिरता भी इस विकल चित्त को प्राप्त नहीं है।

चेटक का अर्थ जादू भी होता है। अतः इस पद का अर्थ इस प्रकार भी किया जा सकता है कि प्रिय के जादू (चेटक) के जोर से मेरा चित्त चाक की तरह चक्कर काटता रहता है, स्थिर (स्वस्थ) नहीं हो पाता।

रूपक और लोकोक्ति का अत्यंत परिष्कृत रूप तीसरी पंक्ति में द्रष्टव्य है। इस असाधारण व्यथा को दूर करने के सारे उपाय वैसे ही व्यर्थ हो गए जैसे गंभीर नदी को पार करने के लिए कागज की नाव जल के स्पर्श से ही गल जाए। गंभीर नेहरूपी नदी को पार करने के लिए (विरहव्यथा से छूटने के) सारे प्रयत्न कागज की नाव हो गए। एक मार्मिक संकेत यह भी है कि गंभीर नेह की नदी के सघन आनंद रूप जल (स्नेह) में डूबने की काम्य उपलब्धि अलग है जिसे वह छोड़ना भी नहीं चाहती। (मिलन का मत नाम ले मैं विरह में चिर हूं—महादेवी वर्मा)

विरहरूपी भुजंग की लहरें (विरहा विष की लहरै) वियोगिनी को मृत्यु की ओर खींचती जा रही हैं। इन विष की लहरों से बचाकर जीवन का संचार करनेवाला सयाना (गारुड़ी) केवल वह सुजान (जान) ही हो सकता है जो (मेरे लिए) साक्षात संजीवनी स्वरूप है। बिना उनके, हे सखी, मुझे संजीवनी कौन प्रदान कर सकता है जिससे इस विरहविष की लहरों से मैं बच सकूं? सर्पदंश के बाद मनुष्य के शरीर में विष की 'लहरें' उठती हैं, जिनका निवारण गारुड़ी ही करता है। 'संजीवन' में भी श्लेष है, जीवन का संचार करनेवाला प्रिय और जीवन देनेवाली बूटी। संपूर्ण छंद में सुंदर सांग रूपक भी द्रष्टव्य है। नेहरूपी गंभीर नदी के आकुलतारूपी जल में पड़ी हुई विरहिणी का चित्त भंवर (चक्र) में फंस गया है। कागज की नाव (सारी कोशिशें) व्यर्थ हो रही हैं। बिना प्रियरूपी कर्णधार के उस बढ़ी हुई नदी की उत्ताल तरंगों से कौन बचा सकता है?

'अकुलानि के पानि पर्यौ' में अकुलानि (आकुलता, उद्वेग) को स्वतंत्र व्यक्तित्व प्रदान करके कवि ने 'चित्त विकल है' के स्थान पर 'विरहजन्य विकलता के हाथों मेरा चित्त पड़ गया है' रखकर कथन की मार्मिकता बढ़ा दी है। 'किसी के हाथ पड़ जाना' मुहावरा बड़ा व्यंजक है।

इस प्रकार के भावों का मानवीकरण और लोकोक्तियों तथा मुहावरों का अत्यंत परिष्कृत प्रयोग घनानन्द की निजी विशेषता है।

अंतरंग सखी के प्रति (अथवा स्वगत) वियोगिनी का कथन। तीसरी पंक्ति में लोकोक्ति और रूपक। विरहरूपी (भुजंग के) विष की लहरों का निवारण उस जान (चतुर, गारुड़ी, प्रिय) के बिना कौन कर सकता है। 'अकुलानि ने पानि' विलक्षण प्रयोग

है। 'भए कागद-नाव उपाव सबै' में अत्यंत परिष्कृत लोकोक्ति।

बैरी बियोग की हूकनि जारत कूकि उठै अचकां अधरातक।
बेधत प्रान बिना ही कमान सु बान से बोल सों कान ह्वै घातक।
सोचनि ही पचियै बचियै कित डोलत मो तन लाएं मह्वा तक।
वे घनआनंद जाय छए उत पैंड़ें पर्‌यौ इत पातकी चातक॥ 16 ॥

वियोगिनी का सखी से अथवा स्वगत कथन है कि यह चातक इस समय (विरह दशा में) मेरा सबसे बड़ा शत्रु है। आधी रात को अचानक (अचकां) कूक उठता है, जिससे मेरी वियोगव्यथा और बढ़ जाती है। स्वयं यह वियोगी है और उसी दुख में आधी रात को चीखता है। इसकी बोली से मेरे हृदय में अदम्य हूक उठती है।

इसकी बोली के घातक वाण बिना कमान (धनुष) के ही (चलते हैं और) कानों को बेध देते हैं।

विरहिणी कहती है कि इस चातक के शब्दवाणों से कैसे बचूं, यही सोच सोच कर मैं मरी जा रही हूं। कुछ समझ में नहीं आता कि क्या करूं ? उधर वह मेरी ओर ही टकटकी लगाकर (मुझे लक्ष्य करके) घूमता रहता है (डोलत)। 'मह्वा' को 'तक' (टक-टकी) का विशेषण मानकर अर्थ करें तो इस प्रकार होगा कि इस चातक ने मुझे अपने लक्ष्य के रूप में लेकर मेरी ओर अडिग (महा) टकटकी (घात) लगा रखी है। महातक को इस रूप में भी देखा जा सकता है कि यह चातक मेरे पीछे पीछे अंत तक डोलेगा अर्थात यह मुझे तब तक अपनी बोल सुना सुना कर जलाता रहेगा जब तक मेरी मृत्यु ही न हो जाए।

सघन आनंददाता प्रिय स्वयं अन्यत्र जाकर रम गए हैं (बादल की तरह दूसरी ओर छाए हैं) इधर यह पापी चातक मेरे पीछे पड़ गया है। चातक के मन का पाप इससे प्रकट है कि उसे वहां होना चाहिए जहां बादल हों। घनआनंद (प्रिय रूपी बादल) अन्यत्र छाए हुए हैं और यहां यह चातक सिर्फ मुझे जलाने के लिए बोल रहा है।

चातक की बोली को बियोग के उद्दीपन के रूप में रखने में कोई नवीनता नहीं है, किंतु प्रस्तुत छंद में 'अचकां' और 'महा' विशेषणों के कारण जो झटका लगता है वह विरह व्यथा को तीव्रतर रूप में उभारता है। घनआनंद के अन्यत्र छाए रहने और चातक की पुकार में एक भीतरी संबंध है। चातक और वियोगिनी दोनों की व्यथा एक है घन-आनंद (बादलरूपी प्रिय और प्रियरूपी बादल) का अन्यत्र होना। चातक की पीड़ा भी कम नहीं है किंतु यह विरहिणी अपनी पीड़ा की तीव्रता के कारण उसको अपने शत्रु के रूप में देखती है। उसकी आतुरता और व्यग्रता इतनी है कि थोड़ी देर के लिए इस बोली से भाग कर कहीं चली जाना चाहती है। मगर जाए कहां ? जहां जाती है, वहीं यह बोली उसका पीछा करती है। उसे यही चिंता है कि कहां जाकर इससे बचा जाए। (बचियै कित ?) कहीं जाना भी संभव नहीं, इसी सोच में रात-दिन तड़पते रहना है।

चातक के प्रति वियोगिनी की उक्ति। विरोध : वे (प्रिय) आनंद के घन हैं जो वहां (प्रवास में) जाकर छाए हैं, यहां पापी चातक मेरे पीछे पड़ गया है। वैसे दोनों की पीड़ा

एक ही है। वियोगिनी अपनी पीड़ा में अधिक गंभीरता मानती है।

'बेधत प्रान बिना ही कमान' में विभावना अलंकार है। वाण बिना धनुष के हैं, फिर भी पूर्ण घातक हैं।

> कित को ढरिगौ वह ढार अहो जिहि मो तन आंखिन ढोरत हे।
> अरसानि गही उहि बानि कछू सरसानि सों आनि निहोरत हे।
> घनआनंद प्यारे सुजान सुनौ तब यौं सब भांतिन भोरत हे।
> मनमांहि जो तोरन ही, तो कहो बिसवासी सनेह क्यौं जोरत हे॥ 17 ॥

लंबे प्रवास के कारण विरहिणी को लग रहा है कि प्रिय ने उसके साथ अपने प्रगाढ़ संबंध को समाप्त कर लिया है। उसे आश्चर्य और दुख होता है कि संयोग में प्रिय की प्रवृत्ति ऐसी नहीं थी कि उससे इस विपरीत आचरण की आशा की जाती! अब यह क्या हो गया है?

विरहिणी कहती है कि हे सघन आनंद के दाता प्रिय, सुनो तो, यह तुमने मेरे साथ क्या किया? आपको क्या हो गया? आपके उस प्यारे स्वभाव को क्या हो गया? आपके हृदय की वह द्रवणशीलता (ढार) जिसके कारण आप आंखों में अपार ममत्व भरकर मेरी ओर देखते थे (आंखों ही आंखों में मेरी ओर ढल जाते थे) अब किस ओर (मुझे छोड़कर) ढल गई अर्थात आपकी प्रवृत्ति मेरी ओर थी अब वह किधर झुक गई? अपनी जिस (प्रेममयी) आदत (बानि) के कारण आप मेरे पास आकर अत्यंत सरलतापूर्वक अनुनय करते थे (निहोरत) उस आदत ने यह आलस्य (अरसानि) कैसे ग्रहण कर लिया है? वह कभी न अलसाने वाली आदत कैसे अलसा गई है? प्रिय की आदत का अलसा जाना वह मार्मिक अनुभूति है जिसके कारण विरहिणी प्रवासी प्रिय की निठुराई का रहस्य समझने का प्रयास करती है। संयोग के दिनों में प्रिय की आकुलता की याद दिलाती हुई वह आगे कहती है कि तब तो हे सुजान प्रिय, (वचन और कर्म) सब प्रकार से मुझे प्रबोध देते रहते थे (भोरत), प्रसन्न करने का यत्न करते थे। (ध्वनि यह है कि उस समय तो तुम किसी बात पर भी तनिक उदास नहीं होने देते थे और अब इतने बड़े दुख में सांत्वना का एक शब्द भी नहीं कहते।)

अंत में वह कहती है कि अगर स्नेह को तोड़ने की बात तब भी तुम्हारे मन में थी, तो स्नेह का संबंध जोड़ा ही क्यों था? तुम्हारे स्नेहशील स्वभाव के कारण मैंने विश्वास किया, अब उस विश्वास की रक्षा क्यों नहीं करते?

बिसवासी (विश्वासघाती) कहकर प्रिय को लांछित करना घनानन्द की प्रवृत्ति के अनुकूल नहीं है। यहां विरहिणी प्रणयसंबंध को तोड़ने और विश्वासघात करने की बात कहकर प्रकारांतर से प्रिय को लौट आने के लिए प्रेरित कर रही है क्योंकि अंतःकरण में उसे विश्वास है कि उसका समर्पण इतना अनन्य है कि प्रिय को अवश्य खींच लाएगा। प्रिय के स्नेही स्वभाव पर भी उसका अटूट विश्वास व्यक्त होता है।

प्रवासी के प्रति विरहिणी की उक्ति। पहले तो समझाते, बहलाते (भोरत) थे, अब जब असहनीय दुख है तो संबंध ही तोड़ लिया। पहलेवाली आदत ने आलस्य ग्रहण कर लिया

है। 'बानि' का मानवीकरण लाक्षणिक वक्रता और भावगांभीर्य का प्रकाशक बन गया है।

घनआनंद प्यारे सुजान सुनौ, जिहि भांतिन हौं दुख-सूल सहौं।
नहिं आवनि औधि न रांवरी आस, इतै पर एक सी बाट चहौं।
यह देखि अकारन मेरी दसा, कोउ बूझै तो ऊतर कौन कहौं।
जिय नेकु विचारि के देहु बताय, हहा पिय दूरि ते पांय गहौं।। 18 ।।

आशा के सभी सूत्रों से वंचित विरहिणी प्रवासी प्रिय की ओर से कोई समाचार न मिलने पर उस निठुर को (जो उसके हृदय में भी बसा है) ही संबोधित करके कहती है कि सघनआनंद देने में सहज ही सक्षम, हे सुजान प्रिय, मैं जिस प्रकार दुख की मार (दुख-सूल) को सहन कर रही हूं उसको सुनो। (तुम सुजान हो, सब कुछ जानते हो, फिर भी सुनो)। तुमने अपने प्रवास की कोई अवधि भी निश्चित नहीं की, अपने प्रति मेरी आशा का कोई सूत्र मेरे लिए नहीं छोड़ा (फिर भी मैं निराश नहीं हूं) फिर भी मैं एकटक आपकी बाट जोह रही हूं। (जानती हूं कि तुम्हारे आने की कोई आशा नहीं है, फिर भी आशा लगाए बैठी हूं। मेरी आंखें रास्ते की ओर ही लगी हुई हैं।) शरीर की दशा शोचनीय हो गई है। यह दशा अकारण ही हुई है (अकारण में एक गंभीर अर्थ छिपा हुआ है। कोई सुजान प्रिय प्रिया को छोड़कर चला जाए और आने का नाम न ले, अवधि की कोई बात न करे, आशा के कोई सूत्र न छोड़े तो निश्चय ही प्रिया के ही किसी गंभीर दोष की कल्पना की जा सकती है। कोई भी अनुमान लगा सकता है कि उसी की किसी गलती की वजह से ही प्रिय उसे छोड़ गया है। इसी कारण का अनुमान सभी लोग लगाएंगे। मगर इस बात को दुनियावाले न जानें, वह प्रवासी तो जानता ही है कि बेचारी विरहिणी निर्दोष है। उसको छोड़ देने का कोई कारण नहीं है, फिर भी वह परित्यक्ता है। इसीलिए कहती है कि मेरा यह गंभीर दुख अकारण है।) कोई व्यक्ति मेरी इस दारुण दुखदशा का कारण पूछे (लोग पूछते ही हैं और तरह तरह के अनुमान भी लगाते हैं) तो मैं क्या उत्तर दूंगी, मेरी समझ में नहीं आ रहा है। आप बहुत दूर हैं, फिर भी मैं यहीं से हा हा खाती हूं, आपके पांव पड़ती हूं, अपने मन में विचार करके आप मुझे कोई उत्तर बता दीजिए।

निराला के गीत की वियोगिनी को अपनी अक्षमता (क्या मैं ऐसी ही हूं अक्षम, जो न रहे बस के) की सुधि आती है। घनानन्द की यह वियोगिनी इतनी भोली है कि प्रिय की इस अकारण निठुरता के किसी कारण का अनुमान नहीं लगा पाती।

प्रकट रूप में इस छंद में विरहिणी प्रवासी प्रिय से लौटने या संदेश भेजने की प्रार्थना नहीं कर रही है, किंतु एक गंभीर संकेत से ऐसी परिस्थिति उत्पन्न कर देना चाहती है कि प्रिय के पास परदेश से लौट आने के अतिरिक्त कोई विकल्प न रह जाए। प्रिय जब विरहिणी के लिए उत्तर सोचने बैठेगा तो निश्चय ही उसे उसके निर्दोष होने का ध्यान आएगा, अपनी निठुरता समझ में आएगी और वह लौटने को विवश होगा।

'अकारन' में अपने निर्दोष समर्पण और प्रिय की निठुराई का संकेत मुखर हो उठा है।

बिरहा-रबि सों घट-व्योम तच्यौ बिजुरी सी खिवैं इकली छतियां।
हिय-सागर तें दृग-मेघ भरे उघरे बरसें दिन औ' रतियां।
घनआनंद जान अनोखी दसा, न लखौं दई कैसे लिखौं पतियां।
नित सावन दीठि सु बैठक मैं टपकें बरुनी तिहि ओलतियां ॥ 19 ॥

घनानन्द का रागपूरित हृदय अनायास अलंकारों को भी सहज अनुभूति का अंग बना लेता है। विरहिणी वर्षा के रूपक में कहती है कि मेरे प्राणों में असह्य पीड़ा हो रही है। उसके उपचार का कोई उपाय नहीं है। आपको पत्र भी नहीं लिख सकती क्योंकि ये नेत्र रात-दिन बरसते रहते हैं। आंसुओं की झड़ी के कारण कुछ दिखाई नहीं पड़ता। दृष्टि के आगे आंसू की झड़ी के अवरोध का चित्र अत्यंत काव्यात्मक है।

रूपक इस प्रकार आरंभ होता है। विरहरूपी सूर्य (की प्रखर किरणों) से यह शरीर (घट) रूपी आकाश खूब तप्त हो गया है। (जेठ में सूर्य की प्रचंड किरणों से आकाश तपता है तभी आषाढ़ में वर्षा की झड़ी लगती है।) (उस तपन के बाद बादल घिरे हैं जिनके बीच) मुझ अकेली (इकली) की छाती में दर्द की लहररूपी बिजली कौंधती है (खिवैं)। (व्यथाजल से भरे) हृदयरूपी सागर से दृगरूपी मेघों में जल भर गया है। (मेघ सागर से जल लेते हैं, ऐसा सिद्ध सत्य है ही।) मेरे ये नेत्ररूपी बादल उघरे हुए हैं (प्रिय की राह तकते तकते नेत्र खुले पड़े हैं) फिर भी दिन-रात बरसते रहते हैं। (घनानंद का प्रिय अलंकार विरोधाभास यहां अपने अत्यंत सूक्ष्म रूप में आया है जो बादल उघरे हुए हैं, वे बरसेंगे कैसे ? किंतु ये नयनघन दिन-रात उघरे रहने पर भी बरसते रहते हैं।) सब कुछ जाननेवाले (जान) और सघनआनंद स्वरूप प्रिय ! मेरी दशा अनोखी हो गई है। (ऐसी तो कभी नहीं हुई थी) मैं अपना दुख व्यक्त करने के लिए पत्र लिखना चाहती हूं मगर वह भी नहीं कर पाती क्योंकि मुझे (इन आंसुओं के कारण) कुछ भी दिखाई नहीं पड़ता। मेरी आंखों में सावन (सर्वाधिक वर्षा का महीना) अश्रु की झड़ी बनकर दृष्टि-रूपी बैठक में स्थाई रूप से बैठ गया है। बरौनियां ओलती (ओरी) के रूप में निरंतर टपकती रहती हैं। आंसुओं की झड़ी से दृष्टिरूपी बैठक में सावन का बैठना और उस बैठक के बाहर बरौनीरूपी ओलती का टपकना (जिसके कारण भीतर बैठक में बैठा हुआ आदमी बाहर की चीज नहीं देख सकता) यह पूरी योजना अत्यंत सफल मूर्तविधान करती है। सावन को रूपक से अलग कर लें तब और भी अच्छा अर्थ निकलता है। वह कहती है, 'अश्रुप्रवाह के कारण मेरे पास निरंतर सावन है।' (उसके बाद रूपक शुरू होता है) आंखें बैठक हैं (बंगला जिसमें बैठक लगती है)। उस बैठक में दृष्टि (नजर) बैठी हुई है। जब नजर बाहर जा ही नहीं पाती तो कागज, कलम और अक्षर कैसे दिखाई देंगे और जब कुछ दिखाई ही नहीं देगा तो लिखने का सवाल ही कहां पैदा होता है। आंखों की बैठक में घिरी दृष्टि बाहर इसलिए नहीं जाती कि उस बैठक की ओलती (ओरी, बरौनी-रूपी ओरी) निरंतर वर्षा के कारण अनुक्षण टपकती रहती है।

रूपक के माध्यम से निरंतर आंसू बरसाते विरहिणी के नेत्रों का मार्मिक वर्णन। शरीररूपी आकाश विरहरूपी सूर्य के ताप से तप्त हो गया है जिसमें दर्द की लहररूपी

बिजली दिन-रात चमकती है। हृदयरूपी सागर से जल (अश्रु) दृगरूपी मेघों में भर जाता है जो उघरे रहने पर भी बरसते रहते हैं। पत्र भी नहीं लिख सकती क्योंकि (आंखों के बंगले की) बरौनीरूपी ओलती (ओरी) टपकती रहती है जिससे दृष्टि आगे तक जा ही नहीं पाती है। सांगरूपक का परंपरागत रूप इस छंद में नहीं है। प्रथम दो पंक्तियों का रूपक अलग है और अंतिम पंक्ति का अलग। 'दीठि' को आंख का पर्याय मान लेने पर अनर्थ हो जाएगा। दृष्टि (नजर) आंख नहीं है, वह आंख में होती है, जिसके न होने पर खूबसूरत आंखें भी अंधी हो जाती हैं। अतः छंद की कलात्मकता आंख और दृष्टि के पार्थक्य पर आधारित है।

जायसी से तुलनीय : 'मोर दुइ नैन चुवैं जस ओरी।'

मोहन अनूप रूप सुंदर सुजान जू को
ताहि चाहि मन मोहि दसा महा मोह की।
अनोखी हिलग दैया! बिछुरैं तौ मिल्यौ चाहै
मिलेहू मैं मारैं जारैं खरक बिछोह की।
कैसे धरौं धीर बीर, अति ही असाधि पीर,
जतन ही रोग याहि नीकें करि टोह की।
देखें अनदेखें तहीं अटक्यौ अनंदघन,
ऐसी गति कहौं कहा चुंबक औ लोह की ॥ 20 ॥

प्रेम की प्रगाढ़ता में पूर्णतः डूबी हुई विरहिणी प्रिय के रूप से इतनी आविष्ट है कि उसे संयोग और वियोग दोनों दशाओं में अशांति ही मिलती प्रतीत होती है। सखी के प्रति अथवा स्वगत वह कहती है :

उस अनुपम सौंदर्यवाले सुजान प्रिय का रूप इतना मुग्ध करने वाला (मोहन) है कि उसे देखकर (चाहि) मैं महामोह की दशा में पहुंच गई हूं। (मोह का अर्थ है विवेक अर्थात निर्णयबुद्धि का अभाव। यहां मोह की नहीं, महामोह की दशा है अर्थात कुछ भी समझ में नहीं आता।) मेरी यह चाह (हिलग) इतनी अनोखी है कि जब प्रिय से मिलती हूं तो भी वियोग की आशंका के कारण सुखी नहीं हो पाती और वियोग होने पर मिलने की तीव्र उत्कंठा चैन नहीं लेने देती। (वियोग में दुख तो स्वाभाविक है, किंतु संयोग भी यहां निरापद नहीं है। इस आशंका से कि इस मिलन के बाद फिर वियोग आ जाएगा, संयोग का आनंद जाता रहता है।) हे सखी! (बीर) मैं धैर्य धारण करना भी चाहूं तो कैसे करूं? यह पीर इतनी असाध्य है कि इसकी शांति के लिए जो भी उपाय करती हूं वे उपाय (जतन) ही नए सिरे से रोग बन जाते हैं। (परंपरागत शीतोपचारों की दाहकता की काव्यरूढ़ि के संकेत से इस पंक्ति में एक अन्य संकेत आ जाता है।) अतः इस असाध्य पीर (के कारणों) की खोज (टोह) अच्छी तरह करनी पड़ेगी। मैं उस प्रिय को देखूं (संयोग में) या न देखूं (वियोग में), दोनों स्थितियों में मेरे लिए कोई फर्क नहीं पड़ता। मैं अपनी इस विचित्र गति की तुलना चुंबक और लोहे की (आकर्षणवाली) स्थिति से करना चाहूं तो कैसे करूं? लोहा चुंबक की ओर आकृष्ट होता है लेकिन उसके लिए

अनिवार्य शर्त है कि चुंबक को उसके सामने (एक निश्चित दूरी पर) होना चाहिए। चुंबक की अनुपस्थिति में लोहा अलग पड़ा रहता है, उस पर कोई प्रभाव नहीं होता। (वह जड़ जो है।) इधर मेरी गति यह है कि प्रिय की उपस्थिति में तो (वियोग की आशंका से) दुखी रहती ही हूं, उसकी अनुपस्थिति में भी (उसके चुंबकीय आकर्षण से) उसकी ओर खिची ही रहती हूं। ध्वनि यह है कि मेरी बेचैनी को चुंबक और लोहे के उदाहरण से नहीं समझा जा सकता है।

प्रस्तुत छंद में दृष्टांत की अपर्याप्तता का संकेत इतना व्यंजक है कि विरहिणी की विलक्षण व्यथा की पूरी कथा कह देता है। चुंबक के आकर्षण में लोहे का तीव्रता से उसकी ओर खिचना सिद्ध सत्य है। आकर्षण का लोकविख्यात विशेषण है 'चुंबकीय' (चुंबकीय आकर्षण)। जो महामोह उत्पन्न करने वाला आकर्षणकेंद्र (सुजान मोहन) है, उसके प्रति खिचाव चुंबक से भी तीव्रतर होगा, बल्कि यहां वह तीव्रतम है। फिर वह सामने नहीं है, अतः उस दुर्निवार आकर्षण के वेग को स्वयं ही झेलना है। निरंतर एक तनाव की स्थिति बनी रहती है। एक विचित्रता और भी है: लोहा जहां चुंबक की ओर खिचकर उससे सट जाता है, बीच का भेद समाप्त कर देता है, वहां इस नायिका को संयोग के क्षणों में भी (भावी वियोग की आशंका के कारण) वह दूरी समाप्त होती हुई नहीं जान पड़ती। वियोग की पीड़ा का तो वर्णन हो ही कैसे सकता है?

विरहिणी संयोग में भी दुख पाती है और वियोग में भी। चुंबक और लोहा जब आमने-सामने होते हैं, तभी आकर्षण होता है। वियोगिनी का चित्त प्रिय की अनुपस्थिति में भी उसकी ओर खिचा हुआ है, अतः चुंबक और लौह का आकर्षण इस चेतन आकर्षण के समक्ष बहुत हल्का है। 'महामोह की दसा', 'जतन ही रोग' आदि की ध्वनि अत्यंत मार्मिक है।

जोई रात प्यारे-संग बातन न जात जानी,
सोई अब कहां तें बढ़नि लियें आई है।
जोई दिन कंत-साथ जीवन को फल लाग्यौ,
सोई बिन अंत देत अंतक दुहाई है।
इनकी तौ रहौ, मेरे अंग अंग औरे भए,
सूखी सुख-लता झालरति मुरझाई है।
आली, घनआनंद सुजान सों बिछुरि परें,
आपौ न मिलत महा विपरीत छाई है॥ 21॥

प्रणय के उद्दाम आवेग में अपनत्व तक भूल जाने वाली विरहिणी विरहदशा को संयोग की सुखद स्मृतियों के सहारे जीना चाहती है, किंतु उन क्षणों की याद उसे अपने से भी दूर ले जाती है और वह कुछ भी समझ नहीं पाती। वियोग की दुखदशा संयोग की सुखद स्मृतियों की तुलना में आकर तीव्रतर हो उठती है। विरहिणी कहती है कि प्रिय के साथ रहने पर जो रात बातों में ऐसे बीत जाती थी कि कुछ पता ही नहीं चलता था, वही रात अब (विरह में) न जाने कहां की बाढ़ (लंबाई) लेकर आई है। (सुख के क्षण जल्दी

बीत जाते हैं, और दुख के क्षण असह्य रूप में लंबे होते जाते हैं। इस विरहिणी को रात की असाधारण दीर्घता के प्रति दुखद आश्चर्य है) जो दिन प्रिय के साथ रहने पर जीवन के परम फल की तरह लगते थे वे ही दिन अब उस प्रिय कंत के अभाव में अंतहीन हो गए हैं अर्थात बीतते ही नहीं। इतना ही नहीं, न बीतने वाले ये दिन मेरे प्राण लेने के लिए यमराज (अंतक) की दुहाई देते हुए लगते हैं। ('बिन अंत देत अंतक' में सभंगपद यमक के चमत्कार के साथ ही 'दिन' का प्रयोग भी द्रष्टव्य है। एक ओर रात की तरह न बीतने-वाले दिन का भाव है और दूसरी ओर 'दिन नहीं बीत रहे हैं' जैसा कालबोध भी संकेतित है। संयोग में परमफल की तरह लगनेवाले दिन के बीतते हुए एक एक पल के प्रति मोह रहता था कि वह जल्दी चला जा रहा है, अब वियोग के दिनों का एक एक पल प्राण लेने वाला लग रहा है।) आगे वह कहती है, इन दिन-रातों की बात छोड़ भी दें (इनकी तो रहौ) यहां तो यह हाल हो गया है कि मेरे अपने अंग ही (सभी अंग) और तरह के हो गए हैं। ('और भए' में भेदकातिशयोक्ति से यह तो सूचित है ही कि सारे अंग विरह-ज्वाला के कारण कांतिहीन हो गए हैं, इससे भी आगे बढ़कर संकेत यह है कि मेरे अपने अंग ही इस विषम परिस्थिति में मेरा साथ नहीं दे रहे हैं।) आगे कहती है कि (प्रिय के साहचर्य से उत्पन्न) सुखरूपी लता जब फलने-फूलने को हुई, पूरी तरह लहलहा गई (झालरति) तभी (यह वियोग हो गया जिसके फलस्वरूप) वह (लता) मुरझा गई और अब वह सुखलता पूरी तरह सूख गई है। सुखलता का रूपक लहलहाने, मुरझाने और फिर सूख जाने की अन्विति में अत्यंत करुण चित्र उपस्थित करता है।

अंतिम पंक्तियों में घनानन्द की विशिष्ट चमत्कारपूर्ण विदग्ध किंतु गहन विषाद को मूर्त करनेवाली शैली का उत्कृष्ट रूप देखने को मिलता है। विरहिणी कहती है कि हे सखी ! सघन आनंद देने में समर्थ (और सब कुछ जाननेवाले) प्रिय से बिछुड़ कर मैं अत्यंत विपरीत स्थिति में पड़ गई हूं। वह विपरीतता यह है कि जो प्रिय मुझे इस दारुण दुख में छोड़कर चला गया, वह तो चला ही गया (यहां तक तो स्वाभाविक है) किंतु उस प्रिय से बिछुड़कर मैं अपने आप से ही नहीं मिल पाती। उनसे क्या बिछुड़ी, मैं स्वयं अपने से अलग हो गई हूं। ध्वनि स्पष्ट है कि प्राणों का प्राण वह प्रिय प्रवास में है और मेरा संपूर्ण चैतन्य उसी के साथ है, यहां शरीर से तो मैं हूं किंतु आत्मबोध ने मेरा साथ छोड़ दिया है। इसी मनोभूमि का एक हलका सा स्पर्श एक स्थान पर गालिब ने भी किया है :

हम वहां हैं जहां से हमको भी,
कुछ हमारी खबर नहीं आती।

प्रणय के उद्दाम आवेग में अपनत्व तक को भूल जाने वाली विरहिणी विरह दशा को संयोग की सुखद स्मृतियों के सहारे काट देना चाहती है किंतु उन क्षणों की स्मृति उसे अपने आप से भी अलग कर देती है। रूपक, भेदकातिशयोक्ति, सभंग यमक के साथ विरहिणी की दशा का अत्यंत करुण चित्र।

पूरन प्रेम को मंत्र महा पन, जा मधि सोधि सुधार है लेख्यौ।
ताही के चारु चरित्र विचित्रनि यौं पचि कै रचि राखि बिसेख्यौ।
ऐसो हियो-हित-पत्र पवित्र जु आन-कथा न कहूं अवरेख्यौ।
सो घनआनंद जान, अजान लौं टूक कियौ पर बांचि न देख्यौ॥ 22॥

प्रवासी प्रिय की निठुराई का उल्लेख करती हुई विरहिणी सखी से या स्वगत कह रही है कि (उस निठुर के पास पत्र भेजकर क्या करूं ?) मैंने तो अपना हृदय ही प्रेमपत्र के रूप में उसको प्रेषित कर दिया था, किंतु उस निर्दय ने उसे बिना पढ़े ही फाड़कर फेंक दिया।

विरहिणी (रूपक में) कहती है कि मैंने अपना हृदयरूपी जो पवित्र प्रेमपत्र उस प्रिय के समक्ष प्रस्तुत किया था उसमें पूर्ण प्रेम का मंत्र लिखा हुआ था। संकल्प (पन, प्रण) की पूर्ण दृढ़ता से उस पत्र को सुधार कर लिखा गया था। उस शुद्ध प्रेमपत्र में (किसी दूसरे देवी-देवता का चरित्र नहीं था) केवल उसी प्रिय के (चारु) ललित चरित्र को विचित्रता के साथ विशेष श्रम करके (पचि) रचकर मैंने सजाया था अर्थात हृदय केवल प्रिय के विलक्षण गुणों से भरा हुआ था। प्रिय के अतिरिक्त मेरे पवित्र हृदय पर कभी किसी अन्य कामना की छाया भी नहीं पड़ी थी। वही अपना हृदयरूपी पवित्र प्रेमपत्र मैंने प्रिय को समर्पित कर दिया (इस आशा के साथ कि ऐसे समर्पण को ठुकराना संभव नहीं होगा और प्रिय मुझे स्वीकार कर लेगा।) किंतु उस पत्र को पढ़ना और संभाल कर रखना तो दूर, उसने उसे टुकड़े टुकड़े करके फेंक दिया। यह देखने के लिए कि उसमें क्या है, उसने मेरे हृदय-रूपी प्रेमपत्र को पढ़ना आवश्यक नहीं समझा। ध्वनि यह कि अपनापन तो क्या, सहज उत्सुकता भी उस निठुर ने नहीं व्यक्त की। ऐसा महत्त्वपूर्ण पत्र कोई अज्ञानी ही फाड़कर फेंक सकता है। प्रिय अज्ञानी नहीं है। वह सब कुछ बहुत अच्छी तरह जानने वाला (सुजान) है फिर भी निपट अज्ञानी की तरह (जानकर अनजान बनते हुए, यहां अज्ञानी बनने की ओर संकेत है) उन्होंने मेरे हृदयरूपी पवित्र प्रेमपत्र को टुकड़े टुकड़े कर दिया। उस निठुर के लिए तो इससे अधिक कुछ नहीं हुआ कि कागज का एक टुकड़ा फट गया। इधर मेरे लिए सर्वस्व नष्ट हो गया। मेरा हृदय ही विदीर्ण हो गया और अब इस विदीर्ण हृदय को लेकर तड़पना ही मेरे हाथ में रह गया है। भावगांभीर्य में सहायक रूपक का प्रभाव अचूक है। हृदय के टुकड़े टुकड़े हो जाने की बात प्रेमकवियों के लिए नई नहीं है, किंतु उसको प्रेमपत्र (जिसमें पवित्र प्रणय मंत्र पूर्ण कुशलता के साथ लिखे हों) के रूप में देखना घनानन्द की ही बात हो सकती है। रूपक को सर्वाधिक भावपूर्ण बनाती है 'टूक कियौ' क्रिया जो उपमान-उपमेय दोनों में एक विलक्षण साम्य उपस्थित कर देती है।

विरहिणी प्रवासी को पत्र भेजने की व्यर्थता की बात करती हुई कहती है कि मैंने तो अपना हृदयरूपी प्रेमपत्र ही उसे समर्पित कर दिया था, जिसे उसने टुकड़े टुकड़े करके फेंक दिया। अब उसे पत्र क्या लिखूं ?

आनाकानी-आरसी निहारिबो करौगे कौ लौं
कहा मो चकित दसा-त्यों न दीठि डोलि है।

मौन हूं सौं देखि हौं कितेक पन पालिहौ जू
कूक-भरी मूकता बुलाय आप बोलिहै।
जान, घनआनंद यौं मोहिं तुम्हैं पैंज परी
जानियैंगी टेक टरें कौन धौं मलोलिहै।
रूई दियें रहौगे कहां लौं बहराइबे की
कबहूं तो मेरियै पुकार कान खोलिहै ।। 23 ।।

विरहिणी को प्रवासी प्रिय की निठुराई के कारण यह दारुण दुख भोगना पड़ रहा है। उसे लगता है कि उसका दुख असाधारण है। किंतु उसे अपनी वेदना के तीव्र प्रभाव के प्रति भी पूर्ण विश्वास है। उसे दृढ़ विश्वास है कि उसकी तीव्र वेदना की पुकार कठोर प्रिय के चित्त को द्रवित अवश्य करेगी। वह आएगा ही, भले ही अभी प्रयत्नपूर्वक वह मेरी पुकार को अनसुनी कर रहा है। मान के कारण कठोर प्रिय के प्रति यह उक्ति हो सकती है। इस संदर्भ में इसकी नाटकीयता बढ़ जाती है। प्रवास विरह का संदर्भ तो है ही। अंतर्यामी भगवान के प्रति समर्पित भक्त की उक्ति के रूप में भी इस छंद को देखा जा सकता है।

विरहिणी कहती है कि मेरी ओर देखने के लिए आप कब तक आनाकानी (टालम-टोल करते रहेंगे ? (अनसुनी करने के लिए प्राय: कोई बहाना अपनी व्यस्तता का ढूंढ़ निकाला जाता है। यहां प्रिय दर्पण देखने में अपने को उलझाए हुए है।) वह कहती है कि इस तरह आपकी नकली व्यस्तता (दर्पण देखते रहने की) कब तक चलेगी ? छायावादी कवि जयशंकर प्रसाद 'आंसू' में प्रिय की बहानेबाजी का चित्र इस प्रकार प्रस्तुत करते हैं :

रो रो कर सिसक सिसक कर, कहता मैं करुण कहानी।
तुम सुमन नोचते सुनते करते जानी अनजानी ।।

'सुमन नोचते हुए' की मुद्रा बड़ी व्यंजक है किंतु वहां एक स्पर्श निराशा का है, जबकि घनानन्द के संकेत में आशा का स्पर्श मुखर है। 'दर्पण देखने' में नकली व्यस्तता के साथ प्रिय का रूपगर्व (आत्मरति की सीमा तक) भी संकेतित है किंतु दर्पण से दृष्टि कभी न कभी तो हटेगी ही। प्रसाद वाले चित्र में आश्रय अपनी 'करुण कहानी' कह रहा है, यहां अपनी मौन पुकार और चकित कर देने वाली दुखदशा को ही प्रत्यक्ष कर दिया गया है। विरहिणी बहाना करके व्यस्त रहनेवाले प्रिय को संबोधित करके कह रही है कि कब तक तुम मेरी चकित कर देने वाली दुखदशा की ओर से आंखें फेर कर दर्पण देखते रहोगे, क्या तुम्हारी नजर (दर्पण से, बहाने से) कभी नहीं हटेगी ? (उसे विश्वास है कि जैसी दशा उसकी हो गई है, वैसी किसी की नहीं होती, साथ ही प्रिय भीतर से उतना कठोर नहीं है, अत: यह बहानेबाजी देर तक नहीं चलेगी।)

आंखों से अन्यत्र देखते हुए भी सांत्वना के बोल तो प्रिय बोल ही सकता है, मगर वह उतना भी नहीं कर रहा है। इसी बात को रेखांकित करती हुई विरहिणी कहती है कि मेरी ओर न देखने के लिए तुम दर्पण देख रहे हो और मुझसे न बोलने के लिए तुमने मौन

का व्रत ले लिया है, मगर मैं भी देखूंगी कि तुम मौन का यह व्रत (पन) कब तक (कितेक) धारण करते हो (पालिहौ)। (वह स्पष्ट कहती है कि कहने को तो शब्दों के माध्यम से मैं भी कुछ नहीं कह रही हूं, मगर) मेरा हाहाकार करता हुआ मौन अंत में तुम्हें बोलने को विवश कर ही देगा (इसका मुझे पूर्ण विश्वास है)। मौन दोनों हैं, मगर दोनों के मौन में बहुत अंतर है। प्रिय (आलंबन) का मौन कठोरता (वह भी कृत्रिम) से भरा हुआ है, जबकिविरहिणी (आश्रय) का मौन व्यथा के चीत्कार से भरा हुआ मौन है। विरोधाभास की भावानुकूल स्थिति की दृष्टि से यह पंक्ति अद्भुत शक्तिसंपन्न है। ध्वनि यह है कितुम्हारी दृष्टि भी मेरी ओर उठेगी और तुम्हारा मौन भी टूटेगा।

हे सघन आनंद देने की क्षमता रखनेवाले (किंतु अब कठोर) प्रिय! तुम सुजान हो (सब कुछ जानते हो, तो इतना और जान लो कि) मेरे और तुम्हारे बीच जो यह होड़ (पैंज, प्रतिज्ञा) लगी हुई है (कि मैं बिना बोले ही अपना दुख सुनाए बिना नहीं मानूंगी और तुम मेरी ओर कभी ध्यान नहीं दोगे) वह टेक ही जानेगी (मेरी टेक या तुम्हारी टेक) जिसके टलने से (मुझे या तुम्हें यही देखना है) किसको मलाल (पश्चाताप) होगा।

'भाष्येन्दुशेखर' में 'जानियैगी' का अर्थ 'जानूंगी' किया गया है। घनानन्द अमूर्त भावों के मानवीकरण में विशेष रूप में सिद्धहस्त हैं। 'टेक' के साथ वही किया गया है। वह टेक ही जानेगी ('अपना किया तुम तब जानोगे, जब फल पाओगे', ऐसा प्रयोग बहुत सामान्य है) क्योंकि उसे टूटना तो है ही। (चाहे उसकी टेक टूटे, चाहे प्रिय की। वैसे विश्वास उसे यही है कि उसकी टेक रह जाएगी। प्रिय की टेक ही टूटेगी और उसी को पश्चाताप करना पड़ेगा।)

अंत में वह कहती है कि आप कब तक कान में रुई डालकर बहरेपन का नाटक करते रहोगे ? कभी तो मेरी पुकार (जो मौन है) तुम्हारे कान खोलेगी ही ! मुहावरा है 'कान खोलकर सुनना' जिसके अनुसार सुनने वाला अपने कान खोलता है। यहां सुनना जिसको है वह तो न सुनने का संकल्प किए हुए है, इसीलिए उसने अपने कान में रुई डाल ली है। अतः वह तो कान खोलने से रहा। इसीलिए खोलना क्रिया का कर्ता विरहिणी अपनी पुकार को ही बना रही है। वह कहती है कि कभी तो मेरी पुकार तुम्हारे (बंद) कानों को (अपने तीव्र प्रभाव से) खोल ही डालेगी। तब तुम कैसे मेरी ओर से उदासीन रह सकोगे ? एक संकेत यहां पुकार की विशेषता से भी प्रकट होता है जो 'कूक-भरी मूकता' का है। वह पुकार अगर ध्वनिमय होती तो कान के बहरेपन का उस पर असर होता। वह पुकार तो मौनमयी है, अतः वह कान का माध्यम नहीं चुनेगी, सीधे हृदय तक पहुंच जाएगी। 'कूक-भरी' की शक्ति अलग है।

छंद की संपूर्ण ध्वनि यह है कि वह कठोर प्रिय अपनी इंद्रियों को इधर-उधर व्यस्त रखकर विरहिणी की दशा से बचने का चाहे जितना प्रयत्न करे, उसके हृदय को प्रभावित होना ही पड़ेगा। निराशा के चरम क्षणों में भी आशा के सूत्र को न छोड़ना और अपने प्रेम के प्रति अटूट आस्था, घनानन्द के काव्य को प्रेमकाव्य के इतिहास में अप्रतिम स्थान दिलाने के लिए पर्याप्त है।

पीड़ाभरे मौन की अव्यर्थ पुकार। प्रिय बहरेपन की रुई, कानों में देकर विरहिणी

की पुकार से बचना चाहता है, किंतु वह कहती है कि मेरी पुकार मौन है, जिसके सुनने के लिए बाहरी कानों की अपेक्षा नहीं है। कभी न कभी मेरा मौन चीत्कार तुम्हें प्रभावित करेगा ही। 'चकित दसा', 'कूक-भरी मूकता' 'बहराइबे की रुई', 'आनाकानी-आरसी', ये प्रयोग घनानन्द के रागपूरित हृदय के अवदान हैं। 'जानियैगी' टेक के लिए है, न कि विरहिणी के लिए, जैसा 'भाष्येन्दुशेखर' में माना गया है।

घनआनंद जान, सुनौ चित्त दै हित-रीति दई तुम तौ तजि कै।
इत साहस सों घनसंकट कोटिक आए समाजन कों सजि कै।
मन के पन पूरन पूरि रह्यौ सु भजै कित या विधि सो भजि कै।
यह देखि सनेह-विदेह-दसा अति हीन ह्वै दीन गए लजि कै॥ 24 ॥

वियोग के दिनों की दारुण वेदना को सहन करती हुई विरहिणी का मन विपत्तियों की पूरी सेना का मुकाबला अकेले कर रहा है। इसी का संकेत करती हुई वह प्रवासी प्रिय को संबोधित करके कह रही है।

वह कहती है कि हे सघनआनंद स्वरूप सुजान प्रिय! (तुम स्वयं तो आनंद स्वरूप हो, अतः तुम्हें तो कोई कष्ट होगा नहीं, फिर भी) ध्यान देकर सुनो कि तुम तो प्रीति की रीति को छोड़कर चले गए, इधर तुम्हारे बिना अकेली देखकर मुझे संकट के करोड़ों बादलों ने अपनी पूरी सेना सजाकर घेर लिया। (विरहिणी का प्रिय भी 'घन' है, किंतु वह साधारण नहीं असाधारण अर्थात आनंद का घन है इसलिए जब तक वह था तब तक इन घनों (बादलों) की हिम्मत न हुई कि आक्रमण करते, किंतु ज्योंही वह गया, (उद्दीपन के रूप में) इन बादलों ने साहस किया और अपनी विशाल सेना को लेकर विरहिणी को घेर लिया। साहस और घन का संकेत अत्यंत कलात्मक और व्यंजक है।)

वह कहती है कि संकट के बादलों (घनसंकट) की सेना के चढ़ आने पर मेरा (तुम्हारे प्रेम से परिपुष्ट) मन भी, जो प्रेम के पूर्ण प्रण से भरा हुआ था, डटा रहा। वह (इस विधि) इस प्रगाढ़ता के साथ आपको स्मरण करने (भजने) के बाद भागकर (भजिकै) जाता भी तो कहां जाता? (प्रिय के साहचर्य में जो आनंद मिला है वह इतनी अमर जीवनी शक्ति का संचार कर गया है कि अब वैसा अन्यत्र नहीं मिल सकता। इसलिए कोई विकल्प है ही नहीं। एक दूसरा कारण भी है कि उस प्रगाढ़ आनंद का पान करके परिपुष्ट हुआ मन इतना कमजोर नहीं है कि संकट की सेना से डरकर भाग जाता। भजै और भजिकै में अर्थ के स्तर पर यमक) अतः मेरा मन तो उस युद्ध में डटा रहा और संकटों की जो आक्रमणकारी सेना आई हुई थी वह (स्नेह में डूबे हुए मेरे) मन की विदेह दशा को देखकर (ऐसी दशा जिसमें शरीर के सुख-दुख की चिंता नहीं रह जाती। विरहिणी कहना चाहती थी कि शरीर निश्चेष्ट पड़ा था और मन उस मोर्चे पर डटा हुआ था) स्वयं ही कातर (दीन) लज्जित होकर लौट गई। (ध्वनि यह कि अब भी तो मुझे बचा लो मेरी दशा शत्रु के मन में भी करुणा उत्पन्न करने वाली हो गई है।)

मन की दृढ़ता के सामने संकट के घनों की आक्रामक सेना का हारकर लौट जाना, जहां अनुराग की प्रगाढ़ता का व्यंजक है, वहीं विरहदशा की तीव्रता (शरीर पर उसके

प्रभाव) का भी मन का मानवीकरण करके उसकी विदेह दशा की कल्पना घनानन्द के रागपूरित मानस में ही संभव है।

विरहिणी को अकेली देखकर विपत्ति के बादल आक्रमण करते हैं किंतु उसकी विदेह-दशा (जिसमें सुख-दुख की चिंता है ही नहीं) देखकर और उसके मन के पूरे प्रण (प्रिय के प्रति अडिग समर्पण) को देखकर आक्रामक लौट जाते हैं।

रूप-उजियारे जान, प्रानन के प्यारे कब
करौगे जुन्हैया दैया विरह-महा-तमैं।
सुखद सुधा तें हंसि हेरनि पिवाय पिय,
जियहिं जिवाय, मारिहौ उदेग सेजमैं।
सुंदर सुदेस आंखें बहुर्यौ बसाय, आय,
बसिहौ छबीले जैसे हुलसि हियें रमैं।
ह्वै है सोऊ घरी भाग-उघरी अनंदघन
सुरस बरसि लाल देखिहौ हरी हमैं॥ 25॥

मन में निरंतर निवास करनेवाला प्रिय प्रवास में है। विरहिणी उसी को संबोधित करके कह रही है कि हे प्राणों के आधार सुजान प्रिय! विरहरूपी महा अंधकार में मैं घिर गई हूं। (इस अंधकार का विनाश प्रकाश के किसी सामान्य उपकरण से नहीं हो सकता, इस महा अंधकार का विनाश तो चंद्रमा से ही हो सकता है। प्रिय का रूप प्रकाशमय है, 'छबि को सदन गोरो वदन' है, इसलिए उसके मुखचंद्र की उपस्थिति मात्र से विरहांधकार भाग जाएगा) तुम इस महांधकार में (अपने रूप की) चांदनी (जुन्हैया) की छटा कब बिखराओगे? प्रिय की सस्मित दृष्टि को अमृत से अधिक सुखद और जीवनप्रद बताती हुई वह पूछती है कि कब तक उस दृष्टि से देखकर मुझमें प्राणों का संचार करोगे? (रूपक में इस प्रकार कि सुधा से अधिक सुखद अपनी मुस्कराती हुई चितवन (रूपी श्रेष्ठ अमृत) पिलाकर, मेरे मरते हुए प्राणों को कब जीवन दोगे? 'हंसि हेरनि' में प्रिय के लीलामय नेत्रों के मुस्कराने की पूरी प्रक्रिया व्यंजित है।) कब ऐसा होगा कि मुझे दृष्टि का वह अमृत पिलाकर जिला दोगे और (तुम्हारे विरह में जो मुझे मारे डाल रहा है उस) यम (जमैं) के समान उद्वेग को मार डालोगे? विशेषण में यह विपर्यय उद्वेग की भयंकरता को सूचित करता है, ऐसा भी कह सकते हैं कि उद्वेग के समान यम को, जो मुझे निरंतर मार रहा है, कब मारोगे?

इस पंक्ति में नेत्रों के दोनों रूपों (आश्रय और आलंबन) का मार्मिक संकेत है। प्रेमिका (विरहिणी, आश्रय) के नेत्र जो उद्वेगरूपी यम का त्रास पाकर मर रहे हैं, प्रिय (आलंबन) के नेत्रों की हंसती हुई दृष्टिरूपी अमृत का पान करके जीवित हो जाएंगे। उधर उद्वेग का यम अपने आप (प्रियागम पर) मर जाएगा।

जिस प्रकार के सूक्ष्म विरोध का चमत्कार घनानन्द को प्रिय है, उसको ध्यान में रखें तो 'जियहिं जिवाय मारिहौ उद्वेग सेजमैं' का एक कलापूर्ण अर्थ इस प्रकार होगा: मैं तुम्हारे वियोग के कारण उद्वेग की शैय्या (सेज) में पड़ी हुई हूं (सेज मैं में संभग श्लेष

है)। तुम कब मेरे प्राणों को जिलाकर मुझे मारोगे? इस 'मारने' का अर्थ शब्दार्थ का ठीक विरोधी है: 'कब अपने आलिंगन के सुख में मुझे मार डालोगे?' 'मीठी पीर' और शीतल ज्वाला के वजन का चमत्कार तो है ही, उससे कुछ आगे की चीज भी है। 'सुख में मरना' सुख की अतिशयता की व्यंजना के लिए प्रयुक्त होता है।

आगे वह कहती है कि हे सुंदर, छबीले लाल! (लाल में एक और छटा है 'अनुराग के रंग में रंगे हुए प्रिय') जैसे मेरे हृदय में तुम उमंगपूर्वक (हुलसि) बसे हुए हो, वैसे ही कब आकर मेरी आंखों में (प्रत्यक्ष) बसोगे, जिससे (तुम्हारे आ जाने से मेरी उजड़ी हुई आंखों में) सुंदर सुदेश बस जाएगा। (एक अन्य छंद में यह विरहिणी कहती है कि 'उजरनि बसी है हमारी अंखियानि देखौ, सुबस सुदेस जहां भावते बसत हौ।' दे० छंद 7) इस पंक्ति में शब्द 'बहुर्‌यौ' (जिसका अर्थ है फिर से, पुनः) का संकेत स्पष्ट है कि जब तुम थे (संयोग के दिनों में) तब आंखों में (मेरी) सुंदर सुदेश बसा हुआ था। अब ये उजड़ी हुई हैं। आ जाओगे तो फिर बस जाएंगी। (सुंदर सुदेश में पुनरुक्त वदाभास का चमत्कार है। दोनों का अर्थ एक नहीं है।)

यहां तक का अर्थसौंदर्य छंद के प्रथम शब्द 'रूप उजियारे' से विशिष्ट रूप में आलोकित होता है। वह 'जो स्वरूपतः प्रकाशमान है', जब आ जाएगा तो किसी प्रकार का अंधकार कैसे रह सकता है?

अत में आकुल विरहिणी कहती है कि हे सघन आनंद स्वरूप प्रिय! (बरसने वाले बादल, 'घन') हे लाल! (अनुरागरंजित प्रिय) जब तुम यहां आकर सुरस (अपने सौंदर्य और प्रणय का रस) बरसाओगे तो (उस प्रसन्नता के कारण) मुझे हरी (खिली खिली, ताजी, प्रफुल्लचित्त) देखोगे। मेरे लिए आनंदपूर्ण वह घड़ी (जब तुम आओगे) मेरे भाग्य को खोलने (जगाने) वाली घड़ी होगी। (भाग खुलना, भाग जागना, अनुकूलता सूचक हैं)।

'भाग-उघरी' को 'उजड़े भाग्य' के रूप में देखें तो वह विरहिणी का विशेषण हो जाएगा। अर्थ इस प्रकार होगा: उघड़े भाग्यवाली मुझ अभागिन के लिए वही घड़ी वास्तविक होगी जब तुम आकर (मुझ पर) बरसोगे। आंखों के सूने आकाश में (उजड़ी आंखों में) (सुंदर घनरूपी प्रिय) छा जाएगा तो वियोगिनी का तप्त शरीर हरा होगा ही। 'हरी' को संबोधन के रूप में ले ें तो एक और छटा की झलक मिलती है। हे आनंद घन, हे लाल, हे हरी (दुख को हरण करने वाले), कब मुझे इस प्रकार देखोगे कि मैं (तुम्हारी दृष्टि की संजीवनी से जीवित होकर) प्रसन्न (हरी) हो जाऊंगी।

विरहिणी प्रवासी के प्रति कहती है कि तुम आ जाओ तो सारी प्रतिकूलताएं नष्ट हो जाएं। इसमें प्रिय के विशेषण बहुत व्यंजनापूर्ण हैं। अंतिम पंक्ति में 'भाग-उघरी' को विरहिणी के विशेषण के रूप में रखने पर अर्थ होगा कि मेरी जैसी उजड़े भाग्यवाली के लिए वही घड़ी (महत्वपूर्ण) होगी, जब तुम आ जाओगे। दूसरा अर्थ यह कि तुम आ जाओगे, उसी घड़ी मेरे भाग्य खुल जाएंगे। 'हरी' में श्लेष।

जीवनि-मूरति जान सुनौ गति, जौ जिय रावरो प्यार न पावतौ।
संगम-रंग अनंग उमंगनि झूमि न आनंद अंबुद छावतौ।
लाड़िलो जोबन त्यौं अधरासव चोपनि लोभी मनै नहिं भावतौ।
तौ उर-दाहक प्राननि गाहक रूखे भए को परेखो न आवतौ ॥ 26 ॥

विरहव्यथा की अकथ गंभीरता को व्यक्त करने वाला यह छंद कुछ पूर्व प्रसंगों के संकेतों के कारण घनानन्द की असाधारण पीड़ा का रहस्य खोलता है। विरहिणी को इस समय असाधारण दुख इसीलिए हो रहा है कि उसका प्रिय असाधारण सुंदर है और उससे प्राप्त होने वाला संयोग सुख भी उतना ही असाधारण था। वियोग में वही सुख अब दुर्लभ हो गया है। एक तो अभाव का दुख, दूसरे पिछली स्मृतियों का तीखा दंश, दोनों उसकी पीड़ा को असहनीय बना रहे हैं।

एक बात और। घनानन्द के अधिकांश छंदों की गठन ऐसी है कि आश्रय आलंबन के रूप में स्त्री पुरुष या पुरुष स्त्री दोनों में से किसी क्रम को उतनी ही सहजता से स्वीकार किया जा सकता है। छायावादी कवियों ने प्रणयप्रसंगों में इस विशेषता को सूक्ष्मतर रूप में स्वीकार किया। 'कामायनी' के कुछ छंदों में और 'आंसू' के अधिकांश छंदों में यह विशेषता प्रशंसनीय रूप में मिलती है। प्रस्तुत छंद के साथ भी यह विशेषता है, किंतु इसमें एक खास बात यह है कि इसमें जो ऐंद्रियता है, वह आश्रय के रूप में पुरुष को प्रतिष्ठित करने की ओर आग्रहशील है। यद्यपि स्त्रीपक्ष को आश्रय मानने में भी कोई बाधा नहीं है (भाष्येन्दुशेखर में यही किया गया है), अर्थप्रतीति अबाध रूप में होती है। फिर भी पुरुष को आश्रय पक्ष में रखना छंद की प्रकृति के अधिक अनुकूल है। ऐंद्रिय सुख की स्मृतियों का दंश बेहद तीखा है।

विरह की व्यथा की असाधारणता के कारणों की बात करता हुआ विरही कह रहा है कि हे प्रिय ! तुम मेरे प्राणों की साकार मूर्ति हो (अन्यत्र वे जीवन के जीवन जैसा प्रयोग करते हैं) तुम सुजान हो (सुलझे हुए ज्ञान से संपन्न और घनानन्द की इतिहास प्रसिद्ध प्रेमिका) (इसीलिए कहता हूं कि ध्यान देकर मेरी व्यथा का कारण) सुनो, तुम्हारे रूखे (प्रतिकूल) हो जाने का कोई पछतावा (परेखो) मेरा मन (जिय) नहीं करता, अगर तुमने उसे (मेरे मन को) अपना प्यार इस (असाधारण) रूप में न दिया होता। (जिस रूप में उसे सुजान का प्रेम मिला है उसको विस्तारपूर्वक स्मरण करता हुआ वह कह रहा है कि) संयोग (संगम, संभोग के वजन का शब्द है) के क्षणों में जो काम (अनंग) का रंग तुम पर चढ़ जाता था और जिस प्रकार तुम उमंग में (काम के आवेग में) झूमती थीं, उस सारी प्रक्रिया से तुम मुझ पर आनंद की बूंदें बरसानेवाली बनकर छा जाती थीं। (कविनाम घनानंद का श्लिष्ट प्रयोग तो हुआ ही है, बादल के पर्याय 'अंबुद' से एक और विशेषता उत्पन्न हो गई है।) विरही संयोग के आनंद को पूरी ऐंद्रियता के साथ स्मरण करता हुआ कहता है कि तुम्हारे लाड़ले यौवन (यहां 'जोबन' का प्रयोग हुआ है जिसका उरोजोंवाला अर्थ विशेषण 'लाड़िले' से स्पष्टतर हो आता है) और वैसे ही तुम्हारे अधरों की मादक मदिरा की लालसा (चोपनि) मेरे लोभी मन को अत्यंत प्रिय लगती थी; अगर ऐसा न

होता (मेरे मन को इस प्रकार असाधारण आनंद का अभ्यास न होता) तो हृदय को जलाने वाली और मेरे प्राणों की गाहक तुम्हारी इस रुखाई (प्रतिकूलता) के लिए मैं (मेरा मन) कभी पछतावा नहीं करता।

प्रिया की रुखाई विरही के प्राण लेने वाली है किंतु उसके कारण जो कष्ट हैं, वह संयोग के दिनों में मिलनेवाले सुख की प्रगाढ़ता के कारण है। उस सुख के बाद यह वियोग! यही उसकी दुखदशा का रहस्य है। स्पष्ट है कि अगर संयोग में इतना आनंद न मिला होता तो प्रिय की रुखाई को भूलकर दुख से मुक्त हो जाना संभव हो जाता।

प्रस्तुत छंद की ऐंद्रियता ही इसे भक्ति के क्षेत्र से बाहर रखने का संकेत भी करती है। 'लाड़िलो जोबन त्यौं अधरासव', 'संगम-रंग अनंग उमंगनि' और 'आनंद अंबुद' (स्वेदकणों का आभास) का 'लोभी मन' की उत्साहपूर्ण आदत के साथ जो संबंध बनता है वह सुजान के साथ घनानन्द के संयोग के दिनों का मूर्त रूप प्रस्तुत करता है।

जिस उपलब्धि में जितना सुख होता है, उसके अभाव का दुख भी उतना ही बड़ा होता है। इस छंद में पुरुष को आश्रय मानना अधिक स्वाभाविक है। जो आनंद तुमसे मिला, वह न मिला होता तो इस समय तुम्हारे रूखे हो जाने का कोई मलाल न होता। 'लाड़िलो जोबन', 'संगम-रंग अनंग उमंगनि', 'अधरासव लोभी मन' जैसे प्रयोगों के कारण जो ऐंद्रियता उभरती है, उससे घनानन्द की प्रेमपीर का रहस्य उद्घाटित होता है। ऐसे छंद भक्ति के क्षेत्र से बाहर ही रहने चाहिए, जबकि कुछ लोग यहां भी 'घनानन्द सुजान' के स्थान पर 'घनानंद श्रीकृष्ण' को देखते हैं।

उघरि नचे हैं, लोक-लाज तें बचे हैं, पूरी
चोपनि रचे हैं, सुदरस लोभी रावरे।
जके हैं थके हैं मोह-मादिक छके हैं अन-
बोले पै बके हैं दसा, चीतें चित चाव रे।
औसर न सोचैं घनआनंद बिमोचैं जल
लोचें वही मूरति अरबरानि आवरे।
देखि देखि फूलें ओट भ्रमनही भूलें, देखे
बिन देखे भए ये वियोगी दृग बावरे॥ 27॥

विरहिणी अनुपस्थित प्रिय को संबोधित कर अपने नेत्रों के पागलपन की दशा बता रही है। प्रवासविरह की दूरी इस छंद में संकेतित नहीं है। दूसरी ओर आश्रय के नेत्रों का प्रियदर्शन के लिए तरसना, उन्हें देखकर प्रसन्न होना, संसार के लोगों की प्रतिक्रिया एवं अवसर-अनवसर की चिंता न करना आदि बातें पूर्वानुराग की ओर ही संकेत करती हैं। विरह का कष्ट तो है ही संयोग में भी कष्ट है। वह कहती है:

हे प्रिय! आपके सुंदर दर्शन (सुदरस) के लोभी मेरे ये नेत्र (प्रियदर्शन के) उत्साह में (चोपनि) इस तरह डूबे हुए हैं कि अब ये लोकलाज से विमुख हो गए हैं। इन नेत्रों को किसी के कुछ भी कहने-सुनने की परवाह नहीं रह गई है। (इसलिए) अब ये आपको देखने के लिए खुलकर नंगे नाच रहे हैं। 'उघरि नचे हैं' का अर्थ है कि अब ये मर्यादा का

ध्यान छोड़ चुके हैं और बिना किसी की परवाह किए जब जहां अवसर मिलता है, तुम्हें ही देखते रहते हैं। (स्पष्ट ध्वनि है कि गुरुजनों के बीच होने पर भी मेरे नेत्र तुम्हारी ओर देखने से बाज नहीं आते।) 'उघरि नचे हैं' का प्रयोग बेशर्मी की पराकाष्ठा के लिए होता है। (सूरदास ने भी इस शब्द का प्रयोग किया है : अब हौं उघरि नचन चाहत हौं, तुम्हें विरुद बिनु करिहौं।') विरहिणी आगे कहती है कि मेरे इन नेत्रों ने तुम्हारे मोह (पुणय) की मदिरा का छक कर पान किया है। अब हालत यह है कि ये (नेत्र) थके से (शिथिल) और अकबकाए (चकित) रहते हैं। कुछ बोलते नहीं हैं, फिर भी अपने मन की सारी बातें बक देते हैं। अपने हृदय में तुम्हें देखने के उत्साह का अनुभव किया करते हैं। (नेत्रों की मानव-सुलभ दशाएं मानवीकरण की रूढ़ि से आगे बढ़कर विरहिणी के मन की विचित्र स्थिति का आभास कराती हैं। वे आंखें शिथिल हैं, बोल नहीं पातीं, मगर उनकी हालत देखकर देखने वाला सारी मनःस्थिति समझ जाता है। ('अनबोले पै बके हैं' में विरोधाभास है।) आगे वह कहती है कि हे प्रिय ! मेरे ये नेत्र अवसर-अनवसर नहीं सोचते हैं (कहीं भी किसी के भी सामने तुम्हारे लिए ये) आंसू बरसाने लगते हैं। किसके सामने कातरता प्रकट करनी चाहिए और किसके सामने नहीं, इन नेत्रों को इसका भी कुछ ध्यान नहीं रहता। हे प्रिय ! ये निरंतर तुम्हारी वही मूर्ति (मोहिनी से युक्त) ध्यान में देखते रहते हैं। (लोचें में चिंतन का भाव है, विरहिणी के नेत्रों के हृदय में प्रिय की मोहक छवि के विविध आयाम निरंतर उभरते रहते हैं। ध्वनि है कि मानसनेत्रों के सामने प्रियमूर्ति की अनेक मोहक भंगिमाएं उभरती रहती हैं।) वह कहती है कि मेरे ये नेत्र विकलता (आवरे) से लड़खड़ाते हुए (अरबरानि) आपकी उसी मूर्ति (मुद्राविशेष) की कामना किया करते हैं। (ऊपर से नेत्र बहुत विचलित हैं, मगर प्रियमूर्ति के ध्यान में उनसे कभी कोई चूक नहीं होती।)

वह कहती है कि हे प्रिय, इन नेत्रों की विचित्रता यह है कि (जब आप सामने होते हैं तो) देखकर फूले अथवा प्रफुल्ल रहते हैं और जब (आपके न रहने पर आपको) नहीं देख पाते तब भी एक सुखद भ्रम बनाए रहते हैं कि (प्रिय कहीं से अभी प्रकट हो जाएगा और) प्रिय के दर्शन हो जाएंगे। इस प्रकार हे प्रिय, देखो ('देखौ बिनदेखे' पाठ भी मिलता है) तुम्हें देखे बिना ही मेरे ये वियोगी नयन बावले हो रहे हैं।

अंतिम पंक्ति में 'देखौ बिन देखे' के स्थान पर 'देखे बिन देखे' पाठ अधिक स्वाभाविक और व्यंजक है, इसलिए यहां इसी को स्वीकार किया गया है।

यह अर्थ कि 'देखो, तुम्हें बिना देखे ही ये वियोगी नयन बावरे हो रहे हैं' घनानन्दीय गांभीर्य से रहित है। न देखने पर दुख के अतिरेक से आश्रय के नेत्रों का बावला हो जाना स्वाभाविक दशा है, इसमें कोई वैचित्र्य नहीं है। यहां घनानन्द किसी विचित्रता की ओर स्पष्ट संकेत कर रहे हैं। वह विचित्रता यही है कि वियोगिनी के नेत्र प्रिय को देखते हैं तो भी, और नहीं देखते हैं तो भी, दोनों स्थितियों में बावरे (पागल) बने रहते हैं। प्रत्यक्ष देखने पर खुशी से पागल रहते हैं, इसलिए अवसर या ओट (प्रियदर्शन के लिए उचित अवसर है या नहीं और स्थान सुरक्षित है या नहीं, यह बात) नहीं देखते। दूसरी ओर न देखने पर दुख से (तीव्र उत्कंठा से) पागल बने रहते हैं। नेत्रों के पागलपन की यह दशा

उनके मानवीकरण और पूर्ण व्यक्तित्वसंपन्न विरही के रूप में उनके साथ विविध क्रियाओं के रखने के कारण पूरे छंद में मूर्तिमान हो उठी है।

विरहिणी अपने नेत्रों की दशा का वर्णन करती है। नेत्र पूर्ण वियोगी होकर बावले हो गए हैं। नेत्रों की पूर्वराग, संयोग और विरहावस्था की स्थितियां बड़े कौशल से चित्रित हैं। पूर्वराग की अवस्था प्रकृत है।

चूर भयौ चित पूरि परेखनि एहो कठोर, अजौं दुख पीसत।
सांस हियें न समाय सकोचनि, हाय इते पर बान कसीसत।
ओटनि चोट करौ घनआनंद नीके रहौ निसिद्यौस असीसत।
प्राननि बीच बसे हौ सुजान पै आंखिन दोष कहा जु न दीसत ॥ 28 ॥

घनानन्द की पीड़ा विरही हृदय में इस तरह लबालब भरी हुई है कि एक एक अंग से उसकी धारा फूटती हुई काव्यसरोवर को उस प्रगाढ़ रस से भरती रहती है। प्रस्तुत छंद में विरहिणी अपने नेत्रों की ओर से प्रवासी प्रिय पर दोषारोपण करती हुई कह रही है कि हे प्रिय, तुम मेरे हृदय में तो अनुक्षण रहते ही हो, मगर मेरी इन आंखों ने कौन सा अपराध किया है कि इनके सामने कभी प्रकट नहीं होते। संकेत बहुत स्पष्ट है कि जिस तरह तुम निरंतर मेरे हृदय में रहते हो, उसी तरह मेरी आंखों के सामने भी बने रहो।

प्रवासी प्रिय को ही संबोधित करती हुई विरहिणी कहती है कि हे प्रिय, पछतावे (परेखनि) की चोट से मेरा हृदय चूर चूर हो गया है। (पछतावा इस बात का कि मेरे ही किसी दोष से प्रिय मुझे छोड़ गया और मैं जान भी न सकी कि वह अपराध क्या था।) हे कठोर, जो हृदय चूर चूर हो गया है उसको भी तुम छोड़ नहीं रहे हो, बल्कि अपनी निठुर चोट से उसे अब भी पीस रहे हो। (अपने अवगुणों का ध्यान करके) मेरे हृदय में इतना संकोच भर गया है कि उसमें अब और कोई जगह शेष नहीं रह गई है, (यहां तक कि) अब मेरे हृदय में मेरी सांस ही नहीं समा पाती। (दुखातिरेक से सांस न ले पाने का इतना काव्यात्मक प्रयोग अन्यत्र दुर्लभ है।) मेरे उस हृदय में (जिसमें अपनी सांस के लिए भी जगह नहीं है) तुम (वियोग के) वाण खींच कर मारते हो (कसीसत शब्द घनानन्द की विशेष देन है। वाण को चलाने के पहले अपनी ओर खींचा जाता है। फारसी में अपनी ओर खींचने की विशेषता को, आकर्षण को कशिश कहते हैं। इसी कशिश से कवि ने कसीसत क्रिया बनाई है। तुम मेरे हृदय पर चलाने के लिए वाण खींचते हो।) निठुराई की सीमा यहीं समाप्त नहीं हो जाती। वाण चलाने के लिए ही सही, अगर वह प्रिय सामने आ जाए तो कुछ बात बने, मगर यहां तो यह हाल है कि वह छिपकर चोट करता है। विरहिणी कहती है कि तुम छिपकर (ओटनि) चोट करते हो। (यह तुम्हारे अत्याचार की पराकाष्ठा है) लेकिन इतने पर भी मैं रात-दिन यही आशीष देती रहती हूं कि तुम अच्छी तरह रहो, (जहां रहो और मुझ पर जो भी अत्याचार करते रहो, तुम सकुशल रहो। त्यागवृत्ति की पराकाष्ठा एक ओर है, निठुरता की दूसरी ओर।) अंत में वह कहती है कि सब कुछ जानते हुए भी अजान जैसे आचरण करने वाले हे प्रिय ! तुम मेरे प्राणों में निरंतर निवास करते हो, तब इन आंखों ने कौन सा अपराध किया है कि इनके सामने कभी नहीं आते ?

एक महत्वपूर्ण संकेत यह भी है कि अगर कोई अपराध हुआ है तो वह हृदय से ही हुआ होगा, आंखों से तो हुआ नहीं होगा। अपराध करनेवाले हृदय में जब तुम निरंतर बसते हो तो निरपराध आंखों को ही क्यों वंचित रखते हो ?

वैष्णव प्रेम की सहज विशेषता है कि प्रिय के मंगल का ध्यान आश्रय के दारुण दुख को अपने सामने बहुत हल्का कर देता है। प्रस्तुत छंद में घनानन्द के हृदय की यह विशेषता स्पष्ट रूप में उभरती है।

> दृग नीर सों दीठिहि देहुं बहाय पै वा मुख कों अभिलाखि रही।
> रसना विष बोरि गिराहि गसौं, वह नाम सुधानिधि भाखि रही।
> घनआनंद जान सुबैननि त्यों रचि कान बचे रुचि साखि रही।
> निज जीवन पाय पलै कबहूं पिय-कारन यौं जिय राखि रही ॥ 29 ॥

वियोग की जिस दारुण व्यथा से घबराकर आदर्श प्रेमी मीन तक प्राण त्याग कर मुक्त हो जाता है, उसी व्यथा को झेलती हुई विरहिणी को कई बार ऐसा लगता है कि उसे अपने जीवन को धारण नहीं करना चाहिए। अब उसके जीवन में सुख (प्रियमिलन) की कोई संभावना अवशिष्ट नहीं है। फिर भी आशा का सूक्ष्म तंतु पकड़कर वह अपने प्राणों की रक्षा इसलिए कर रही है कि अगर प्रिय आ जाए तो वह उसे कैसे संभालेगी ? (प्रिय आएगा, यह आशा ही है जिससे उसके प्राण अटके हुए हैं, अन्यथा मृत्यु के सभी का ग उपस्थित हैं।)

वह कहती है कि जी में आता है कि आंसुओं की तीव्र धारा में अपनी दृष्टि (देखने की शक्ति) को बहा दूं (क्योंकि मैं केवल एक व्यक्ति, अपने प्रिय, को देखना चाहती हूं, और वह मेरे पास है नहीं। अतः दृष्टि का क्या उपयोग है ?) किंतु उसी मुख (वा मुख) की अभिलाषा में ऐसा नहीं कर पाती। ('अभिलाखि रही' में अभिलाषा की क्रिया से निरंतरता सूचित होती है। साथ ही यह संकेत भी है कि आशा का कोई सूत्र अवशिष्ट न रह जाने पर भी अभिलाषा में ही वह शक्ति है कि मरणासन्न विरहिणी मृत्यु का अतिक्रमण करती है। आशा और अभिलाषा के सूक्ष्म अंतर का काव्यात्मक उपयोग हुआ है।) (एक संकेत यह कि प्रिय का वह मुख ज्योंही सामने आएगा, आंखों की सारी जलन उसके प्रभाव से स्वभावतः दूर हो जाएगी।) वह आगे कहती है कि अपनी जीभ को विष में डुबा कर वाक्शक्ति को नष्ट कर देने की इच्छा भी होती है (क्योंकि प्रिय प्रवास में हैं और मैं अन्य किसी व्यक्ति से कोई बात करना नहीं चाहती), किंतु प्रिय के नाम को निरंतर रटती रहती हूं और वह नाम अमृत के कोष के समान है (चंद्रमा के समान भास्वर और सुधायुक्त दोनों), अतः उसी नाम के अमृत (संजीवनी शक्ति) के प्रभाववश मेरी जीभ भी सुरक्षित है। वह आगे कहती है कि यही हाल मेरे कानों (श्रवणशक्ति) का भी है। प्रिय की वाणी के अभाव में उन्हें भी नष्ट हो जाना चाहिए किंतु (तुमको वरण करनेवाली मेरी) रुचि इस बात की साक्षी है कि उसी सुजान की, आनंद के घन की, मधुर ध्वनि के समान वाणी को मैंने अपने श्रवणों में सदा के लिए बसा लिया है, जिसके प्रभाव से वे बचे हुए हैं। वही दशा प्राणों का है। इन प्राणों की रक्षा मैं इस आशा में (इस कारण) कर

रही हूं कि (जब कभी) प्रिय आएंगे तो मेरे मरणासन्न प्राण अपना जीवन पाकर पुनः परि-पुष्ट हो जाएंगे। (विरहिणी के प्राणों का जीवन प्रिय ही है।)

आशा की यह संजीवनी घनानन्द की तीव्र विरहानुभूति में महत्वपूर्ण उपकरण है।

विरहिणी कहती है कि विरहदुख की असहनीयता के कारण अपनी सभी इंद्रियों को एक एक करके मैं नष्ट कर चुकी होती, किंतु इसी आशा में इंद्रियों और प्राणों की रक्षा कर रही हूं कि जब भी प्रिय आएंगे, इन सबमें पुनः जीवन का संचार हो जाएगा, मेरे प्राण पल जाएंगे और उस प्रिय को सुख दे सकेंगे जो मुझे इतने दुख दे रहा है। वैष्णव समर्पण।

तुम दीनी पीठि, दीठि कीनी सनमुख याने,
तुम पैंडे परे, राखि रह्यौ यह प्रान कों।
तुम बसौ न्यारे, यह नेक हू न हातो होय
तुम दुखदाई, यह करै सुखदान कों।
सुनौ घनआनंद सुजान हौ अमोही तुम,
याको महा मोह मो बिना न जानै आन कों।
और सबै सहौं कछू कहौं न कहा है बस,
तुम्है बदौं तौ पै जौ बरजि राखौ ध्यान कों॥ 30॥

दीर्घकालीन वियोग में प्रिय जितना दूर और अलभ्य है, उसका ध्यान उतना ही हृदय के निकट और सुलभ है। विरहिणी को निठुर प्रवासी ने तो छोड़ दिया है किंतु उसके ध्यान ने मानो कृपापूर्वक पूर्णरूप में अपना लिया है। वह कहती है कि तुम स्वयं मेरे पास नहीं आते, मगर अपने ध्यान को भी मेरे पास आने से रोक लो तो मैं तुम्हें मानूं।

प्रवासी प्रिय के प्रति विरहिणी कहती है कि हे प्रिय! तुमने पीठ दे दी (मुझसे पीठ फेर ली) अर्थात छोड़कर चले गए, तब इसी ने (याने) अर्थात तुम्हारे ध्यान ने अपनी (मेरे प्रति कृपा) दृष्टि मेरे सामने कर दी। (पीठ फेरकर चले जाने वाले का ध्यान ही आंखों के सामने आ गया।) ध्वनि यह है कि जब से तुम गए मैं निरंतर तुम्हारे ध्यान में डूबी हुई हूं। तुम मेरे पीछे पड़ गए हो (पैंडे परे) और यह (तुम्हारा ध्यान) मेरे प्राणों की रक्षा कर रहा है। (ध्वनि यह कि तुम्हारा ध्यान ही तुम्हारे वियोग में मुझे मर जाने से बचाए हुए है।) तुम मुझसे अलग (न्यारे) जाकर बस गए हो और यह (तुम्हारा ध्यान) मुझसे एक पल के लिए भी अलग (हातो) नहीं होता। तुम मेरे लिए दुखदायी हो गए हो (संयोग में जितने सुखदायी थे अब वियोग में उतने ही दुखदायी हो गए हो) और यह (तुम्हारा ध्यान) मुझे निरंतर सुख का दान करता है। हे प्रिय! तुम सुजान भी हो और आनंद के घन भी, मगर सब कुछ होते हुए भी तुम मोहरहित (अमोही) हो और तुम्हारे ध्यान को मेरे प्रति महामोह है। वह मुझे छोड़कर और किसी को जानता ही नहीं। (ध्वनि यह कि जितना तुम्हारा ध्यान मैं करती हूं उतना और कोई नहीं।) हे प्रिय! मैं (तुम्हारे द्वारा की गई सारी ज्यादतियां) सहन कर रही हूं, कुछ नहीं कहती (शिकायत या प्रार्थना नहीं करती क्योंकि तुमसे कुछ कहने का सवाल ही कहां पैदा होता है। तुम सब कुछ जानते हो) और अब तुम पर मेरा वश ही क्या है (जब छोड़ ही गए)

किंतु (इतना जरूर कह रही हूं कि) मैं तुम्हें (वीर) तब मानूंगी जब तुम अपने इस ध्यान को भी मेरे पास आने से रोक लो। ध्वनि यह कि तुम मुझसे चाहे जितना दूर रहो, तुम्हारा ध्यान तो मेरे पास रहेगा ही।

सूर के संबंध में प्रचलित किंवदंती के प्रसंग में बांह छुड़ाकर जाते हुए कृष्ण से उनका कथन इसी मनोभूमि का है : 'बांह छुड़ाए जात हो, निबल जानिके मोंहि। हिरदय ते जब जाहुगे, मरद बदौंगो तोहि।' प्रिय कैसा भी निठुर और शक्तिशाली हो, अपने ध्यान को रोकना उसके वश का नहीं। काव्य के स्तर पर ध्यान को स्वतंत्र व्यक्तित्व देकर और उसको निठुर प्रिय के विपरीत गुणों वाला बताकर घनानन्द ने प्रगाढ़ राग से पूर्ण हृदय का परिचय दिया है।

प्रवासी प्रिय के प्रति विरहिणी कहती है कि तुम जितना ही मुझसे दूर और मेरे प्रतिकूल होते गए, तुम्हारा ध्यान उतना ही निकट और अनुकूल होता गया। तुम्हारा पुरुषार्थ तब मानूं जब (अपने) ध्यान को बरज दो।

> अंसुवानि तिहारे बियोगहि सों बरषा रितु बेलि सी बाल भई।
> हिय खोपनि चोपनि कोंपनि झालरि लाज के ऊपर छाय गई।
> घनआनंद जान सदा हित-झूमनि घूमनि देखियै नित्त नई।
> बलि नेकु मया करि हेरौ हहा अबला किधौं फूलि रही तुरई॥ 31॥

घनानन्द के अधिकांश छंदों की भांति यह छंद विरहिणी द्वारा सीधे प्रवासी प्रिय को संबोधित नहीं है। इसमें विरहिणी की कोई सखी या दूती निठुर नायक के प्रति निवेदन कर रही है कि और कुछ नहीं तो कुतूहल के लिए ही उस वियोगिनी की दशा एक बार देख लीजिए। वह बाला फूलों से भरी हुई तोरई की लता हो रही है अर्थात वियोग की व्यथा के कारण वह पीली पड़ गई है। पीलेपन को व्यक्त करने वाला कोई शब्द पूरे छंद में प्रयुक्त नहीं है। संदेह अलंकार के उपमान की विशेषता ही पीलेपन को व्यक्त करने की क्षमता में है।

सखी या दूती नायक के प्रति कहती है कि हे निठुर, वह बाला तुम्हारे वियोग में निरंतर बहते रहने वाले आंसुओं की धारा के कारण वर्षा ऋतु की लता के समान हो गई है। (वर्षा ऋतु में लताएं असाधारण तेजी से बढ़ती हैं।) तुमसे मिलने के उत्साह (चोप) रूपी कोंपलों से खूब लहलही होकर उस लता ने हृदय से निकल कर लज्जारूपी छप्पर (खोंप) को ढंक लिया है। (यहां अर्थ करने में एक सावधानी की अपेक्षा है) वह (विरहदुखरूपी लता) हृदय से निकली है (जैसे थाले से बीज अंकुरित होता है) और बढ़कर इतनी फैल गई है कि उसने लज्जारूपी छप्पर (लाज के ऊपर) को पूरी तरह ढंक लिया है अर्थात हृदय से निकलनेवाली उमंगों के कारण उसको लज्जा का ध्यान नहीं रह गया है क्योंकि उमंगों की नई कोंपलें नित्य फूट रही हैं। हृदय का उत्साह इस बात का प्रमाण है कि प्रिय प्रवासी नहीं है, कहीं आसपास ही है, अतः इसे प्रवासविरह के बदले पूर्वराग मानना अधिक समीचीन है। निकटता के कारण ही सखी देख लेने का अनुरोध कर रही है।

सखी आगे कहती है कि हे आनन्द के घन के समान प्रिय सुजान, तुम्हारे प्रेम (हित) के ध्यान में वह बाला सदा झूमती रहती है। यही झूमना लहलहाती हुई लता का लहरीले ढंग से घूमना है। (लताओं में, विशेषतः तोरई के वर्ग की लताओं में, पत्ती और टहनी के बीच में पतले सूत की तरह की एक चीज होती है जो आधार को लपेटती हुई चलती है जिससे लता ऊपर चढ़ती जाती है, उसको संजनी कहते हैं। लता ज्यों ज्यों बढ़ती जाती है उसमें संजनी का घुमाव बढ़ता जाता है। 'घूमनि' शब्द से घनानंद उन्हीं लहरीली संजनियों की ओर संकेत करते हैं।) वह आगे कहती है कि हे निठुर, मैं बलिहारी जाती हूं, किंचित दया करके (मया करि) उस अबला की ओर देख लो कि वह बाला रह गई है अथवा फूलों से भरी हुई तोरई की लता हो गई है। (तुरई जब खिलती है तो फूलों से भर जाती है। रंग का उल्लेख किए बिना ही विरहिणी का पीला रंग सूचित है।)

नायक के प्रति सखी या दूतीकथन। विरहजन्य पीलेपन की व्यंजना। कौशल यह कि कहीं पीले रंग का नाम नहीं लिया गया है। संदेह अलंकार और लोकजीवन के चित्र। 'फूलों से भरी हुई तुरई की लता' से मार्मिक संकेत किया गया है। दूसरी पंक्ति से पूर्वराग की पुष्टि।

परकाजहि देह कों धारि फिरो परजन्य जथारथ ह्वै दरसौ।
निधि-नीर सुधा के समान करौ सबही विधि सज्जनता सरसौ।
घन आनंद जीवन-दायक हौ कछू मेरियौ पीर हियें परसौ।
कबहूं वा बिसासी सुजान के आंगन मो अंसुवानहिं लै बरसौ ॥ 32 ॥

घनानन्द के अति प्रचलित छंदों में से एक यह भी है, जिसमें वियोगिनी बादल को समर्थ परोपकारी बताती हुई प्रार्थना करती है कि जानबूझ कर विश्वासघात करने वाले प्रिय के आंगन में कभी उसके आंसुओं को ले जाकर बरसा दें।

वैसे, सीधे संबोधन के आधार पर इसे घनानन्द का अपनी इतिहासप्रसिद्ध प्रेमिका सुजान को लक्ष्य करके कहा गया कथन माना जा सकता है। लोकचित्त में इस छंद की यही व्याख्या है।

वियोगिनी मेघ से कहती है कि तुम केवल दूसरों का काम करने के लिए शरीर धारण करके घूमते हो और इसीलिए अपना परजन्य नाम (दूसरों के लिए जन्म लेने वाला) सार्थक करते हो अर्थात तुम 'परजन्य' के रूप में यथार्थ ही दिखाई देते हो। (बादल दूसरों के लिए जो कुछ करता है उसको स्मरण करती हुई वह कहती है) समुद्र के खारे जल को लेकर उसे तुम अमृत के समान शीतल और सुस्वादु बना देते हो। तुम सभी प्रकार की सज्जनता को सरस करते हो अर्थात सबके मन में (अपने प्रति) सज्जनता के प्रभाव का संचार करते हो। तुम आनंद के बादल हो (तुमसे आनंद बरसता है) संसार (के प्राणियों) को जीवन का दान करने वाले हो (जीवन में उत्तम श्लेष, शब्द के स्तर पर भी-और अर्थ के स्तर पर भी। बादल 'जीवनदायक' है।) (जब तुम सबकी पीड़ा समझ कर सबको जीवन दान करते हो तो) मेरी पीड़ा का किंचित स्पर्श भी करो अर्थात कुछ तो मेरी पीड़ा का अनुमान करो (बिना भोगे, जान तो सकते नहीं, अतः थोड़ा आभास ही पा लो)। उसे

विश्वास है कि बादल का हृदय द्रवणशील है। इसीलिए अपनी दशा की ओर संकेत करने के बाद कहती है कि कभी तो हे मेघ, तुम मेरे आंसुओं को ले जाकर उस विश्वासघाती सुजान के आंगन में बरसा दो। प्रिय के आंगन में अपने आंसुओं को बरसाने की प्रार्थना में कई महत्वपूण संकेत हैं। समुद्र के खारे जल को अमृतोपम बना देने वाला बादल उसके खारे तप्त आंसुओं को भी वैसा ही बना देगा जिससे संभव है वह कठोर प्रिय अनुकूल हो जाए। दूसरी ध्वनि है, प्रत्यक्ष नहीं तो आंसुओं के माध्यम से ही प्रिय का साहचर्य लाभ हो जाएगा। जायसी ने भी 'पदमावत' में इस प्रकार की कामना की है :

यह तन जारौं छार कै कहौं कि 'पवन' उड़ाव।
मकु तेहि मारग उड़ि परौं, कंत धरे जंह पांव।

घनानंद के छंद में प्रिय को शीतलता पहुंचाने की कामना की ध्वनि भी है। अत्यंत मार्मिक छंद है।

घनानन्द का अति प्रसिद्ध छंद। बादलों से विरहिणी की प्रार्थना कि वे उसके आंसुओं को विश्वासघाती प्रवासी के आंगन में बरसा दें। संबोधन 'सुजान' को स्वाभाविक रूप में लें तो यह घनानन्द का कथन है, बादलों के प्रति। लोकचित्त में यह छंद इसी रूप में स्वीकृत है।

बिसासी सुजान : विरहिणी द्वारा सुजान को विश्वासघाती कहा गया है। वह सुजान (सब कुछ जाननेवाला) है, इसीलिए विश्वासघाती होने की बात प्रमाणित है। अगर वह अजान होता, तो भूल से भी ऐसा कर सकता था; किंतु वह सुजान है, फिर भी ऐसा करता है, तो निश्चय ही उसकी नीयत में खोट है।

बात सुजानन की घनआनंद डारति आहि अचेत कियें चित।
काननि बेधति पैठि के प्राननि दीसै नहीं अकुलानि यहै नित।
क्यों भरियै, करियै सु कहा हमैं आनि बनी इन लोगन सों इत।
भीर मैं हाय अकेले अधीर हैं रीझहि लै रिझवार गए कित॥ 33॥

सांसारिक व्यवहारज्ञान की दृष्टि से चतुर लोगों की नजर में प्रेम का निर्वाह करने वाले मूर्ख या पागल कहे जाते हैं। इसके विपरीत प्रेमियों की नजर में ये चतुर लोग क्या हैं, प्रस्तुत छंद यही बताता है।

प्रवासी होते हुए भी विरहिणी के चित्त में निरंतर निवास करने वाले प्रिय को संबोधित करके वह कहती है कि हे प्रिय, तुम कहां चले गए? इन चतुर लोगों की भीड़ में अकेली मैं प्राणों के अकेलेपन को नहीं झेल पा रही हूं।

वह कहती है कि हे सघन आनंदस्वरूप प्रिय! यहां सुजानों (चतुर पुरुषों) की बातें (प्रणय रीति के विरुद्ध बातें) मेरे चित्त को अचेत किए डालती हैं। उनकी बातें कानों में प्रवेश करके हृदय को बेध डालती हैं। (इस पंक्ति का अर्थ इस प्रकार भी कर सकते हैं कि इन लोगों की बातें कानों को बेध डालती हैं और हृदय में पहुंच कर अदृश्य हो जाती हैं (दीसै नहीं)। यह आकुलता नित्य नए रूपों में बढ़ती है (क्योंकि ये लोग नित्य नई

बातें करते हैं जिनसे मेरी विकलता बढ़ती है) ('दीसै नहीं' के स्थान पर 'दीसै नई' पाठ भी मिलता है। 'नई' विशेषण का संकेत है कि नवीन नवीन प्रकार की आकुलता हमको झेलनी पड़ती है।) (वह आगे कहती है कि) मैं अपना बचा हुआ जीवन कैसे बिताऊं (क्यों भरियै) और कुछ समझ में नहीं आता कि क्या करूं ? मेरा पाला पड़ गया है इन लोगों से जो (सांसारिक दृष्टि से तो चतुर हैं लेकिन प्रेम के क्षेत्र में अनाड़ी हैं।) मेरे प्राण (नासमझ लोगों की) भीड़ में अकेले होने के कारण अधीर हैं। उधर मेरी रीझ (अनुरक्ति) को लेकर, हे प्रिय (रीझने और रिझानेवाले) कहां चले गए ? हाय ! मैं इस अकेलेपन से कैसे बचूं ?

'भीड़ में अकेलेपन' का मुहावरा आधुनिक युग का है। लोग अपने को दूसरों के साथ संवाद की स्थिति में नहीं पाते, अतः अपनी पीड़ा का प्रकाशन भी नहीं कर सकते। कहने से भी दुख की सघनता कुछ कम हो सकती है, 'कहेहू ते कछु दुख घटि होई' किंतु हालत यह है कि 'काहि कहों यह जानि न कोई' — (तुलसीदास)। यहां विरहिणी की पीड़ा का दूसरा स्तर भी है। वह विरह दुख में दुखी तो है ही, प्रेम का महत्व न समझने पर भी उसके विरुद्ध बातें करने वालों की जड़ता उसे अधिक दुख दे रही है।

'भीर मैं हाय अकेले अधीर हैं' का अर्थ इस प्रकार प्रायः किया जाता है कि 'वेदना की भीड़ में मैं अकेली हूं' अर्थ बुरा नहीं है, मगर 'सुजानन की बात' और 'इन लोगन' से विरहिणी का पाला पड़ना (आ बनना, आनि बनी) कुछ गंभीरतर संकेत देते हैं, जो घनानन्द के सर्वथा अनुकूल है।

सांसारिक दृष्टि से चतुर लोगों (सुजानन) से घिरी विरहिणी की व्यथा का चित्र है जिसमें वह अपने अकेलेपन के दंश का अनुभव करती है। उसके प्राण नासमझ लोगों की भीड़ में अकेले हैं, मन की रीझ साथ थी तो उसे भी अपने साथ लेकर रिझवार (प्रिय) न जाने कहां चले गए हैं। भीड़ में अकेलेपन का मुहावरा आज का है जिसका दंश घनानन्द ने पूरी तीव्रता के साथ अनुभव किया था। 'सुजानन' का व्यंग्य अत्यंत मुखर है।

महा अनमिलन-मिनेई मिलौ जब मिलौ,
ऐसे अनमिल कै मिलाए हो हमैं दई।
हमैं तौ मिलौ जौ कहूं आप हू सों मिले होइ,
मिलौ तो कहा जू ये मिलाप-रीति है नई।
इते पै सुजान घनआनंद मिलौ न हाय,
कौन सी अमिलता की लागी जिय मैं जई।
तुम हूं तें अधिक अमिल मन हमैं मिल्यौ,
तऊ मिल्यौ चाहै, दाहै जऊ जरियौ गई॥ 34॥

संयोग के आरंभ में नायिका को ऐसा लगा कि प्रिय से उसके स्वभाव का बहुत मेल है, किंतु मूलतः दोनों के स्वभाव में आरंभ से ही विषमता थी। इस बात का ज्ञान वियोगावस्था में हो रहा है। अपने मन को भी वह किसी से न मिलने की प्रवृत्ति वाले निठुर

नायक के समान बेमेल मानती है क्योंकि वह (मन) भी एक को छोड़कर और किसी से मिलना नहीं चाहता।

विरहिणी कहती है कि दैव ने ऐसे अनमिल स्वभाववाले प्रिय से मुझको मिला दिया है अथवा मुझे और प्रिय को ऐसा अनमिल करके (विपरीत स्वभाववाला बनाकर) मिलाया है कि जब भी वह (प्रिय) मुझसे मिलता है अपने मन में अनमिलन को मिलाकर ही मिलता है (अर्थात मिलने पर भी न मिलने के भाव के साथ ही मिलता है)। प्रवासी प्रिय को ही संबोधित करती हुई वह कहती है कि ऐसे असाधारण अनमिल रूप में हम दोनों को दैव ने मिलाया है कि जब भी तुम मिलते हो, अनमिलन के भाव को लेकर ही मिलते हो (मैं जिस आवेगपूर्ण समर्पण के साथ मिलती हूं तुम उसी प्रकार की दूरी मन में रखकर मिलते हो)। किंचित व्यंग्य के साथ वह कहती है कि मुझे तो तुम जिस रूप में मिले हो (मैं ही जानती हूं। मुझे तो यहां तक शक है कि अनमिल स्वभाव के नाते) तुम स्वयं अपने से मिले हो (ऐसा निश्चयपूर्वक नहीं कहा जा सकता)। ऐसा हो, तो भी, मिलाप की यह रीति नई है अर्थात नए तरह का मिलन है जिसमें दूरी बनाए रखते हो। ध्वनि यह है कि जो अपने आप से ही नहीं मिल सकता वह दूसरे से कैसे मिलेगा ? अपने से (प्रिय के) न मिले होने में उसके भीतर और बाहर की विषमता की ओर भी एक संकेत हो सकता है। ऊपर से वह अत्यंत सलोना प्रियदर्शन है और भीतर से कठोर है अर्थात उसके ही भीतर-बाहर में इतना बेमेल है।

वह आगे कहती है कि हे प्रिय तुम सुजान हो, सब कुछ जानने-समझने वाले हो, और (मिलने पर) सघन आनंदस्वरूप हो, फिर भी, इतने पर भी (मेरे ऐसे एकनिष्ठ समर्पण के बावजूद), तुम नहीं मिलते। हाय ! वह कौन से पार्थक्य (अमिलता) की जई तुम्हारे हृदय में अंकुरित हो गई है (कि इतने पर भी तुम्हें रोकती है)। अमिलता की जई (अंकुर) के प्रयोग का गूढ़ संकेत यह है कि जब तुम पहले मिले थे तो ऐसा नहीं लगता था कि तुम्हारे मन में पार्थक्य की भावना का लेश मात्र भी है, किंतु अब ऐसा लगता है कि यह नई भावना तुम्हारे हृदय में अंकुरित हो गई है, अर्थात पहले तो तुम ऐसे नहीं लगते थे, अब यह क्या हो गया है ?

अंत में विरहिणी कहती है कि हे प्रिय तुम्हें अपने अनमिल होने का गर्व है। मेरा मन तो और भी अधिक अनमिल है (क्योंकि तुमको छोड़कर संसार में वह और किसी से नहीं मिलना चाहता)। अपने मन के बेमेल होने का संकेत (विरहिणी का) एक दूसरे स्तर पर भी है, जो अधिक सार्थक है। (वह कहना चाहती है कि मेरा मन इतना अनमिल है कि मेरे शरीर तक के साथ नहीं रहता, यही कारण है कि) मेरा मन तब भी (तऊ) तुमसे मिलना चाहता है जब (जऊ) मैं विरह के दाह (दाहै) से पूरी तरह जल गई हूं। (जले हुए शरीर से मिलन कैसे होगा, मगर मन को शरीर की दशा का क्या पता, वह उससे मिलता तो है नहीं, अतः वह अब भी प्रियमिलन की कामना करता है।)

मिलन और अनमिलन के विरोध का चमत्कार पूरे छंद में व्याप्त है। अर्थ के भीतरी स्तर पर उस विरोध का शमन हो जाता है। संकेत यह है कि अगर अनमिल स्वभाव को ही तुम पसंद करते हो तो मेरा मन तुमसे भी अधिक अनमिल है। इसलिए इसके साथ

तो मिले रहो। शरीर के जलने के बाद भी मन का मिलन की कामना से भरा होना, घनानन्द के प्रेमप्लावित हृदय की वही विशेषता है जिसके कारण मृत्यु के बाद भी नायिका प्रियदर्शन की आशा का सूत्र पकड़े रहती है।

भावगांभीर्य का यह रूप न होता तो यमक और विरोधाभास के चमत्कार के कारण छंद हल्का पड़ सकता था, किंतु घनानन्द की यह विशेषता है कि चमत्कारमूलक अलंकारों का प्रयोग वे वेदना की गाढ़दशा की अभिव्यक्ति के लिए करते हैं।

वियोगावस्था में विरहिणी को अपने समर्पणशील और प्रिय के उपेक्षापूर्ण अनमिल स्वभाव का अनुभव हो रहा है लेकिन निठुर प्रवासी से भी अधिक अनमिल है उसका मन जो प्रिय के द्वारा जलाए जाने पर भी उसी की ओर भागता है, किसी और से नहीं मिलता।

जई : अंकुर। तुम्हारे हृदय में अमिलता का कैसा अंकुर उत्पन्न हो गया है ? अंकुर की ध्वनि यह कि पहले मुझे तुम्हारे हृदय में यह भाव नहीं मिला था।

सावन आवन हेरि सखी, मनभावन-आवन-चोप बिसेखी।
छाए कहूं घनआनंद जान सम्हारि की ठौर लै भूलनि लेखी।
बूंदें लगैं सब अंग दगैं उलटी गति आपने पापनि पेखी।
पौन सों जागति आगि सुनी ही पै पानि तें लागति आंखिन देखी।। 35।।

विरह के उद्दीपन में वर्षागम का महत्व विशेष है। सावन की बूंदों से उद्दीप्त होने वाले विरहताप का वर्णन प्रस्तुत छंद में किया गया है।

विरहिणी सखी से कहती है कि सावन आना जानकर ('आगम' पाठ भी मिलता है, किंतु समध्वनि के कारण 'आवन' ही स्वीकार्य है) प्रिय के आने की आशा से (मेरे हृदय में) विशेष उत्साह बढ़ रहा है। (यह उद्दीपन प्रवासी को भी उद्दीप्त करेगा उसे विश्वास है) किंतु सघन आनंद के बादल (स्वरूप वे सुजानप्रिय) अन्यत्र छाए हुए हैं (सावन आ गया, बादल भी आ गए, मगर आनंद के बादल, प्रिय नहीं आए)। मेरे लिए तो ऐसा लगता है कि संभाल के स्थान पर भी भूल ही लिखा हुआ है ('सम्हारि की ठौर भूलनि' में कई गूढ़ संकेत हैं। मेरी किसी भूल के परिणामस्वरूप रूठकर प्रिय चले गए। अब आ जाते तो मैं उस भूल का मार्जन करती, उसे संभालती, सुधारती, मगर सुधारने के इस अवसर पर भी भूल ही मेरे हिस्से में है। दूसरा मार्मिक संकेत यह है कि मुझे छोड़कर प्रिय ने एक भूल की, मैंने उनकी भूल को अपना भाग्यलेख मान लिया। अब सावन में आकर वे अपनी भूल सुधार सकते थे, किंतु नहीं आ रहे हैं। संभवतः मुझे भूल ही गए। संभवतः अब मेरे लिए भूल ही रह गई है।) विरहिणी आगे कहती है कि मैं अपने ही (किन्हीं पूर्वकृत)पापों के कारण उल्टी गति (प्रकृति में भी विपर्यय) देख रही हूं। (उल्टी गति यह है कि) बूंदों के लगने से मेरे अंग जल उठते हैं (जबकि जल का स्पर्श शीतल होना चाहिए)। मैंने तो यह सुना था कि हवा से आग भड़क उठती है(जागति) (लगती हवा से भी नहीं है), मगर यहां देख रही हूं कि पानी से आग लग रही है (उत्पन्न हो रही है)। मुहावरे में 'पानी में आग लगने' की बात होती है (असंभव के अर्थ में), यहां असंभवता नहीं, स्पष्ट अनुभूति

है कि पानी के स्पर्श से आग लग जाती है। यह विचित्रता मेरे भाग्य और प्रिय की कठोरता के कारण है।

लालसा के उद्दीप्त होने और तृप्ति के बदले विकलता के बढ़ने पर हृदय की दारुण दुखदशा का मार्मिक वर्णन इस छंद में किया गया है। परंपरागत उद्दीपन में यह ताजगी घनानन्द के प्रणयपूरित मानस के कारण संभव हो सकी है। मुहावरे का काव्योचित परिष्कार मार्मिक अभिव्यक्ति में सहायक हुआ है। उपकरण रीति परंपरा का ही है, पर उसका प्रयोग निजी वैशिष्ट्य के साथ हुआ है।

विरहोद्दीपन में सावन और वर्षा का विशेष महत्व है। पानी से आग लगने के मुहावरे का अत्यंत कलात्मक और भावपूर्ण प्रयोग। 'सम्हारि की ठौर लै भूलनि लेखी' के अनेक मार्मिक संकेत हैं।

> कान्ह परे ब्रहुतायत मैं इकलैन की वेदन जानौ कहा तुम।
> हौ मनमोहन मोहे कहूं न बिथा विमनैन की मानौ कहा तुम।
> बौरे बियोगिन आप सुजान ह्वै हाय कछू उर आनौ कहा तुम।
> आरतिवंत पपीहन कों घनआनंदजू पहिचानौ कहा तुम ॥ 36 ॥

विरहकाव्य में उपालंभ एक स्वाभाविक अभिव्यक्ति है। घनानन्द ने जैसे प्रणयानुभव के अनेक नए स्तरों का स्पर्श किया है, उसी तरह इस छंद में उपालंभ देने के स्थान पर प्रवासी प्रिय की निठुराई के कारणों का सहानुभूतिपूर्वक संधान किया है। विरहिणी केवल बता देना चाहती है कि जिस परिस्थिति में मैं हूं, उसका तुम अनुमान नहीं कर सकते क्योंकि तुम्हारी परिस्थितियां भिन्न हैं। 'सुजान' कहकर वह यह संकेत भी दे देती है कि परिस्थिति भेद चाहे जितना हो, तुम जानना चाहो तो ऐसा कुछ भी नहीं है जिसे न जान लो, लेकिन तुम भला जानना क्यों चाहोगे ? यहीं अर्थ के सूक्ष्म स्तर पर अत्यंत तीखा उपालंभ हो जाता है।

वह कहती है कि मेरी और तुम्हारी परिस्थितियों में इतना अंतर है कि तुम मेरी वेदना का अनुमान नहीं कर सकते। हे कान्ह ! (कन्हैया शब्द की व्यंजना ही है 'बहुत सी गोपियों से घिरा रहने वाला'। मुहावरे में बोलते हैं 'कन्हैया बने हुए हैं'। अत: व्यंग्यार्थ में कन्हैया का अर्थ कृष्ण न होकर 'अनेक प्रेमियों से घिरा रहने वाला प्रिय' है।) तुम बहुत से प्रेमियों के बीच घिरे हुए हो। अनन्य भाव से किसी एक ही को समर्पित होकर प्रेम करने वाले की पीड़ा को तुम कैसे जान सकते हो ? तुम दूसरों के मन को मोहित कर लेने वाले हो (जो तुम्हें देखता है, वही मुग्ध हो जाता है)तुम भला उन बेचारों की व्यथा कैसे जानोगे जो किसी प्रिय के प्रति मुग्ध होकर अपने प्रति अन्यमनस्क (विमन) हो जाते हैं ! (किसी के प्रति इतने आकृष्ट होते हैं कि अपनी सुधबुध भूल जाते हैं।) वियोगिनी बावली है और तुम सुजान (संतुलित ज्ञान और विवेकसंपन्न) हो (हालांकि वह तुम्हारे ही कारण बावली बन गई है।) उस (बावली) की व्यथा को तुम हृदय से स्पर्श भी कैसे कर सकते हो ? हे प्रिय ! तुम सघन आनंद के बादल स्वरूप हो (कभी प्यास से नहीं तड़पते, तुम तो दूसरों को प्यासा बनाकर तड़पातेहो जब कि प्यास के

कारण और शमन के साधन तुम स्वयं हो)। तुम दुख की तीव्रता से आर्त पपीहों की पीड़ा को कैसे पहचान सकते हो ? (अगर मेरी पीर नहीं समझते तो तुम्हारा क्या दोष ?)

वक्रोक्ति का स्तर इतना भावविगलित है कि प्रकट रूप में प्रिय को दोष न देती हुई विरहिणी उसकी निठुरता और आत्मकेंद्रित स्वभाव को रेखांकित कर देती है। एक अन्य छंद में घनानन्द की विरहिणी कहती है कि 'मो गति बूझि परै तबहीं जब होहु घरीकहूं आप तें न्यारे' (दे० छंद 3)। यह प्रिय के लिए संभव नहीं है। अतः उसकी वेदना अबूझ है।

अति प्रसिद्ध छंद। प्रेमी की एकनिष्ठता और प्रिय के बहुतों से घिरे होने की स्थिति का चित्र। आर्त पपीहों की पीड़ा को बादल कैसे जान सकते हैं ? 'घनआनंद जू' में जू (जी) की वक्रता बहुत अर्थवती है। व्यंग्यपूर्ण छंद। 'इकलैन' के स्थान पर 'अकलैन' पाठ भी मिलता है। अर्थ में कोई अंतर नहीं पड़ता।

पहलें पहिचानि जु मानि लई अब तौ सु भई दुख मूल महा।
इत के हित बैर लियौ उत ह्वै करि ज्यौहरि-ब्यौहरि लोभ लहा।
घनआनंद मीत सुनौ अरु ऊतर दूर तें देहु न देहु हहा।
तुम्हैं पाय अजू हम खोयौ सबै हमैं खोय कसौ तुम पायौ कहा॥ 37॥

अपने अनन्य समर्पण की प्रिय द्वारा की गई उपेक्षा को रेखांकित करती हुई विरहिणी प्रवासी प्रिय के प्रति कह रही है कि मैंने तो तुम्हें पाकर सब कुछ खो दिया। यह बताओ कि मुझे खोकर तुमने क्या पाया ? ध्वनि यह कि मेरे जैसा समर्पण तुम्हें क्या कहीं मिलेगा ?

वह कहती है कि पहली पहचान में (तुम्हारा जो अनुकूल रूप दिखाई पड़ा उसे ही) मैंने सच्चा मान लिया। वही (विश्वास) अब महा दुख का कारण बन रहा है। (क्योंकि तुम्हारी अनुकूलता में ही प्रतिकूलता छिपी हुई थी जो अब प्रगट हो रही है)। यहां (इत) जो प्रेम (हित) तुमने दिखाया उसका बदला वहां (उत) जाकर ले रहे हो। अब मेरी समझ में आया है कि तुम्हारा व्यापार प्राणों को हरण करने वाले (ज्यौ-जीव, हरि-हरण करने वाले) व्यवहार का है जिसमें तुम लाभ के लोभ से ही ग्रस्त रहते हो। (लोभी पहले विनीत होकर ही शिकार को फंसाता है, फिर अपेक्षित लाभ प्राप्त हो जाने पर उदासीन हो जाता है। वही तुमने किया। तुम्हारी दृष्टि सदा लाभ का ही चिंतन करने वाले व्यवहार-कुशल व्यापारी की रही है। आरंभ में व्यापरी अपने ग्राहक का स्वागत करने में उस पर जो खर्च करता है, बाद में उससे कई गुना वसूल कर लेता है। प्रेम के आरंभ में जो अनुकूलता उसने दी अब कई गुना करके वसूल कर रहा है।)

अंत में वह कहती है कि मैं इतनी दूर से ही एक सवाल पूछती हूं जिसका उत्तर, हे सघनआनंदरूप मीत, तुम दो या न दो, मेरा प्रश्न अपनी जगह पर है, कि मैंने तो तुम्हें पाकर सब कुछ (लोकलाज, सांसारिक संबंध, उपलब्धियां और यहां तक कि अपनापन भी) खो दिया (तुम्हारे लिए सब कुछ छोड़ दिया), तुम बताओ कि मुझे खोकर (छोड़कर) तुमने कौनसा लाभ प्राप्त कर लिया (जिसकी प्राप्ति के लिए मुझको छोड़ने की विवशता उत्पन्न हो गई थी)? बिना किसी बड़े लाभ के तो तुमने यह कार्य किया नहीं होगा। तो

फिर बताओ कि आखिर वह लाभ क्या है ?

उत्तर की अपेक्षा वस्तुतः यहां है ही नहीं। उत्तर संभव भी नहीं है, न ही उसकी आशा है। प्रश्न स्वयं इतना व्यंजक है कि प्रणय के एकांत समर्पण की उपेक्षा करके सबके प्रेम का आलंबन (इतना महत्वपूर्ण प्रिय) भी कुछ खो सकता है। यों तो प्रेम सभी करते ही हैं, पर हनुमान, तुलसी, मीरा, कबीर जैसे भक्त कितने मिलते हैं ? घनानंद जैसे प्रेमी कितने होते हैं ? अपने प्रेम के प्रति अखंड विश्वास की दीप्ति से पूरा छंद प्रकाशित है।

पहले प्रेम और बाद में उपेक्षापूर्ण विस्मृति के लिए प्रवासी प्रिय से विरहिणी पूछ रही है कि मैंने तो तुम्हें पाकर सब कुछ खो दिया, तुम बताओ कि मुझे खोकर तुमको क्या मिला ? 'ज्यौहरि-ब्यौहरि' का संकेत है कि तुम्हारा व्यवहार प्राणों को हरण करने वाला (ज्यो-हरि) है, बिना लाभ के तुम कोई काम नहीं करते हो। (मेरे जैसा समर्पणशील तुम्हें अन्य नहीं मिलेगा) तब किस लाभ के लिए तुमने ऐसा किया ? मार्मिक व्यंग्य।

घनआनंद मीत मीत की ध्वनि बाल्यावस्था से चली आती हुई प्रगाढ़ मैत्री की होती है।

मो अबला तकि जान तुम्हैं बिन, यौं बलकै बल कै जु बलाहक।
त्यौं दुख देखि हंसै चपला, अरु पौन हूं दूनो बिदेह तैं दाहक।
चंदमुखी सुनि मंद महातम राहु भयौ यह आनि अनाहक।
प्रान धरोहर हैं घनआनंद, लेहु न तौ अब लेंहिगे गाहक ॥ 38 ॥

वर्षा को विरह के तीव्रतम उद्दीपन के रूप में और उसके उपकरणों को आक्रामक सेना के रूप में चित्रित करके विरहदुख की व्यंजना की परंपरा हमारे यहां बहुत समृद्ध है। घनानन्द का रागपूरित कवि हृदय परंपरागत संकेतों को भी अछूती ताजगी से भर देता है। प्रस्तुत छंद भी इसी प्रकार का उदाहरण है जिसमें विरहिणी प्रवासी प्रिय को संबोधित करके कह रही है कि अगर अब भी मेरे प्राणों की (जो वस्तुतः तुम्हारे ही हैं) रक्षा नहीं करोगे तो इन्हें वर्षा के ये उपकरण ले जाएंगे।

विरहिणी कहती है, हे प्रिय ! तुम जान (सुजान) हो, तुम्हें क्या बताना, कि इस समय मुझे तुमसे अलग (तुम्हैं बिन) और अबला समझकर ये बादल विशेष रूप से बलशाली और आक्रामक हो गए हैं। (तुम साथ थे तो मैं सबला थी, अब अकेली हूं। 'बलकै' में अर्थपूर्ण यमक। बलकै अर्थात बल प्रदर्शन करते हुए जोर लगा लगा कर ये बादल गरज रहे हैं। बलकना शक्ति के प्रदर्शन में बड़बड़ाने को कहते हैं। गरजते बादलों के लिए इस क्रिया का प्रयोग बड़ा अर्थपूर्ण है। बादल का पर्याय 'बलाहक' उनके शक्ति प्रदर्शन को और तीव्रता से ध्वनित करता है। ध्वनि में ही 'बलशाली' होने की गूंज है।) बादल का यह बलकना देखकर चपला (मेरे दुख से प्रसन्न होती है क्योंकि संयोग के दिनों में मेरी अंगकांति के समक्ष वह लज्जित रहती थी) मुझपर हंसती है (बिजली के कौंधने का यह प्रयोग नितांत मार्मिक है), यह पवन (जो संयोग में अनुकूल रहता था) अब काम से भी अधिक दाहक हो रहा है। मुझको लोग चंद्रमुखी कहते हैं। (चंद्रमा अंधकार का शत्रु है, इसलिए चंद्रमा से बदला लेने में असमर्थ होकर) यही कारण है कि यह महा नीच

अंधकार मेरे लिए (तुम्हारे वियोग में) राहु हो गया है। (प्रत्यनीक अलंकार में शत्रु से बदला लेने में असमर्थ हो व्यक्ति का शत्रुपक्ष के अन्य लोगों से (नाम मात्र के आधार पर) बदला लेना वर्णित होता है।) इस प्रकार बादल, बिजली, पवन और अंधकार, वर्षा के समस्त उपकरण मेरे प्राणों के गाहक हो रहे हैं, अर्थात मेरे प्राण लेने पर तुले हुए हैं। मैंने अपने प्राण तुम्हीं को समर्पित कर रखे हैं। तुम्हारी धरोहर के रूप में अब तक मैं किसी तरह अपने प्राणों की रक्षा करती रही हूं। मगर अब इन प्राणों के इतने ग्राहक आ जुटे हैं कि अब मैं इनसे अपने प्राणों की रक्षा नहीं कर सकूंगी। अतः अब भी आकर अपनी धरोहर (मेरे प्राणों) को संभालो।

'अनाहक' का प्रयोग 'नाहक' के अर्थ में हुआ है, वैसे ही जैसे 'फिजूल' के लिए 'बेफिजूल' बोला जाता है।

अंतिम पंक्ति में 'धरोहर' के स्थान पर 'हरौहर' पाठ भी मिलता है, जिसके अनुसार अर्थ होगा कि ये ग्राहक मेरे प्राणों को हर लेने की होड़ लगाए हुए हैं। किंतु 'धरोहर' में अपने प्राणों को प्रिय के प्रति पूर्ण समर्पित मानने की जो ध्वनि है, वह पूरे कथ्य को अधिक मार्मिक बना देती है।

वर्षा के समस्त उपकरणों को प्राणों के गाहक बताती हुई विरहिणी कहती है कि अब भी अपनी धरोहर (मेरे प्राणों) को संभालो अन्यथा ये गाहक ले जाएंगे। प्रत्यनीक, यमक। बिदेह=काम (देह रहित)

कहौं जो संदेसो ताको बड़ाई, अंदेसो आहि,
न्हानै मन बारे की कहै' ब को सुनै सु कौन।
निधरक जान अलबेले निखरक ओर,
दुखिया कहै' ब कहा तहां कों उचित हौ न।
पर-दुख-दल के दलन कौं प्रभंजन हौ,
ढरकौहैं देखि कै बिबस बकि परी मौन।
इत की भसम-दसा लै दिखाय सकत जू,
लालन-सुबास सों मिलाय हू सकत पौन ॥ 39 ॥

प्रवासी प्रिय की उदासीनता और अपनी निरंतर बढ़ने वाली विकलता के साथ प्रिय के किसी प्रकार के साहचर्य (संदेश, पत्र आदि के माध्यम से ही सही) की आशा के सूत्र से प्राणों की रक्षा करने वाली विरहिणी इतनी कातर है कि वह पवन की शक्ति को जानते हुए भी सीधे उससे प्रार्थना नहीं करती कि उसकी दशा को वह प्रिय तक पहुंचा दे या प्रिय के अंगों की गंध का एक झोंका ही ला दे। वह पवन से केवल इतना कह कर रह जाती है कि वह चाहे तो ऐसा कर सकता है। अपने दैन्य का इतना मार्मिक प्रकाशन अन्यत्र प्राय दुर्लभ है।

पवन को संबोधित करके विरहिणी कहती है कि अपने दारुण दुख में मौन रहना ही मेरी नियति है। मैं कुछ भी नहीं बोलती किंतु तुम्हें द्रवणशील चित्त वाला (ढरकौहैं) देखकर विवश भाव से (न चाहती हुई भी) बोल पड़ी। बात मेरे मुंह से निकल ही गई

अन्यथा मैं तो मौन ही रहती हूं। तुम करुणहृदय भी हो, और दूसरों के दुखों के समूह को नष्ट कर देने में प्रभंजन हो ('प्रभंजन' पवन का पर्याय है, किंतु इसमें सब कुछ तोड़-फोड़ डालने, नष्ट-भ्रष्ट कर डालने की दुर्दमनीय शक्ति की ध्वनि स्पष्ट रूप से सुन पड़ती है)। (किसी को दुखपूर्ण स्थिति से निकालने के लिए दो बातों की आवश्यकता होती है, उस कारण को नष्ट करने वाली शक्ति और दूसरे चित्त की द्रवणशीलता की, जिसके कारण परदुखकातर होकर उद्धारकर्ता आक्रामक को नष्ट करने को प्रेरित हो जाता है। पवन में ये दोनों गुण हैं। इसीलिए सबके सामने मौन रहने वाली विरहिणी भी पवन के सामने बोल पड़ी है।) वह पवन से आगे कहती है कि संदेशा कहूं तो उसमें बड़े अंदेशे हैं। (संदेशवाहक की सहृदयता, समझ और प्रिय तक संदेश को पहुंचाने की योग्यता में संदेह है, और उधर प्रिय उस संदेश को किस रूप में स्वीकार करेगा, उस पर ध्यान देगा या नहीं देगा, इन सब बातों के प्रति शंका है।) मेरा प्रणय प्रसंग सामान्य जनोचित नहीं है। बचपन में ही मैंने अपने मन को प्रिय के प्रति न्योछावर कर दिया था। तब से आज तक की अकथ कथा को कौन किस भांति कहे और कहा भी जाए तो कौन उसे सुनेगा ? (न्हानै 'नान्हे' के अर्थ में है और बारे का अर्थ है वारना, न्योछावर करना। वैसे 'नान्हवार' शब्दों का एक साथ ही प्रयोग होता है।) बारे का अर्थ बचपन और 'न्हानै' का नहाने (स्नान) अर्थ मानें तो इस प्रकार अर्थ होगा कि बचपन में ही मेरा मन प्रिय के प्रेम में सिक्त हो गया था। किंतु 'नान्हबार' की प्रकृत ध्वनि अधिक स्वाभाविक है 'भोला शैशव'। वह कहती है कि मुग्ध शैशव के समर्पण की कथा को कैसे कहा जाए और (कहा भी जाए तो) कौन सुनेगा उसे ? अतः संदेश कहना उचित नहीं। एक अन्य कारण भी है। जिसको संदेश भेजना है वह प्रिय जान (सुजान) तो है, किंतु निधरक है (किसी की परवाह नहीं करता है) और अलबेला है (अपने में ही मस्त रहने वाला।) उसके पास (तहां) दुखिया की बातें करना (मेरे पास केवल दुख की बातें ही हैं) उचित नहीं है। (एक ध्वनि यह भी है कि अपनी दुखकथा से प्रिय की मस्ती में बाधा क्यों डाली जाए?) अतः दूसरों का दुख दूर करने में सक्षम और करुणाप्लावित हृदयवाले हे पवन ! तुम इतना तो कर ही सकते हो कि मेरी भस्म जैसी दशा को उड़ाकर प्रिय के पास पहुंचा दो अथवा प्रिय की देहगंध का एक झोंका अपने साथ लाकर मुझे उससे मिला दो। ('भसम-दसा' का प्रयोग अद्‌भुत लाक्षणिक वैचित्र्य से पूर्ण है।) मैं जली तो नहीं हूं, मगर मेरी दशा भस्म (राख) से अच्छी भी नहीं है। इस 'दशा' को वहां पहुंचाने अथवा प्रिय के अंगों की सुगंध की संजीवनी को लाकर मुझे जिला देने की क्षमता तुम में है। इस छंद में घनानन्द जायसी की वियोगिनी की (छार बनकर प्रिय के पांवों के स्पर्श की) कामना और 'ऐरे बीर पौन तेरो सबै और गौन' जैसे छंदों की अपनी कामना से भी आगे बढ़ गए हैं।

अत्यंत मार्मिक छंद। अपने दारुण दुख में मौन की नियति को ही स्वीकार करने वाली विरहिणी न चाहते हुए भी परदुखकातर प्रभंजन को देख कर बक उठती है कि हे दूसरों का दुख दूर करने में समर्थ पवन ! तुम दोनों काम कर सकते हो, मेरी भस्मदशा को उड़ा कर प्रवासी प्रिय के सामने दिखा सकते हो और उसके शरीर की सुगंध को अपने साथ

लाकर मुझे पुनरुज्जीवित कर सकते हो। 'भसम-दसा' की करुणा और 'लालन सुबास' से मिलने की ललक, दोनों अपूर्व हैं।

मग हेरत दीठि हिराय गई, जब तें तुम आवनि-औधि बदी।
बरसौ कित हूं घनआनंद प्यारे पै बाढ़ति है इत सोच-नदी।
हियरा अति औटि उदेग की आंचनि च्वावत आंसुनि मैन मदी।
कब आयहौ औसर जानि सुजान बहीर लौं बैस तो जात लदी ॥ 40 ॥

विरहिणी को प्रवासी प्रिय के लौटने के समय की सूचना मिल गई है अर्थात विरह की अवधि निश्चित हो गई है। पहले जब वह गया था तो यह भी कह कर नहीं गया था कि कब तक के लिए यह प्रयास होगा। बीच में अवधि की सूचना मिली है। अवधि बहुत लंबी है, किंतु विरहिणी की उत्कंठा इतनी बढ़ गई है कि उसकी दृष्टि प्रिय के मार्ग में अभी से खो गई है।

प्रवासी प्रिय को अनुपस्थिति में ही संबोधित करके विरहिणी कहती है कि जब से तुमने लौटने की अवधि बद दी है (समय निश्चित कर दिया है) तभी से मेरी आंखें रास्ते पर लगी हुई हैं। एकटक तुम्हारी राह देखते रहने से मेरी दृष्टि ही खो गई है। ('दीठि हिराय गई' का यह अर्थ कदापि नहीं है कि 'दृष्टि चली गई' जैसा 'भाष्येन्दुशेखर' में दिया गया है। दृष्टि की रक्षा तो उसे हर हालत में करनी ही है, जिससे प्रियागमन पर उसके दर्शन कर सके। एक छंद में घनानन्द की विरहिणी कहती है, 'दृगनीर सों दीठिहिं बेहु बहाय, पै ना मुख को अभिलाषि रही' (दे० छंद 29)। 'दृष्टि प्रिय के मार्ग में खो गई है'—इसका अर्थ यह है कि उसे कोई अन्य पदार्थ दिखाई नहीं पड़ रहा है। आंखों में दृष्टि है किंतु वह किसी को पहचानेगी तो केवल प्रिय को।)

आगे वह कहती है कि हे सघन आनंद बरसाने वाले प्रिय (बादल) तुम चाहे जहां बरसो परंतु चिंता (सोच) रूपी नदी यहीं (मेरे पास) बढ़ती है। (जहां वर्षा होती है। वहां की नदी बढ़ती है।) यहां वर्षा अन्यत्र हो रही है और नदी यहां बढ़ रही है। स्पष्ट रूप में असंगति अलंकार है, किंतु भीतरी स्तर पर असंगति यहां परंपरागत रूप से कुछ भिन्न है। हिमालय में वर्षा होने पर गंगा बनारस में या पटना में बढ़ती है। ठीक इसी तरह वह आनंदघन कहीं छाए, कहीं बरसे, चिंतारूपी नदी विरहिणी के हृदय में ही बढ़ेगी। विरोध का एक स्तर यह है कि जब वे बादल यहां बरसेंगे तब सोचरूपी नदी सूख जाएगी, आनंद की नदी बढ़ेगी।

अगली पंक्ति में एक सुंदर रूपक है। (एक ओर चिंता रूपी नदी बाढ़ पर है दूसरी ओर) हृदय उद्वेग की आंच में औट कर आंसूरूपी काम (कामना) की मदिरा चुवा रहा है। विरोधाभास यह कि बढ़ती हुई नदी भी हृदय के उद्वेग के ताप को कम नहीं कर रही है।

अंत में विरहिणी कहती है कि ये प्राण अब जाने वाले हैं, इसकी सूचना वयस के बीतने के साथ ही मिल रही है। 'बहीर' कहते हैं किसी सेना या समूह के लिए काम आने वाला सामान, रसद वगैरह को। नियम है कि सेना के प्रस्थान से पूर्व रसद की गाड़ी भेज

दी जाती है, बारात चलने से पहले भी रसद भेज दी जाती है । अतः कहीं से रसद जा रही हो तो उसे देखकर अनुमान हो जाता है कि अब सेना या बारात का प्रस्थान भी होगा। विरहिणी का शरीर क्षीणतर होता जा रहा है और इस तरह उम्र छीजती जा रही है। बहीर की तरह वयस लदी जा रही है जिसका अर्थ है कि अब प्राण भी प्रस्थान करने वाले हैं । हे प्रिय, तुम सुजान हो, उचित अवसर (लौटने का) जानकर कब आओगे ? ध्वनि यह कि सुजान होकर भी क्या तुम यह नहीं समझ पा रहे हो कि अवसर आ गया है ? अब तो आ जाओ ।

प्रवासी के लौटने की अवधि पाकर प्राणों की पीड़ा और बढ़ गई है । विरहिणी कहती है कि मेरी वयस आगे आगे चलती जा रही है, प्राणों की रक्षा करने का अंतिम अवसर है, तुम कब आओगे ? 'बहीर' के आगे चले जाने के बाद सेना या बारात का जाना निश्चित होता है । बहीर (वयस) जा रही है तो प्राण भी अवश्य जाएंगे । दूसरी पंक्ति में अत्यंत कलापूर्ण और मार्मिक असंगति है, 'तुम आनंद के घन हो, जहां रहोगे, वहीं बरसोगे, किंतु चाहे जहां बरसो, शोकरूपी नदी यहीं बढ़ती (उफनती) है । आंसू क्या हैं ? काम (मन कामना) का मद । गूढ़ संकेत यह कि आंसुओं के माध्यम से काम मद अर्थात वासना का निरंतर ह्रास हो रहा है, मानसिक स्तर पर राग प्रगाढ़ होता जा रहा है ।

विरोधाभास, असंगति, रूपक ।

इतै अनदेखें देखबेई जोग दसा भई,
तैं तौ अनाकानी ही सौं बांध्यौ दीठि-तार है।
जान घनआनंद बिना'ब सुबनक हेरें,
धीरज हिरात सोच सूखत बिचार है।
छीन अति दीनन कों मोहन अमोही रच्यौ,
महा निरदई हमैं मिल्यौ करतार है।
तेरे बहरावनि रुई है कान बीच, हाय
बिरही विचारन की मौन में पुकार है ॥ 41 ॥

विरह की तीव्रता और प्रगाढ़ प्रेम के कारण हृदय दुख से भरा है किंतु पीड़ा की अभिव्यक्ति शब्द के माध्यम से नहीं हो रही है, पुकार भी है तो मौन में । उधर निठुर प्रिय है कि चीख चीखकर कोई उससे कुछ कहे तब भी वह सुनने वाला नहीं है क्योंकि उसके कानों में बहरेपन की रुई पड़ी हुई है। इसी विषम परिस्थिति का संकेत करती हुई विरहिणी प्रवासी प्रिय के प्रति कह रही है कि हे निठुर प्रिय, तुम्हें न देख पाने के कारण अथवा तुम्हारे द्वारा देखे जाने के अभाव में (अनदेखें) मेरी दशा देखने ही लायक हो गई है । (इतनी बिपन्न हो गई हूं कि असाधारण दृश्य बन गई हूं, 'देखने लायक हाल' मुहावरा है ।) उधर तुमने अपनी दृष्टि का तार आनाकानी (टालमटोल) से ही बांध रखा है। (ध्वनि यह कि असाधारण दृश्य होने पर भी मेरी ओर देखने में भी तुम टालमटोल करते हो । 'अनदेखें, देखबेई जोग दसा' और 'दीठितार' बांधने में अर्थ के स्तर पर सुंदर यमक है ।)

आगे वह कहती है कि सघन आनंद के बादल, हे सुजान, तुम्हारा सुंदर रूप (सुबनक)

देखे बिना मेरा धीरज लुप्त होता जा रहा है। सोच (चिंता) के मारे विचार (विवेक) सूखता जा रहा है। (धैर्य और विवेक की सहायता से आदमी विपत्ति के दिनों को पार करता है। यहां दोनों इसका साथ छोड़ दे रहे हैं। अगर आनंद बरसाने वाले प्रिय (घन) के दर्शन हो जाएं तो विवेक (रूपी वृक्ष) फिर हरा-भरा हो जाएगा और धैर्य लौट आएगा।)

वह कहती है कि हमको विधाता (करतार) भी महानिर्दय मिला है, तभी तो उसने वियोग के मारे हुओं को अत्यंत क्षीण (धैर्य और विवेक भी क्षीण हो रहे हैं, शरीर तो क्षीण है ही) बनाया है। उधर प्रिय को मोहरहित (अमोही) बना दिया है। हालांकि उसका नाम मोहन है। वह आंखों के सामने पड़ते ही देखनेवाले को मोह लेता है। मुग्ध प्रेमी (आश्रय) तड़पता रहता है और वह अमोही प्रिय (आलंबन) इससे किंचित भी प्रभावित नहीं होता। विधाता न्यायप्रिय और सदय होता तो प्रिय को दुर्बल प्रेमी की करुणाजनक दशा से पिघलनेवाला बनाता अथवा विरही को ही क्षीण न बनाकर सशक्त बनाता जिससे वह विरह की कठोर चोटों को झेल सकता।

अंत में वह कहती है कि हे प्रिय, तुमने अपने कानों में बहरेपन की रुई डाल रखी है अर्थात तुम किसी की कोई बात सुनने को तैयार नहीं हो। इधर दूसरी कठिनाई यह है कि बेचारी विरहिणी की पुकार मौन में है। जो चीख कर कहे गए शब्द न सुन सके वह मौन को क्या समझेगा? बहरापन स्वाभाविक नहीं है। संकल्पपूर्वक धारण किया गया है, अतः उस आदमी से यह आशा कैसे की जाए कि वह सुनेगा, वह भी अनकही पुकार।

'मौन में पुकार' का विरोध बहुत सशक्त है। जो कातरता विरही के हृदय में है उसका प्रकाशन शब्दों से नहीं हो सकता। शब्द असमर्थ माध्यम हैं। ध्वनि यह कि तुम सुजान हो। मेरी पीड़ा का अनुभव स्वयं कर सकते हो। अगर चाहो, तो मेरे प्राणों की रक्षा करो अन्यथा मेरे पास कोई माध्यम नहीं है कि तुम तक अपनी व्यथा को पहुंचा सकूं।

'मौन में पुकार' की व्यंजना भी अत्यंत सूक्ष्म है। यह पुकार शब्दों की नहीं है कि कानों में रुई डालकर इससे बचना संभव हो सके। इस मौन पुकार को सुनने के लिए बाहरी कानों की नहीं, संवेदनशील हृदय की अपेक्षा है। प्रवासी प्रिय की निठुरता की शिकायत करती हुई भी विरहिणी यह बात जानती है कि उसका प्रिय संवेदनविहीन नहीं है। इसीलिए उसे कभी न कभी अपनी मौन पुकार की अनुकूल प्रतिक्रिया का अटूट विश्वास है।

अनेक से घिरे प्रिय के कानों में बहरेपन की रुई है, इधर बेचारे विरहियों की पुकार भी मौन में ही है, वे बोल ही नहीं सकते, यहां तो बोलने पर भी कोई सुनने को तैयार नहीं है। ध्वनि यह है कि बहरेपन की रुई से क्या होना है? हमारी पुकार तो मौन में है जो सीधे हृदय को प्रभावित करती है। प्रथम पंक्ति में चमत्कार है, यहां तुम्हें न देखने से देखने लायक दशा हो गई है, उधर तुम आनाकानी (टालमटोल) से ही दृष्टितार बांधे हुए हो।

'देखबेई' के स्थान पर 'देखिबोई' पाठ भी मिलता है।

इक तौ जग मांझ सनेही कहां, पै कहूं जो मिलाप की बास खिलै।
तिहि देखि सकै न बड़ो बिधि कूर, वियोग-समाजहि साजि मिलै।
घनआनंद प्यारे सुजान सुनौ, न मिलौ तौ कहौ मन काहि मिलै।
अमिले रहिबो लै मिले तें कहा, यहि पीर मिलाप में धीर गिलै॥ 42॥

संसार में सच्चे प्रेम की दुर्लभता, किसी तरह उसके मिलने पर भी वियोग की आशंका और प्रिय के अनमिल होकर मिलने की व्यथा, वियोगिनी के कष्ट की कोई सीमा नहीं है। प्रवासी प्रिय को ही संबोधित करती हुई विरहिणी कहती है कि एक तो संसार में स्नेही हैं ही कहां? (सांसारिक बुद्धि वाले ही यहां मिलते हैं और सफल होते हैं। यहां तक कि प्रेम के क्षेत्र में भी वणिक बुद्धि से बाज नहीं आते।) लेकिन अगर कभी (कोई सच्चा स्नेही मिल जाता है और परिणामस्वरूप) मिलाप की सुगंधि फूटती है, तो यह विधाता बड़ा क्रूर है। उस (प्रेम दृश्य) को देख नहीं सकता और वियोग के समाज को सजाकर टूट पड़ता है। ('मिलै, के स्थान पर 'पिलै' पाठ भी है। विधाता वियोग की सेना सजाकर टूट पड़ता है, पिल पड़ता है।) 'मिलै' में एक और ध्वनि है। घनानन्द संयोग में हार को भी पहाड़ मानने वाले हैं। ऐसी दशा में संयोग के समय वियोग की पूरी सेना का आ मिलना, बीच में पड़ जाना, हर तरह से असह्य है।) (वियोग के आ मिलने का अर्थ है, संयोग के सुख की समाप्ति जो मिलाप में 'बाधा' मिलने से होती है—विरोधाभास।) 'मिलाप की बास खिलै' अत्यंत व्यंजक प्रयोग है।

प्रणय के क्षेत्र के इस सामान्य दुर्योग की चर्चा करने के बाद विरहिणी प्रिय से अपने संदर्भ में कहती है कि जहां सच्चे प्रेमी का मिलना इतना दुर्लभ है वहां तुम्हारे जैसा प्यारा, सुजान और सघन आनंदस्वरूप प्रिय मुझे मिला (किंतु विधाता की क्रूर दृष्टि के कारण तुम भी अलग हो गए) अब अगर तुम नहीं मिलते तो बताओ मेरा यह मन (जो तुम्हारी ही कामना करता है और किसी की नहीं) और किससे मिले? मेरा दुर्भाग्य तो यह है कि संयोग (मिलाप) में भी (भावी वियोग की आशंका से) मेरा धैर्य गल जाता है (गिलै)। तुम सुजान हो, स्वयं सोचो कि जब संयोग में यह दशा है तो वियोग में मेरी क्या दशा होगी? दूसरा संकेत यह है कि मिलन में भी तुम अनमिल भाव से मिलते हो (इसीलिए छोड़कर चले जाते हो), अतः मेरा मन संयोग में भी धैर्य नहीं धारण करता।

विरहिणी के मन में एक क्षीण आशा है कि सांसारिकता से ग्रस्त लोगों के बीच सच्चे प्रेमी के महत्व को पहचान कर वह प्रिय मुझे छोड़ने की अपनी भूल पर पछताएगा और लौट आएगा। यह बात समझकर प्रिय जब मिलेगा तो मिलाप में अनमिलन का भाव रखकर नहीं मिलेगा।

प्रिय मिलने पर भी मन में अनमिल भाव रखकर मिलता है। प्रेमी का कथन है कि संसार में सच्चे प्रेमी दुर्लभ हैं, यदि कोई मिलता भी है तो विधाता बड़ा क्रूर है, वह वियोग का समाज सजाकर टूट पड़ता है। यही कारण है कि प्रेमी का मन वियोग में तो दुखी

होता ही है, संयोग में भी उसका धैर्य छूट जाता है (छंद 37 से तुलनीय)। 'मिलाप की बास खिलै' अत्यंत व्यंजक एवं ललित प्रयोग है। प्रिय-प्रेमी का संयोग एक सहज सुगंध है।

मनमोहन तौ अनमोह करौ, यह मोहित होत फिरै सु कहा।
अरु जौ अपढार ढरै न ढरै, गुन त्यों तकि लागत दोष महा।
घनआनंद मीत सुजान सुनौ चित दै इतनी हित-बात हहा।
जिय जाचक ह्वै जस देत बड़ो, जिन देहु कछू किन लेहु लहा ॥ 43 ॥

प्रवासी प्रिय को संबोधित करके विरहिणी कहती है कि हे प्रिय, तुम कहलाते तो मनमोहन हो (मन को मोहने वाले) किंतु करते रहते हो निठुराई (अनमोह)। (सभंग यमक) इतने पर भी मेरा मन तुम्हारे प्रति मोहित होकर भटक रहा है (भटक इसलिए रहा है कि तुम तो उसे (मेरे मन को) संभालते नहीं और वह तुम्हें छोड़कर अन्यत्र जाना नहीं चाहता), लेकिन इससे तुम्हें क्या (सु कहा) ? खैर कोई बात नहीं। आपका अपढार मन (गलत जगह पर ढलने वाला) मेरी ओर नहीं ढलता तो न ढले किंतु आपके गुणों की ओर (जिनकी जगत में प्रसिद्धि है) देखकर महादोष लगता है (ग्लानि होती है), मुझ पर दोष (कलंक) लगता है आपके गुणों के कारण, क्योंकि आपमें दोष देखना तो उचित नहीं है। फिर सब पर कृपा करने वाले आप यदि मुझ पर कृपा नहीं करते तो मेरी ही कोई गलती रही होगी। गुन में सूक्ष्म व्यंग्य भी है। आपके इस गुन (गलत जगह ढलने की आदत) से मुझे ग्लानि होती है और इसी आदत के कारण आप सही जगह पर (मेरे प्रति) द्रवित नहीं होते। वह आगे कहती है कि हे सुजान, आनंदघन, हे मीत (मीत की ध्वनि बाल्यावस्था से चली आती हुई प्रगाढ़ मैत्री की है), मेरी इतनी प्रेमवार्ता (हित-बात) को ध्यान देकर सुन लो। मेरा हृदय (जिय) तुम्हारे सम्मुख याचक होकर तुम्हें बड़ा यश दे रहा है। तुम अपनी ओर से कुछ न देना चाहो तो मत दो किंतु इसका लाभ क्यों नहीं ले लेते ? (मेरे जैसा अनन्य याचक तुम्हें नहीं मिलेगा। जो कभी किसी से नहीं मांगता उसको याचक बनाकर अपने सामने खड़ा कर देने वाले दाता का यश अपूर्व होगा। तुलसी के चातक-मेघ की तरह। तो फिर तुम यश क्यों नहीं ले लेते ? मैं तो प्रतिदान भी नहीं मांगती।)

दाता का गौरव याचक पर निर्भर होता है। बड़े से बड़ा दानी याचक के अभाव में महत्वहीन होगा। यहां याचक असाधारण है जिससे दाता को बड़ा यश मिल रहा है। विरहिणी कहती है कि इस यश को क्यों नहीं स्वीकार करते ? मन लेकर छटांक भी न देने वाला प्रिय इतना बड़ा लाभ (लहा) नहीं छोड़ेगा, यह विश्वास उसे है। पहली पंक्ति में एक वक्रता और है। तुम दूसरों का मन मोहकर उनके प्रति अमोह करने वाले हो, यह क्या हो गया कि तुम कहीं मोहित होते फिर रहे हो, जिससे यहां से उदासीन हो गए हो !

प्रिय के प्रति प्रेमी का कथन है कि मोहन होकर मोह के विरुद्ध आचरण करते हो और हालत यह है कि आपके गुणों की ओर देखने (उन्हें स्मरण करने) पर महादोष लगता है (अब विपरीत आचरण करने लगे हो)। मेरा हृदय तुम्हारे समक्ष याचक होने का गौरव तुम्हें दे रहा है। तुम कुछ दो या न दो, इस (मेरे जैसे अनन्य प्रेमी के मन) की

याचना का यश क्यों नहीं लेते ? भक्ति और श्रृंगार दोनों क्षेत्रों में छंद बड़ा मार्मिक है।

> जगि सोवनि मैं जगियै रहै चाह वहै बरराय उठे रतिया।
> भरि अंक निसंक ह्वै भेंटन कौं अभिलाख-अनेक भरी छतिया।
> मन तें मुख लौं नित फेर बड़ो कित ब्यौरि सकौं हित की बतिया।
> घन आनंद जीवन-प्रान लखौ सुलिखी किहि भांति परें पतिया ॥ 44 ॥

प्रियदर्शन की लालसा तीव्रतर होती रहती है। इधर अपनी व्यथा की सूचना प्रिय तक पहुंचाने का कोई उपाय नहीं रह गया है। पत्र भी लिखना संभव नहीं है। ऐसे में अगर वह स्वयं आकर देखे, तभी विरहिणी की दशा को जान सकता है।

प्रवासी प्रिय को संबोधित करके विरहिणी कहती है कि मेरे जागने में भी और सोने में भी चाह (प्रियदर्शन की) निरंतर जगी रहती है। वह चाह रात को बिलबिला उठती है अर्थात उसी चाह के कारण मैं रातभर प्रलाप करती रहती हूं। मेरी छाती तुम्हें अंक में भरकर निःशंक भाव से भेंटने की अनेक अभिलाषाओं से भरी रहती है। मैं चाहती हूं कि अपने हित (प्रेम और कल्याण दोनों) की बातों को सुधार कर स्मरण कर लूं, मगर हृदय और मुख के बीच में बहुत बड़ा अंतर है (जो कुछ मन में है वह मुख तक आते आते बहुत हल्का हो जाएगा। ध्वनि यह है कि मन की भावना का कथन मुख द्वारा ठीक उसी रूप में संभव नहीं है।) (प्रिय सोच सकता है कि मुख से कहना संभव नहीं तो पत्र लिख दे, इसके लिए वह कहती है कि) हे मेरे जीवन के प्राण (अथवा प्राणों के जीवन) आनंद के घन ! तुम स्वयं आकर देख लो कि मैं पत्र लिखने की स्थिति में भी नहीं हूं। (जो बात मन से मुख तक नहीं आ सकती वह पत्र में कैसे लिखी जा सकती है ? पत्र लिखने में तो अश्रु, स्वेद, कंप, संकोच आदि अनेक बाधाएं हैं। अतः तुम यदि चाहते हो कि मेरी दशा से परिचित हो सको तो स्वयं आकर देखो (लखो), इसके अतिरिक्त अन्य कोई उपाय नहीं है।)

अनिद्रा, प्रलाप, उद्वेग, अभिलाषा आदि विरहदशाओं की मार्मिक और मुखर अभिव्यक्ति इस छंद में हुई है। पत्र लिखने में असमर्थता के पीछे अनेक कारणों का संकेत छंद को और प्रभावशाली बना देता है।

'जगि सोवन में जगियै रहै चाह' में विरोध का एक अन्य स्तर भी है। यदि 'सोवन' के विशेषण के रूप में 'जगि' को रखें तो अर्थ होगा कि 'जागती हुई निद्रा' में तुम्हारे दर्शन की चाह जागती रहती है। विरोध का तनाव तब तीव्रतर होगा। नींद तो आती नहीं, आती भी है तो उखड़ी हुई। चाह की तीव्रता के कारण निद्रा (की शिथिलता) कभी नहीं आती। चाह का मानवीकरण और पीड़ा की अकथनीयता का संकेत, दोनों का प्रभाव हृदय पर गंभीर रूप में पड़ता है।

विरहिणी प्रवासी प्रिय तक अपनी दारुण व्यथा की पहुंच को असंभव बताती हुई कहती है कि मन की पीड़ा मुंह तक आकर ही हल्की हो जाती है। उस प्रेम पीर की बात कहूं कैसे ? इस दशा में पत्र कैसे लिखा जा सकता है ? मन से मुख तक बहुत दूरी है। एक अन्य छंद से तुलनीय 'जानैं सोई दिन राति बखाने ते जाय परै दिन राति को अंतर',

(दे० छंद 6)। अनिद्रा, प्रलाप, उद्वेग, अभिलाषा आदि की मार्मिक अभिव्यक्ति।

पलकौ कलपै कलपौ पलकै सम होत संजोग बियोग दुहूं।
बिपरीति भरी हित-रीति खरी समझी न परै समझें कछु हूं।
घनआनंद जान सजीवन सों, कहियै तौ समैं लहियै न सुहूं।
तिन हेरें अंधेरेंई दीसें सबै, बिन सूझ तें पून्यो अबूझ कुहूं ॥ 45 ॥

संयोग और वियोग के कारण कितना बड़ा अंतर आ जाता है, इसको सूचित करने के लिए घनानन्द दोनों को समान बताए दे रहे हैं। यमक और विरोधाभास के चमत्कार से ऐसा हो जाता है।

विरहिणी स्वगत अथवा सखी के प्रति कहती है कि विषमताओं से भरी हुई आप की प्रेम प्रक्रिया (हित-रीति) किसी भी तरह समझ में नहीं आती। ('समझने पर समझ में नहीं आती' से अधिक वक्रता इस प्रकार अर्थ करने में है कि 'समझ की समझ में भी नहीं आती'। इस तरह का प्रयोग घनानन्द के लिए अत्यंत सहज और स्वाभाविक है।) वह विचित्रता कि पल और कल्प दोनों संयोग और वियोग दोनों दशाओं में समान हो जाते हैं, पहली ही पंक्ति में उल्लिखित है। (संयोग में कल्प भी पल के समान बीत जाता है और वियोग में पल भी कल्प के समान लंबा हो जाता है।)

इस समय वियोग की दशा है, अतः पल भी कल्प की तरह लंबे हो रहे हैं। इस दुख को और इस वैचित्र्य को प्राणों के संजीवन सघन आनंदरूप प्रिय से कहने का समय शुद्ध रूप में नहीं मिल पाता। (सुहूं का अर्थ है शुद्ध रूप में, अर्थात अकेले में प्रिय मिले और आनाकानी न करके ध्यान देकर सुने तब तो बताया जा सकता है, किंतु वह उस रूप में मिलता कहां है?) दूसरे वह सुजान है। सब कुछ जानता है, फिर भी अगर उचित उपचार नहीं करता तो उसे कैसे समझाया जा सकता है?

प्रिय के साथ होने और उनसे अलग होने पर कितना बड़ा अंतर हो जाता है, इसका संकेत करने के लिए वह कहती है कि प्रिय को (अपने पास) देख लेने पर अंधेरे में भी सब कुछ दिखाई देने लगता है और जब वे दिखाई नहीं पड़ते (पास नहीं होते) तो पूर्णिमा भी गहन अंधकार से भरी अमावस्या (कुहू) हो जाती है अर्थात प्रकाश रहने पर भी कुछ नहीं दिखाई देता।

बाहर का प्रकाश वस्तु को दृष्टि और हृदय में उतारने में सहायक होता है किंतु उससे अधिक महत्व भीतर के प्रकाश का है जिसे अंतर्दृष्टि कहते हैं। प्रिय के साहचर्य से वही दृष्टि इतनी विकसित हो जाती है कि बाहरी प्रकाश की अपेक्षा ही नहीं रह जाती। दूसरी ओर वियोग में उसी दृष्टि के अभाव के कारण बाहर का सारा प्रकाश व्यर्थ सिद्ध होता है। बिहारी का चुनाव इसी भूमि की ओर संकेत करता है।

जौ न जुगति पिय मिलन की धूरि मुकति मुंह दीन।
जौ लहिये संग सजन तो धरक नरक हू की न॥

अंतिम पंक्ति का संकेत ईश्वरीय प्रेम की ओर भी लिया जा सकता है। पूरा छंद श्रृंगार

और भक्ति दोनों क्षेत्रों में समान महत्व का है।

विरहिणी प्रिय के रहने के अंतर का उल्लेख करती है। उनके रहने पर अंधेरे में सभी कुछ दिखाई पड़ता है। उनके न रहने पर पूर्णिमा में भी अभेद्य अमा जैसा अंधकार रहता है। प्रथम पंक्ति में यमक और विरोध के चमत्कार से पल और कल्प को संयोग-वियोग दोनों में समान बताया गया है। संयोग में कल्प भी पल के समान और वियोग में पल भी कल्प के समान हो जाते हैं।

> चलि आई सदा रस रीति यहै, किधौं मो निरमोही को मोह नयौ।
> घनआनंद प्रान हरैं हंसि जान, न जानि परैं उघर्‌यौ उनयौ।
> चित चाह-निबाह की बात रहौ, हित कै नित ही दुख-दाह दयौ।
> उर आस बिसासन त्रास तजै बसि एक ही बास बिदेस भयौ ॥ 46 ॥

प्रस्तुत छंद प्रवास विरह की दूरी के स्थान पर मानजन्य वियोग की स्थिति की ओर अधिक मुखर संकेत करता है। प्रिय के मन में अन्य बातें भी हैं, जिनके कारण विरहिणी एक ही स्थान पर रहती हुई भी प्रवास की दूरी का दुख अनुभव करती है। उसके दुख का कारण यही है कि प्रिय की अनुकूलता-प्रतिकूलता का अंतर ही स्पष्ट नहीं हो पाता।

विरहिणी स्वगत कहती है कि प्रेम (रस) की यही रीति सदा से चली आई है, (कि प्रेम करने वाले को अकेले ही सारा दुख भोगना पड़ता है) अथवा मेरे निर्मोही प्रिय के द्वारा मोह का यह कोई नया रूप है (जो मेरी समझ में नहीं आ रहा है) 'निरमोही को मोह' का विरोध बहुत मुखर है। जो प्रकृति से निर्मोही है, उसका मोह समझ में आने वाली चीज है भी नहीं।

सघन आनंदस्वरूप वह प्रिय सुजान हंसकर (मेरी ओर) देखता है (और हंसती हुई दृष्टि से) मेरे प्राणों का हरण कर लेता है। आनंद का वह बादल (मुझ पर) कब घिरा हुआ है (उनयौ) और कब (मुझ पर से) उघड़ गया है (उघर्‌यो), कुछ समझ में नहीं आता। उसकी प्राण खींचनेवाली आकर्षक हंसी अनुकूलता की है या प्रतिकूलता की है, यह समझ में नहीं आता।

चित्त से चाहकर (हृदय से मेरे समर्पण को स्वीकार करके) उसका (प्रेम का) निर्वाह करने की बात तो रह गई (उसका तो प्रश्न ही नहीं उठता)। उससे हित (प्रेम) करके (परिणामस्वरूप) मैंने अपने को नित्य दुख और जलन ही दी अर्थात जलन ही पाती रही हूं। ('हित कै नित ही दुखदाह दयौ' का कर्ता प्रिय को मानने में एक बाधा यह है कि उसने तो कभी प्रेम किया ही नहीं। वह तो सदा से अपने में मस्त है, फिर उसके लिए कैसे कह सकती है ? अतः अपने लिए ही यह कथन स्वाभाविक रूप में ग्राह्य है।) वह आगे कहती है कि मेरे हृदय ने प्रिय द्वारा किए जाने वाले) विश्वासघात के डर से (बिसासन त्रास) आशा का (प्रिय प्राप्ति की) परित्याग कर दिया है। (हम दोनों) एक ही स्थान पर रहते हैं, परंतु यही विदेश हो गया है।

उपर्युक्त छंद मानजन्य विरह के परंपरागत रूप से आगे की मार्मिक कथा कहता है। 'उघर्‌यो उनयौ' में परिष्कृत लोकोक्ति, 'निरमोही को मोह' में विरोधाभास के साथ पूरे

छंद में प्रेम की एकपक्षीय पीड़ा का मार्मिक वर्णन किया गया है।

प्रिय के कपटी स्वभाव के कारण एक ही स्थान पर रहते हुए भी विदेश वास जैसी दूरी का अनुभव होता है। एक ओर संपूर्ण समर्पण, दूसरी ओर कपट। वियोगिनी कहती है कि मेरे और निर्मोही के बीच यह कोई नए प्रकार का प्रेम है, या सदा से यही रीति चली आई है। लोकोक्ति और विरोधाभास का सुंदर प्रयोग।

मोरचन्द्रिका सी सब देखन कौं धरे रहैं,
सूछम अगाध-रूप साध उर आनहीं।
जाहि सूझ तिनहूं सो देखि भूली ऐसी दसा,
ताहि ते बिचारे जड़ कैसे पहचानहीं।
जान प्रानप्यारे के बिलोकें अवलोकिबे कों
हरष-विषाद स्वादबाद अनुमानहीं।
चाह मीठी पीर जिन्हैं उठति अनंदघन
तेई आंखैं साखैं और पांखें कहा जानहीं॥ 47 ॥

आंखों की सार्थकता प्रेम की पीर का अनुभव करने में है। जो आंखें ऐसा नहीं कर पातीं वे सब कुछ देखती हुई भी मोर के पंखों में चित्रित आंखों के समान (व्यर्थ) हैं। जो पीर प्रेमी के हृदय में उठती है उसको आंखों में उठती बताकर घनानन्द ने अनेक छंदों की तरह इसमें भी प्रेमी की आंखों को स्वतंत्र व्यक्तित्व प्रदान किया है।

प्रस्तुत छंद प्रसंग निरपेक्ष है, ऐसा कहा जा सकता है। दूसरी ओर 'जान प्रान प्यारे' के आधार पर सुजान के प्रति कहा गया मानकर इसे एक प्रसंग भी दिया जा सकता है। घनानन्द के अंतर की विरहिणी स्वगत कहती है कि सभी लोग मोर की पांखों में बनी हुई आंखों के समान आंखें धारण करते हैं जो केवल देखने के लिए ही आंखें हैं। ('देखन' में मार्मिक अभिव्यक्ति हुई है। आंखों का काम है देखना, किंतु जो आंखें दृष्टिविहीन होती हैं वे अपनी ओर से कुछ भी नहीं देखती, दूसरों के दिखाई देने को होती हैं। दूसरा मार्मिक संकेत यह है कि सामान्य संसारी आदमी की आंखें केवल संसार को देखने के लिए होती हैं। प्रेम के क्षेत्र में वे मयूरपंख में चित्रित आंखों के समान ही व्यर्थ होती है।) वे आंखें और ही (आन ही) होती हैं जिनमें प्रिय के सूक्ष्म और अगाध रूप को अपने हृदय में धारण करने की साध और क्षमता होती है। (साध के स्थान पर 'सार' पाठ भी मिलता है। तब अर्थ होगा अगाध रूप के सार को अपने हृदय में धारण करती हैं, वे आंखें बहुत सूक्ष्म होती हैं।) जिन्हें प्रेम की सूक्ष्म दशाओं की सूझ (समझ) होती है उनकी आंखें भी (प्रिय के रूप की) वह छटा सामने पाकर भूल जाती हैं (खो जाती हैं)। फिर तो जो बेचारे जड़ हैं (जिनके पास प्रेमदृष्टि नहीं है) वे इस रूप को कैसे पहचान सकते हैं? प्रिय के रूप को संभाल पाना सूक्ष्मदृष्टि संपन्न प्रेमियों के लिए कठिन है तो जो जड़ हैं वे बेचारे उस रूप को कैसे पहचान सकते हैं? जिस प्रिय के रूप की यह विशेषता है कि वह जब अपने खास अंदाज में देखता है तो उस देखने को देखने और उस (प्रिय की दृष्टि) के हर्ष-विषाद (प्रभाव) को समझने में प्रेमदृष्टि संपन्न आश्रय की आंखें ही सफल हो सकती हैं

अथवा प्राणों से प्यारे सुजान के देखने न देखने (तब पाठ होगा 'बिलोके अबिलोकिबे कों') के स्वाद का अनुमान जो प्रेमदृष्टि संपन्न आंखें ही कर सकती हैं और जिन आंखों में हे प्रिय ! दर्शन की चाह से उत्पन्न मीठी पीर उठती है, वे ही आंखें साक्षी (द्रष्टा) हो सकती हैं अथवा आंख होने की सार्थकता उन्हीं आंखों की है। शेष तो पांखें (मोरपंख की आंखें) हैं। वे बेचारी क्या जानें (कि प्रेम की पीड़ा क्या होती है)।

'साखें' के स्थान पर 'आंखें' पाठ मानने पर मार्मिकता और बढ़ जाती है । वे आंखें ही सचमुच आंखें हैं (जो देख सकें) दूसरी तो केवल पांखें हैं।

रत्नाकर की गोपियां उद्धव से कृष्ण को समझने के लिए 'आंखों' की अनिवार्यता बताती हैं :

मोरपंखिया को मौर वारो चारु चाहन कौं
ऊधो अंखियां चहैं, न मोरपंखियां चहैं ॥

प्रेम के भाव में आपादमस्तक निमग्न प्रेमी को प्रिय के रूप के अतिरिक्त और कुछ भी दिखाई नहीं देता। वे प्रेमी संसार के व्यावहारिक लोगों की सब कुछ देखने वाली (प्रेम को छोड़कर) आंखों को मोरपांखें ही मानते हैं अर्थात प्रेमदृष्टि विहीन आंखें चित्रित आंखों जैसी, नाममात्र की, आंखें हैं।

'बिलोके अबिलोकिबे को हरष-विषाद' : जब प्रिय देखता है तो आश्रय में हर्ष संचार होता है और जब प्रिय नहीं देखता है तो आश्रय में विषाद का संचार होता है । अतः क्रमालंकार।

जौ उहि ओर घटा घनघोर सों चातक मोर उछाहनि फूलते ।
त्यौं घनआनंद औसर साजि संजोगिनि-झुंड हिंडोरनि झूलते ।
ग्रीषम तें हतई जु लता द्रुम-अंकनि लागती ह्वै रस मूल ते।
तौ सजनी, जिय ज्यावन जान सु क्यौं इत के हित की सुधि भूलते ॥ 48 ॥

वर्षागम का उद्दीपन झेल पाने में असमर्थ विरहिणी समझ नहीं पाती कि अगर वहां भी वर्षा ऋतु आ गई है तो प्रवास छोड़कर वह प्रिय लौट क्यों नहीं आता ? वह अपने मन को समझाती है कि वहां अभी वर्षा ऋतु नहीं आई। वह सखी से कहती है :

अगर (जौ) उस देश में (जहां प्रिय प्रवास कर रहा है) घनघोर घटाओं को देखकर चातक और मोर उत्साह से फूल उठते (प्रसन्न हो जाते), वैसे ही (त्यौं) यदि वर्षागम जानकर अवसर के अनुकूल संयोगिनी (प्रिय के साथ रहने वाली) स्त्रियों के समूह झूलों पर झूलते होते, यदि वर्षा होने पर वहां ग्रीष्म की प्रचंड लू से जलाई हुई (हतई) लताएं शृंगार की (काम की) कामना से (रसमूल) वृक्षों को अपने आलिंगन में लपेट लेतीं अथवा झुलसी हुई लताएं जड़ से ही हरी-भरी होकर अपने प्रिय वृक्षों की गोद में लिपट जातीं, अगर यह सब होता, तो हे सखी ! वे सुजान, मेरे प्राणों को जीवनीशक्ति देने वाले (इस बात को जानने वाले कि मेरे प्राणों के प्राण वे ही हैं) मेरे प्रिय, क्या (यह सब देखकर) यहां के हित (मेरे कल्याण) की सुधि भूल पाते ?

विरहिणी को विश्वास है कि प्रिय चाहे जितना कठोर हो वर्षा के उद्दीपनों को देखकर इनसे प्रभावित हुए बिना नहीं रह सकता। उसे प्रिय की सहृदयता के प्रति भी अटूट विश्वास है। इसीलिए वह अपने मन को यह कह कर समझा रही है कि उस देश में वर्षागम अभी नहीं हुआ है।

सूर की गोपियों के मन में संदेह है, कि क्या वहां वर्षा के ये उत्पात नहीं होते

'किधौं घन गरजत नहिं उहि देसनि।'

किंतु घनानन्द की विरहिणी को अपने प्रिय की सहृदयता पर इतना दृढ़ विश्वास है कि वह यह मान ही नहीं सकती कि वहां भी यह सब हो रहा होगा और फिर भी वह प्रिय वहीं रुक गया होगा।

यह छंद गंभीर भाव से ओत-प्रोत होते हुए भी अत्यंत सीधा है। इसमें घनानन्द की सहज वक्रता नहीं है। तीसरी पंक्ति में लता का चित्र इतना जीवंत है कि विरहिणी की विरह दशा और प्रिय के आने पर उसके प्राणों के संजीवित हो उठने की आशा भरी संभावना उससे सहज ही ध्वनित हो उठती है। चातक और मोर का उत्साह, संयोगिनियों का आह्लाद और सकाम लता का पुनर्जीवन, ये सब विरहिणी के भावों के साथ जुड़कर घनानन्द की अटूट आशा और प्रणय के आवेग की सूचना देते हैं।

वर्षागम के उद्दीपनों से उद्दीप्त होकर प्रवासी घर नहीं लौटेगा, यह विश्वास विरहिणी को नहीं है। इसीलिए वह कहती है कि यह सब कुछ वहां नहीं है, जहां प्रिय है, अन्यथा वह अवश्य लौट आता।

आनि लई न कछू सुधि हाय, गए करि बैरी बियोगहि सौंपनि।
जाय भुलाय रहे तितही जित चाह भई है नई चित-चौंपनि।
नाहर आय बसंत भयौ नख-केसू रतौ हैं कियौ हिय कौंपनि।
क्यौं घनआनंद यौं बचियै जिय जात बिंध्यौ अनियारियै कौंपनि ।। 49 ।।

बसंत के आक्रामक रूप को सह पाने में असमर्थ विरहिणी कह रही है कि वे प्रिय मुझे अकेली छोड़कर (यहां तक कि) वियोगरूपी शत्रु के हाथों में मुझे सौंप कर चले गए। लौट कर कोई खबर भी उन्होंने नहीं ली। (अकेली होती तो केवल प्रिय के अभाव का दुख होता। यहां एक आक्रामक शत्रु वियोग बैठा है, जिसके हाथों में पड़ गई हूं। वह भी अनायास नहीं, बल्कि प्रिय ने ही मुझे इसके हाथों सौंप दिया है। 'सौंपने' में विशेष ध्वनि है। अपने आश्रित को कोई किसी अनुकूल व्यक्ति के हाथों ही सौंपता है। यहां प्रिय ऐसा है जो शत्रु के हाथों में अपने आश्रित को सौंप कर निश्चिंत हो गया है। लौटकर उसने यह भी नहीं देखा कि यह शत्रु मेरे साथ क्या कर रहा है? विरह के हाथों बहुत निर्दयता से पीड़ित होती हुई विरहिणी प्रिय के न आने के कारणों पर विचार करती है) वहां जाकर वे सब कुछ भूल गए, जहां (जित) नई चाह (नए स्नेह सूत्र) और (दूसरे प्रेमियों के) चित्त के उत्साह (चौंपनि) में खो गए हैं। अथवा नई चाह के उत्साह में जहां वे हैं, वहीं भूले हुए हैं। पुराने संबंधों की स्मृति उन्हें नहीं रह गई है (अगर रहती तो वे जरूर लौट आते)।

अपनी विरहकातर स्थिति के संबंध में वह कहती है कि बसंत आकर मेरे लिए नाहर हो रहा है। (बड़े बड़े नाखूनों से शिकार को फाड़ डालने वाले 'नाहर' का प्रयोग अत्यंत साभिप्राय हुआ है।) बसंतरूपी यह नाहर क्रोध के कारण (कौंपनि) केसू रूपी नखों को लाल लाल किए हुए है अथवा बसंतरूपी नाहर के हृदय में मेरे प्रति क्रोध भरा हुआ है जिसके परिणामस्वरूप उसके टेसूरूपी नख खून से सने हुए लाल दिखाई दे रहे हैं। (केसू, किंशुक, टेसू और पलाश एक ही फूल के नाम हैं। अंगारे की तरह लाल इस फूल को तीव्र उद्दीपन के रूप में चित्रित किया गया है। यहां घनानन्द की सूक्ष्मदर्शी प्रतिभा उसके रंग के साथ ही उसके आकार का भी अत्यंत काव्यात्मक उपयोग करती है। अर्ध गोलाकार नख की तरह ही टेसू का फूल होता है। इसीलिए रक्त से सने हुए नाहर के नाखूनों के रूप में उन्हें यह विरहिणी देखती है।)

अंतिम पंक्ति में कोपलों को सर्वाधिक तीव्र उद्दीपन के रूप में घनानन्द लेते हैं। बसंत में प्रायः सभी वृक्षों में नए पत्तों की कोंपलें फूटती हैं। उनका नुकीलापन अत्यंत तीखा और उनका सौंदर्य मांसल होता है। एक शब्द 'अनियारियैं' से उनके बेधक नुकीलेपन का संकेत है। वह कहती है कि (अगर बसंतरूपी नाहर के आक्रामक नखों से बच भी जाऊं तो) इन नुकीली कोंपलों (कोंपनि) से कैसे बचूं जो सीधे हृदय में बिंधी (चुभी) जा रही हैं ? कोमल कोंपलें अधिक आक्रामक हैं।

टेसू से अधिक बेधकता पल्लवों में देखने के लिए प्रकृति से सीधा साक्षात्कार अपेक्षित है जो रीतिकाल में प्रायः नहीं दिखाई पड़ता है।

प्रिय प्रवास के लिए जाते समय विरहिणी को वियोग के ही हाथों सौंप गया। वहां जाकर स्वयं नए प्रेम प्रसंगों में उलझ गया, इधर बसंतरूपी नाहर अपने टेसूरूपी रक्त सने नखों को लिए आ टूटा। अनोखे (अनियारियैं में अनी नोक वाले की ध्वनि स्पष्ट है) कोंपलों से भला वियोगिनी कैसे बचे ? कोंपलों की बेधकता अत्यंत सूक्ष्म प्रकृति निरीक्षण का परिणाम है।

बात के देस तें दूरि परे, नियरे सियरे हियरे दुख दाहै।
चित्र की आंखिन लीनैं विचित्र महारस-रूप-सवाद सराहै।
नेह कथै सठ नीर मथै हठ कैं कठप्रेम को नेम निबाहै।
क्यौं घनआनंद भीजैं सुजाननि यौं अमिले मिलिबो फिरि चाहै॥ 50॥

प्रवासी प्रिय चाहे जितना निर्दय और कठोर हो, सच्चा प्रेम करनेवाला हृदय अपनी टेक नहीं छोड़ता। ऐसे हृदय को धारण करनेवाली प्रेमिका अपने मन को ही संबोधित करके कह रही है कि प्रिय उस देश में है जो बात पहुंचने की सीमा से अधिक दूर है (जहां प्रिय है वहां न मेरी बात पहुंच सकती है, न उसकी कोई बात मुझ तक आ सकती है)। इतनी अलंघ्य दूरी पर होते हुए भी वह प्रिय मेरे ठंडे पड़ रहे (सियरे) हृदय (हियरे) के अत्यंत निकट (नियरे) होकर उसे विरह ताप से जला रहा है। (विरोध का एक स्तर है बात की पहुंच से भी अधिक दूर होने पर भी हृदय के एकदम निकट रहना। दूसरा यह कि जो ठंडा पड़ गया है उसे उष्णता सुखद और प्राणदायक हो सकती है, किंतु यहां प्रिय के

अभाव से निर्जीव पड़नेवाला हृदय उसकी स्मृतियों से और भी अधिक कष्ट का अनुभव करता है। इसीलिए कहती है कि प्रिय उसके ठंडे हृदय को जलाता है।)

आगे वह अपने मन की भर्त्सना करती हुई कहती है कि तू प्रिय के जिन नेत्रों के महारस के स्वाद की सराहना करता है वे इतने भावशून्य हो गए हैं जैसे चित्र में बने सुंदर नेत्र हों। (चित्र की आंखें सुंदर तो होती हैं किंतु किसी के दुख दर्द से प्रभावित नहीं होतीं। इस कथन की ध्वनि यह है कि जब प्रिय पास था तो उसकी विलक्षण सौंदर्य वाली आंखों से अद्भुत प्रेम का स्वाद मिलता था। अब वे सामने नहीं हैं। हृदय में वे आंखें ज्यों की त्यों खिंची हुई (चित्रित) हैं, किंतु चित्र पर तो कोई प्रतिक्रिया होती नहीं, इसलिए अब प्रिय की आंखें (स्मृति में) चित्र की सुंदर आंखें मात्र रह गई हैं।)

हे मन, यह तू ही है कि उस प्रिय के प्रति कठप्रेम के नियम का निर्वाह करता जा रहा है। तू उसके प्रति स्नेह की बातें करता है (नेह कथै) किंतु तेरा यह प्रयत्न नवनीत पाने के लिए पानी मथने जैसा व्यर्थ है। (कठप्रेम की ध्वनि बहुत स्पष्ट और पूर्ण है। कोई काठ से प्रेम करे और उससे प्रत्युत्तर चाहे तो उसकी मूर्खता है। वह प्रिय भी काठ जैसा ही हो गया है, किंतु विरहिणी का मन अपनी टेक पर अटल है। काठ को विशेषण रूप में रखकर उस विशेषता से रहित स्थिति सूचित की जाती है। जामुन बहुत रसीला फल है, किंतु जिस जामुन में रस नहीं होता उसे कठजामुन कहते हैं।) यह मन वहां प्रेम कर रहा है जहां कोई प्रतिक्रिया होती ही नहीं है। घनानन्द ने इस शब्द (कठप्रेम) का अत्यंत काव्योचित और व्यंजक रूप में प्रयोग किया है। लोक साहित्य में ऐसे हृदयहीन के लिए 'कठकरेजी' शब्द प्रचलित है। इस तरह इसका एक अन्य अर्थ भी लिया जा सकता है : जो काठ जैसे हृदयवाला (कठकरेजी) है, वह प्रेम तो कर ही नहीं सकता, वह जब प्रेम करेगा भी तो वह कठप्रेम होकर ही रह जाएगा। विरहिणी कह रही है कि उसने तो कठ-प्रेम किया, और तू (हे मेरे मूर्ख मन) उसी के नियम का निर्वाह किए जा रहा है।

अंत में विरहिणी अपने मन से कहती है कि जो स्वतः आनंद के बादलों के रस से सिक्त (भीजे) चतुर लोग (सुजान) हैं, वे अनमिल बने रहते हैं (उनको कोई दुख नहीं है, इसलिए वे दुखियों से मिलना नहीं चाहते)। (प्रिय भी उन्हीं चतुर लोगों में से एक है) उनसे फिर मिलना (हे मन) तू क्यों चाहता है? ('फिर' में एक मुखर संकेत है। एक बार ऐसे प्रिय से मिलकर परिणाम भोग रहे हो। अब पुनः किस आशा में मिलना चाहते हो? प्रिय के 'अमिले' विशेषण की ध्वनि यह है कि वह पूर्णतः मिलने वाला है ही नहीं, फिर भी उससे मिलने की आकांक्षा हठ के अतिरिक्त और कुछ नहीं)।

पूरे छंद में मन की जो भर्त्सना की गई है उसको व्याजस्तुति के रंग में देखें तो घनानन्द के समर्पण का प्रकृत रूप खुलता है जिसके सामने जल के ऊपर कठोरता का दोष लगाने वाले मीन को वे सच्चा प्रेमी नहीं मानते। मन जो इतने पर भी उस प्रिय के प्रति अडिग आस्था रखता है, वस्तुतः प्रशंसा का ही पात्र है।

एकपक्षीय प्रेम का निर्वाह कितना कठिन है और कितनी व्यर्थ की साधना है, इसकी चर्चा करती हुई विरहिणी कहती है कि प्रिय बातों (संदेशों) की पहुंच से दूर चले गए हैं। यहां मैं पानी मथने की तरह अपनी ओर से प्रेम का निर्वाह किए जा रही हूं। बिना

स्वाद के फल को कठफल कहते हैं, जैसे कठजामुन, वैसे ही यहां कठप्रेम का प्रयोग है। प्रथम पंक्ति में सुंदर विरोध : एक ओर बात के देश से दूर, दूसरी ओर हृदय को जलाने के लिए, हृदय के एकदम पास (रात-दिन हृदय में ही)।

प्यारे सुजान को प्रान-पियारो बस्यौ जब कान संदेसो सुहायौ।
कोटि सुधा हू के सार कों सोधि कै पान किये तें महासुख पायौ।
जीव-जियावन ताप-सिरावन है, रसमैं घनआनन्द छायौ।
ये गुनि क्यौं न रचै सजनी उनि रंग-रचे अधरानि रचायौ ॥ 51 ॥

प्रिय के सौंदर्य से अभिभूत विरहिणी प्रिय के संदेश के प्रति अपनी प्रतिक्रिया व्यक्त कर रही है। छंद की अंतिम पंक्ति के सजनी संबोधन के आधार पर प्रसंग योजना इस रूप में देख सकते हैं कि विरहिणी को प्रवासी प्रिय का संदेश मिला है। संदेश में क्या है, यह अधिक महत्वपूर्ण बात नहीं है। महत्वपूर्ण बात है कि प्रिय ने अपने अधरों से विरहिणी का नाम लिया होगा, उसके प्रति कुछ कहा होगा। यही सोच कर उसके आनंद की सीमा नहीं है अथवा इसको इस रूप में लिया जा सकता है कि प्रवासी के पास से संदेश आया है जिसमें लौटने का कोई संकेत नहीं है। सखी उदास हो जाती है, किंतु विरहिणी इतने से ही प्रसन्न है कि प्रिय ने अपने मुख से उसका नाम लेकर संदेश भेजा है। वह उसी सखी से कहती है :

जिस सुजान प्रियतम के वश में मेरे प्राण रहते हैं, उनका संदेश जब कानों में पड़ा तो मैंने उस महासुख की प्राप्ति का अनुभव किया जो करोड़ों प्रकार के अमृत के सार को शोध कर बनाए गए रस के पान से ही मिल सकता है। मुझे ऐसा लगा कि मेरे ताप का शमन करने वाले, मेरे प्राणों में जीवनीशक्ति का संचार करने वाले रस से भरे हुए आनंद के बादल (मेरे ऊपर) छा गए हैं। (तू यह सोचकर उदास होती है कि अवधि की सूचना नहीं है) यह सोचकर ही प्रसन्न क्यों न हुआ जाए कि (संदेश चाहे जैसा है) प्रिय के रंगीले अधरों से निःसृत हुआ है।

प्रिय के संदेश के प्रति सखी की भी यह प्रतिक्रिया हो सकती है, किंतु विरहिणी का अपने आप को संबोधित करना मान लें, तो कथन का मार्मिक प्रभाव बढ़ जाता है।

इसे मानिनी नायिका के प्रति नायक की दूती का कथन मानने पर एक नया संदर्भ पूरे छंद को आलोकित करता है।

किंतु सर्वाधिक सहज और स्वाभाविक यह है कि इसे स्वयं विरहिणी का अपने ही प्रति कथन माना जाए। इससे उसके समर्पण की अपूर्व अनन्यता और विह्वलता प्रकट होती है।

'रचे' और 'अधरानि रचाये' में यमक। रंग (अधरों की लाली के साथ ही अनुराग का संकेत भी) से सजे हुए प्रिय के अधरों से जो संदेश रचाया गया है, उसे सुनकर विरहिणी अपने दुखपूर्ण जीवन को रचा ले, यही तो स्वाभाविक है। प्रिय ने क्या कहा है, यह बात पीछे छूट जाती है। पहले यही अपूर्व आनंद देने वाला प्रसंग है कि उसने अपने मुख से कुछ कहा है।

प्रिय का संदेश मिलते ही विरहिणी के सारे कष्ट दूर हो जाते हैं। 'ये बातें जो मुझ तक पहुंच रही हैं, प्रिय के रंगीले अधरों से निकली हैं', यही उसके लिए परम संतोष का कारण है, संदेश अनुकूल है या प्रतिकूल यह जानना व्यर्थ है।

रस-आरस-भोय उठी कछु सोय लगी लसैं पीक पगी पलकैं।
घनआनन्द ओप बढ़ी मुख और सु फैलि भवीं सुथरी अलकैं।
अंगराति जंभाति, लसैं सब अंग अनंगहि अंग दियैं झलकैं।
अधरानि मैं आधिय बात धरैं लड़कानि की आनि परैं छलकैं ॥ 52॥

मांसल सौंदर्य का मूर्त अंकन करनेवाला यह चित्र संयोग के दिनों का है। विरह में जब यह चित्र विरही मानस पर उभरता है तो उतने ही गहरे दुख की सृष्टि करता है, जितनी प्रगाढ़ तृप्ति संयोग में उससे मिलती थी। इस प्रकार के छंदों में घनानन्द की तीव्र प्रेमानुभूति और असाधारण विरह के कारण का रहस्य खुलता है।

विरही के मन में प्रिया का यह रूप उभरता है। रस (श्रृंगार) और आलस में अथवा रसजन्य (काम तृप्ति के बाद के) आलस्य में भीगी हुई (भोय), जागने पर भी कुछ कुछ सोती हुई सी (अधमुंदी) और पान की पीक से सुशोभित पलकों (प्रिय के पानयुक्त अधरों से चुंबित पलकों पर पीक के चिह्न) से युक्त उस मुख की आभा (ओप) और भी अधिक बढ़ गई है। स्निग्ध अलकावली, जो संवारी गई थी, (रमण के कारण) फैल कर (भवीं) मुख की शोभा को और बढ़ा रही हैं। अंगड़ाई लेती और जम्हाती है, (इससे अंग अंग में जो लहर उठती है तो ऐसा लगता है जैसे) उसके सभी अंगों में बिना अंग वाला (कामदेव) झलक रहा है, अथवा अंगड़ाई और जम्हाई के कारण लहराते हुए उसके अंग काम को मूर्तिमान करते हुए (शरीर देते हुए) झलक रहे हैं। उसके अधखुले अधरों में आधी बातें और मस्ती (खिलंदड़ेपन) की अदाएं छलकी पड़ रही हैं। 'अंगों में अनंग झलक' में विरोधाभास की छटा द्रष्टव्य है।

अंतिम शब्द 'छलकैं' को छंद की मुद्राओं से अलग करके देखें तो इस प्रकार अर्थ होगा कि विरही के मानस में प्रिया की ऐसी छवि, इन मुद्राओं के साथ, छलकी पड़ रही है। इससे उसका विरह अदम्य रूप में भड़क उठता है।

वर्तमान काल की क्रियाओं के आधार पर इसे संयोग का चित्र भी माना जा सकता है। इस दृष्टि से भी इसका महत्व कम नहीं होगा, किंतु विरहावस्था में स्मृति पट पर उभर कर यह श्रृंगार चित्र उद्दीपन (स्मृति संचारी के रूप में) करने में विशेष रूप से समर्थ है।

ऐंद्रिय चित्रों को उभारने में यह छंद विशेष सफल है। अंगड़ाई, जम्हाई, पीकरंगी पलकों के खुलने-मुंदने की गति, अधरों में अनकही बातें, हावपूर्ण चेष्टाएं और अंग अंग में लहरें लेता हुआ अनंग, शुद्ध श्रृंगार का महत्वपूर्ण चित्र है। विरह की दृष्टि से सहज अनुमान लगाया जा सकता है कि ऐसी प्रिया के अभाव का दुख कितना बड़ा होगा। घनानन्द की विरहानुभूति इसी सौंदर्य से अनुप्राणित है।

मांसल सौंदर्य का मूर्त अंकन। संयोग का चित्र। इसे विप्रलंभ के अंतर्गत मानने पर

इसका प्रभाव कई गुना बढ़ जाता है। नायक विरह दशा में प्रिया के रूप और उससे उस समय मिलनेवाली अपनी तृप्ति को स्मरण कर रहा है। स्मृतिचित्र जितना स्पष्ट है, उसके अभाव की वेदना उतनी ही गहरी है। ऐंद्रियता इस चित्र की वह विशेषता है जिसके कारण घनानन्द की असाधारण प्रेमपीर-को सहज ही समझा जा सकता है।

रूप-चमूप सज्यौ दल देखि भज्यौ तजि देसहि धीर-मवासी।
नैन मिलें उर के पुर पैठत लाज लुटी न छुटी तिनका सी।
प्रेम दुहाई फिरी घनआनंद बांधि लिये कुल नेम गुढ़ासी।
रीझि सुजान सची पटरानी बची बुधि बापुरी ह्वै करि दासी ॥ 53 ॥

प्रेम के आवेग में सावधानी, बुद्धि, मर्यादा बोध और नियम विधान सब बह जाते हैं। कोई युक्ति काम नहीं आती। प्रिय के (आलंबन के) रूप के सामने आश्रय (नायिका) का कोई वश नहीं चलता। इसी स्थिति को प्रस्तुत छंद में सांग रूपक के माध्यम से व्यक्त किया गया है। छंद की व्यवस्था ऐसी है कि नायक-नायिका में से किसी को भी आश्रय या आलंबन के स्थान पर प्रतिष्ठित किया जा सकता है। आक्रामक की प्रबलता के आधार पर आलंबन को पुरुष और आश्रय को स्त्रीपक्ष माना जा सकता है। कथन स्वगत, सखी के प्रति अथवा प्रिय के प्रति ही हो सकता है। परिस्थिति के अनुरोध से पूर्वराग मानना उचित होगा, क्योंकि प्रवासविरह की पीड़ा के बदले इसमें रूप पर रीझने की मुग्धता की सूचना अधिक मुखर है।

मेरे अस्तित्व (शरीर और मन) रूपी गढ़ का धैर्यरूपी किलेदार (गढ़पति) तुम्हारे रूप की सेना को देखकर देश छोड़कर भाग गया। (प्रिय का रूप सामने पड़ने पर धीरज भाग गया) तुम्हारे रूप की सेना के मेरे हृदयरूपी नगर में प्रवेश करते ही मेरे नेत्ररूपी भेदिए तुम्हारी ओर जाकर मिल गए। लज्जारूपी मेरी सारी संपत्ति लूट ली गई। तुम्हारे रूप की सेना ने मेरी लज्जारूपी संपत्ति का एक तिनका भी नहीं छोड़ा। मेरे हृदयरूपी नगर और शरीररूपी गढ़ पर तुम्हारे प्रेम के अधिकार हो जाने की दुहाई फिर गई। तुम्हारे रूप और प्रेम की विजय घोषणा होते ही गूढ़ आशय वाले सैनिकों ने (जिनके हृदय में गूढ़ रहस्य भरे हुए थे) कुल नियमरूपी मेरे सहायक सिपाहियों को बांध लिया। तुम्हारे रूप की सेना की सहायता से प्रेमरूपी आक्रामक ने मेरी रीझि (रीझने की शक्ति, अनुरक्ति) को तो अपनी पटरानी बना लिया और मेरी बुद्धि (जो इस समर्पण का विरोध कर रही थी) बेचारी दासी होकर ही बच सकी (यदि उसने दासता को न स्वीकार किया होता तो मारी जाती)।

आक्रमणकारी द्वारा छल-बल से शत्रु के किले पर विजय प्राप्त करने की पूरी प्रक्रिया को ध्यान में रख कर रूपक नियोजित हुआ है। शत्रु के किले में आक्रामक के भेदिए पहले से रहते हैं और सारा भेद बाहर पहुंचाते रहते हैं। आक्रमण के समय भीतर से किले का दरवाजा खोल देने में भी वे कभी कभी सफल हो जाते हैं और गढ़ के भीतर घुसनेवाली आक्रामक सेना के साथ दौड़कर जा मिलते हैं। आश्रय के नेत्रों ने यही किया। आलंबन के रूप की सेना को हृदयरूपी नगर तक ले आने का सारा श्रेय नेत्ररूपी जासूसों का है।

हृदयरूपी नगर और गढ़ पर आलंबन का कब्जा हो गया। आश्रय के नेत्र भी उसी पक्ष के हो गए हैं।

प्रेम के आवेग में विवेक बुद्धि के पराभव का वर्णन रूपक के माध्यम से किया गया है। प्रिय के रूप की सजी हुई सेना ने आश्रय के हृदयरूपी किले पर आक्रमण कर दिया। उसके अपने नेत्रों ने ही शत्रु को भीतर का भेद बताया। अब बुद्धि उस रीझ (अनुरक्ति) की दासी होकर बची है, जो प्रिय के आक्रामक रूप के साथ पटरानी बनकर सिंहासनासीन है। पूर्वराग, संयोग और वियोग सभी परिस्थितियों में छंद महत्वपूर्ण है।

सांग रूपक की कसावट आश्रय की विवशता को मूर्त कर देने में अत्यंत सफल हुई है। कलात्मक समृद्धि भावैश्वर्य को बढ़ाने में ही निखरी है।

अंजन त्यौर ही ताक्यौ करै नित पान लखै मुख-त्यौं-रंग-चायनि।
और सिंगार सदा घनआनन्द चाहैं उमाह सों आपने दायनि।
तू अलबेली सरूप की रासि सुजान बिराजत सादे सुभायनि।
ऐ परि नाच कैं सांच छक्यौ जु लटू भयौ लाग्यौ फिरैं तुव पायनि ॥ 54 ॥

प्रस्तुत छंद में आश्रय निर्विवाद रूप से पुरुष है और आलंबन है सहज सौंदर्य की राशि वह नायिका जिसके अंगों की ओर शृंगार के समस्त उपकरण आशाभरी दृष्टि से देखते रहते हैं कि वह हमें धारण करे और हम कृतार्थ हो जाएं।

प्रेमी प्रिया के प्रति कहता है कि हे रूप की राशि, अलबेली सुजान, स्वाभाविक रूप से, सादगी में ही तुम अद्‌भुत लगती हो।)सुंदरियां आभूषणों से अपने अंग अलंकृत करती हैं किंतु तुम्हारे अंगों में सहज सौंदर्य इतना अधिक है कि वे आभूषण ही याचनाभरी दृष्टि से तुम्हारी ओर देखते रहते हैं।) अंजन तुम्हारी त्यौरियों को देखता रहता है (परम आश्रित व्यक्ति ही स्वामी की त्यौरी चढ़ने से इतना घबराता है कि उसकी दृष्टि कोई काम करते समय स्वामी की त्यौरियों की ओर ही लगी रहती है। वैसी ही अंजन की स्थिति है।) (दूसरी सुंदरियों के अधरों की शोभा बढ़ाने वाला) पान तुम्हारे अधरों पर खिल कर अपनी शोभा बढ़ाने के लिए तुम्हारा मुंह जोहता रहता है। अन्य जितने शृंगार (के उपकरण) हैं, वे सब के सब उमंगपूर्वक तुम्हारे अंगों से लगकर स्वतः प्रकाशित तुम्हारे अंगों से अपना अपना दाय (अभीष्ट सार्थकत्व) पाना चाहते हैं। नृत्य सच्चा होने के लिए (अपनी सार्थकता प्रमाणित करने के लिए) तुम्हारे पांवों पर लट्टू होकर उनसे लगा लगा डोलता है।

उपमेय के सौंदर्य की प्रतिष्ठा के लिए प्रसिद्ध उपमानों को श्रीहीन अथवा न्यून बताकर प्रतीप और व्यतिरेक की योजना की जाती है। प्रस्तुत छंद में प्रसिद्ध उपमानों की चर्चा सीधे नहीं की गई है। सुंदरी के अंगों को अलंकृत करनेवाले आभूषणों को उसके अंगों के समक्ष अत्यंत दीन मुद्रा में याचक के भाव से खड़ा करा दिया गया है। तुलना का सवाल ही नहीं उठता। इस छंद के मुहावरों की शक्ति विचारणीय है। जिस अंग के प्रति आभूषण का याचक भाव वर्णित है, उसी अंग से संबद्ध मुहावरे के द्वारा बात कही गई है। अंजन आंखों का अलंकरण है तो वह त्यौरियां देखता रहता है, पान मुखभूषण है तो

नायिका का मुंह जोहता रहता है और नृत्य उसके पांवों से लिपटा रहता है।

प्रस्तुत छंद भाव की दृष्टि से संयोग श्रृंगार का चित्र है, किंतु विप्रलंभ के संदर्भ में इसकी मार्मिकता बढ़ जाती है। विरही प्रिया के सौंदर्य को स्मरण करता हुआ उसके लिए पल पल तरस रहा है।

पुरुष प्रेमी प्रिया के रूप का वर्णन करता हुआ कहता है कि श्रृंगार के समस्त उपकरण तुम्हारे अंगों से लगकर चरितार्थ होना चाहते हैं।

'नाच कै सांच' नृत्य अपने को सच्चा करने के लिए तुम्हारे पांवों से लगा फिरता है। व्यतिरेक का उत्कृष्ट रूप।

रूप की उलझि आछे आनन पै नई नई,
तैंसी तरुनई तेह-ओपी अरुनई है।
उलटि अनंग रंग की तरंग अंग अंग,
भूषन-बसन भरि आभा फैलि गई है।
महारस-भीर परैं लोचन अधीर तरैं,
आछी ओक धरैं प्यास-पीर सरसई है।
कैसे घनआनंद सुजान प्यारी छबि कहौं,
दीठि तो चकित औ' थकित मति भई है।। 55 ।।

रूप और यौवन से भरपूर प्रिया की छवि का वर्णन करने में अपनी दृष्टि और बुद्धि दोनों को असमर्थ पाकर प्रेमी कहता है :

तुम्हारे सुघड़ (आछे का प्रयोग बड़ी सादगी से हुआ है किंतु व्यंजना इसकी बहुत स्पष्ट है) मुख पर रूप की राशि पूरी की पूरी उंडेल दी गई है। नित्य नई रूपराशि उंडेल दी जाती है (ऐसा लगता है) साथ ही तेजदीप्त लालिमा है जो नए तारुण्य से ही उत्पन्न होती है। (नई विशेषण 'तरुनई' के लिए भी है और रूप की 'उलझि' के लिए भी। तेह या तेहा का अर्थ होता है क्रोध, यहां यौवन के तीखेपन से आशय है।) तुम्हारे अंगों में अनंग (काम) की लहरें उलट कर (रूप के प्रभाव को), वस्त्राभूषणों तक फैल गई हैं। (धारा जब उलट जाती है तो आस-पास के समस्त प्रदेश डुबा देती है। यहां ध्वनि यह है कि तुम्हारे कामोद्दीप्त सौंदर्य से वस्त्राभूषण भी विशेष आकर्षक हो गए हैं।) रूप और यौवन के साथ काम के प्रवाह के उलट जाने से जो महारस (सब कुछ को अपनी बाढ़ में डुबा लेने वाला भाव) उत्पन्न हो रहा है उसके वेग (भीर) में पड़कर (मेरे) नेत्र अधीर हो रहे हैं। मेरे ये नेत्र तुम्हारे सौंदर्य के प्रवाह को अपनी अंजलि (ओक) में भर भर कर पी रहे हैं। उसी महारस में तैर भी रहे हैं, किंतु (विचित्रता यह है कि) इतने पर भी प्यास की पीड़ा तीव्रतर होती जा रही है (प्यास पीर सरसई है)। प्रिया की जिस छवि के सम्मुख आश्रय के नेत्रों की यह दशा है, उस छवि के वर्णन में अपनी पूर्ण असमर्थता प्रकट करता हुआ वह कह रहा है कि उस प्यारी सुजान (जो सघन आनंदरूप है) की छवि का बखान मैं कैसे करूं ? (उसके दो ही माध्यम हैं : दृष्टि और बुद्धि) मेरी दृष्टि (उस रूप के सम्मुख) चकित हो गई और मेरी बुद्धि (जो वर्णनकौशल उत्पन्न करती) थक गई है,

अर्थात उस रूप का वर्णन संभव नहीं है।

अवर्ण्य होने के कई कारण संकेतित हैं, जिनमें नित्य नए रूप का प्रवाह उसको बढ़ाकर अवर्णनीय बना देता है। यही संकट बिहारी के चित्रकारों का है :

लिखनि बैठि जाकी सबी गहि गहि गरब गरूर।
भए न केते जगत के चतुर चितेरे कूर॥

भर अंजलि छककर पीने और उसी में तैरने के बाद भी प्यास का बढ़ना इस रूपजगत की परिचित गति है :

त्यों त्यों प्यासोई रहत ज्यों ज्यों पियत अघाय।
सगुन सलोने रूप की जु न चख-तृषा बुझाय॥ (बिहारी)

प्रिया के असाधारण रूप के वर्णन में असमर्थ प्रेमी की उक्ति है। रूप की उलझि (उफनते हुए रूप की राशि)। मेरे नेत्र अपनी अंजलि में भर भर कर तुम्हारे रूप की राशि का पान करते हैं, किंतु उस उफनते हुए रस की भीड़ उन पर (मेरे नेत्रों पर) पड़ी हुई है। नित्य नए रूप का उफान होता है। वस्त्राभूषण जो सुंदर दिखाई दे रहे हैं सो इसलिए कि उन पर तुम्हारे रूप की आभा फैल गई है। उस रूप का वर्णन कैसे करूं ? दृष्टि चकित है और मति (बुद्धि) थक गई है। 'आछे आनन' और 'तेह ओपी तरुनई' में असाधारण शक्ति भरी हुई है।

सोभा-बरसीली सुभ सील सों लसीली,
सु रसीली हंसि हेरैं हरै बिरह-तपति है।
अति ही सुजान प्रान-पुंज-दान बोलनि मैं,
देखी पैंज-पूरी प्रीति-नीति कों थपति है।
जाके गुन बांधे मन छूटै और ठौरनि तैं,
सहज मिठास लीजै स्वादनि सपति है।
पानिप अपार घनआनंद उकति ओछी,
जतन जुगति जोन्ह कौन पै नपति है॥ 56॥

सौंदर्यवर्णन में घनानन्द अनेक सिद्ध कवियों को पीछे छोड़ जाते हैं। इस छंद में तो निहायत सादगी के साथ उन्होंने अपने को ही पीछे छोड़ दिया है। प्रेमी प्रिया के रूप से इतना अभिभूत है कि वह उसके लिए किसी उपमान की बात सोच ही नहीं सकता। केवल उसकी विभिन्न मुद्राओं के प्रभाव का उल्लेख करता है और अंत में कह उठता है कि उसके रूप का वर्णन कैसे हो सकता है ? भला चांदनी को किसी उपाय से नापा जा सकता है ?

वह कहता है कि शोभा की वर्षा करनेवाली, शुभ शील (सीलन, जो कड़े से कड़े स्वभाव वाले को नरम कर देने में सक्षम है) से युक्त, लसीली (लसीली में आश्रय की दृष्टि को चिपका लेने की क्षमता सूचित है) और पूर्ण रस (शृंगार) से भरी हुई (वह प्रिया) जब एक बार किसी की ओर हंसकर देख लेती है (हेरैं) तो वह (आश्रय, दर्शक के) विरहताप का हरण कर लेती है। (एक दृष्टि में इतनी अनुकूलता है) वह अति कुशल

(सुजान) है अतः बोलती है तो प्राणपुंज का दान कर देती है। (विरही प्राणशून्य हो और यह एक बार उससे बोल दे तो उसके प्राण लौट आते हैं।) वह प्रण की पूरी दीखती है अर्थात संकल्प की दृढ़ता उसमें स्पष्ट दिखाई देती है। रूप की संपूर्णता की प्रतिज्ञा उसके सौंदर्य में पूरी हो जाती है। इस प्रकार प्रण की पूरी होने के कारण (जैसी सुंदरियां प्रायः नहीं होतीं) वह प्रीति की नीति को पूरी तरह स्थापित करती है (थपति)।

विरहताप को हरने में सक्षम दृष्टि, सुधोपम प्राणसंचारिणी वाणी और प्रीति रीति की स्थापना करनेवाली दृढ़ता उसे अन्य सुंदरियों से अलग कर देती हैं। इसीलिए उस प्रिया के गुणों से बंध जाने पर (प्रेमी, आश्रय का) मन और सभी स्थानों (आकर्षण-केंद्रों) से छूट जाता है। (गुन के श्लेष पर आधारित विरोध का चमत्कार उत्कृष्ट है। रस्सी से बंधा हुआ मुक्त होने की विपरीत अवस्था है। यहां प्रिया के गुणों (रस्सी और विशेषताएं) से बंधकर प्रेमी अन्य सब बंधनों से मुक्त हो जाता है। इस विरोधाभास के आधार पर पूरे छंद में एक रहस्यात्मकता आ जाती है।)

प्रेमी कहता है कि उस (प्रिया) की सहज मिठास (दृष्टि की, वाणी की, रूप की, स्पर्श की अर्थात संपूर्ण प्रभाव की) पा लेने पर (जो तृप्ति मिलती है, वह तृप्ति) संपूर्ण (सांसारिक) स्वादों को शाप दे देती है अर्थात नगण्य ठहरा देती है।

अंतिम चरण में प्रिया के प्रभाव से अभिभूत प्रेमी कहता है कि वह रूप का पानी (पानिप, मोती के पानी की तरह) अपार है। (उसकी कोई सीमा नहीं हो सकती) दूसरी ओर उसका वर्णन करने के लिए मनुष्य के पास जो साधन है—वाणी (उक्ति), वह बहुत उथली (ओछी, असमर्थ) है। इस असमर्थ वाणी से उस रूप का वर्णन करना संभव नहीं है। (वह पूछता है कि) क्या किसी उपाय और साधन (जतन जुगति) से चांदनी को नापा जा सकता है ?

तुलसीदास की 'साक बनिक मनिगन गुन जैसे' जैसी पंक्तियों में जो व्यंजना है, घनानन्द का रागपूरित मन इस अछूते तर्क से उससे भी आगे बढ़ जाता है।

इस सौंदर्यवर्णन में केवल प्रभाव की बात है। कहीं भी उपमान योजना द्वारा कोई तुलना नहीं की गई है। पूरा छंद स्वानुभूति की सघनता से अनुप्राणित है। स्वानुभूति की यही आवेगमयी तीव्रता घनानन्द के असाधारण विरह के मूल में है।

प्रिया के रूपैश्वर्य की अवर्णनीयता। परंपरागत अलंकार योजना से रहित इस छंद में घनान्नद का रागपूरित हृदय प्रिया के अकथनीय सौंदर्य का आभास सहज ही करा देता है। वह केवल इतना कहता है कि पानी (रूप का पानी, मोती के पानी की तरह) अपार है और उसको वर्णन में बांधने वाली प्रत्येक उक्ति ओछी है। भला ज्योत्स्ना किसी के द्वारा मापी जा सकती है ?

पांचवीं पंक्ति में असंगति का ललित प्रयोग। स्मृतिचित्र के रूप में इसका प्रभाव बढ़ जाता है।

रति-सांचें ढरी अछवाई भरी-पिंडुरीन गुराइयै पेखि पगै।
छबि घूमि घुरै न मुरै मुरवान सों लोभी खरो रस झूमि खगै।

घनआनंद एड़िनि आनि मिड़ै तरवानि तरे तें भरै न डगै ।
मन मेरो महाउर चायनि च्वै तुव पायनि लागि न हाथ लगै ।। 57 ।।

ऐंद्रिय शृंगारदृष्टि से पुरुष के मन का प्रगाढ़ राग सुंदरी प्रिया के प्रति इस छंद में मुखर हो उठा है। प्रस्तुत छंद में रूपवर्णन की एक अन्य विशेषता यह है कि इसमें प्रिया की पिंडलियों के नीचे पांवों और उनके उपांगों का ही वर्णन हुआ है। भारतीय सौंदर्यदृष्टि से नखशिख में सभी अंगों की गणना तो होती है किंतु पांवों (विशेषतः पिंडलियों) पर इतना ध्यान केंद्रित नहीं किया जाता है। पाश्चात्य सौंदर्यदृष्टि में पिंडलियों का महत्व अवश्य बहुत अधिक है। इस छंद से घनानन्द के अंतर में पैठे सौंदर्यपूजक प्रेमी की ऐंद्रिय दृष्टि पहचानी जा सकती है।

प्रिया के पांवों पर रीझा हुआ प्रेमी कहता है कि मेरा मन, गति के सांचे में ढली हुई रमणीयता और तराश की सफाई से भरी हुई (अछवाई का अर्थ सफाई होता है। आगे गोराई का उल्लेख अलग से है, इसलिए यह तराश की सफाई ही हो सकती है।) तुम्हारी पिंडलियों की गोराई को देखकर उसी में लिप्त हो गया (पगै)। पांवों की मादक छवि में मेरा मन उन्मत्त (घूमि) वहीं चक्कर काटता रहता है (घुरै)। रूप का लोभी वह (मेरा मन) तुम्हारे मुरवों (पांव का गट्टा=मुरवा। दोनों पांवों के लिए बहुवचन मुरवान) को छोड़कर वहां से वापस मेरी ओर मुड़ता ही नहीं, वहीं अड़ गया है (खगै) और रसमत्त होकर झूमता रहता है। (मेरा मन मेरी ओर लौटने के बदले तुम्हारे पांवों के नीचे सरकता जा रहा है) हे सघनआनंदरूप प्रिय, तुम्हारी एड़ियों से मेरा मन चिपक गया है (मिड़ै) और एड़ियों से भी आगे बढ़कर तुम्हारे पांवों के तलवों (तरवानि) के नीचे से (उनकी लालिमा में खो जाने पर) तो वह डग ही नहीं भर रहा है। तुम्हारे पांवों में लगे महावर के चाव (अनुराग) में (मेरा मन) चू गया है। (अंत में घनानन्द की विशिष्ट मुहावरेबाजी का कमाल है। प्रेमी कहता है कि इस प्रकार) तुम्हारे पांवों से लग कर, मेरा मन, अब मेरे हाथ नहीं लगता अर्थात तुम्हारे पांवों के असाधारण सौंदर्य के कारण मेरा मन मेरे हाथ से निकल गया। पांवों से लगकर हाथ न आने के विरोध में भी गजब की शक्ति है।

सुजान के रूप पर रीझ कर बादशाह की उपेक्षा करनेवाले घनानन्द का यह मन ही उनके काव्य को इस कोटि का काव्य बनाने में समर्थ है। रूपासक्ति के सहज और आवेग-मय चित्र की प्रस्तुति इस छंद की वह विशेषता है जो अन्यत्र दुर्लभ है।

ऐंद्रिय चित्र और मांसल सौंदर्य के प्रति घनानन्द की आसक्ति इस छंद में स्पष्ट है। पिंडलियों से लेकर महावर लगे पांवों तक का सौंदर्य इतने समर्थ ऐंद्रिय चित्र का विधायक अन्य कवियों के यहां प्रायः नहीं है। 'तुम्हारे पांवों से लगकर मेरा मन मेरे हाथ नहीं लगता' में लोकोक्ति की परिष्कृति अप्रतिम रूप में हुई है। ऐसी ही रीझ बादशाह की उपेक्षा करा सकती थी।

अनान की सुथराई कहा कहौं जैसी विराजति है जिहि औसर।
चंद तौ मंद मलीन सरोरुह एकहू रंग न दीजियै जौ सर।
नैन अन्यारे तिरीछी चितौनि मैं हेरि गिरै रतिप्रीतम कौ सर।
जान हियें घनआनंद सौं हंसि फैलि फबै सु चमेली की चौसर॥ 58 ॥

प्रिया मुख की बेधक माधुरी के साथ उसकी हंसी को मूर्त करने वाला यह छंद सौंदर्य के प्रभाव की व्यंजना की दृष्टि से उत्कृष्ट कोटि का है। प्रिया के रूप पर मुग्ध प्रेमी कहता है :

मुख की सुघड़ता (सुथराई) का वर्णन किस प्रकार करूं ? (जब जैसा अवसर हो उसके अनुरूप पहले से अधिक बढ़कर प्रकट होने वाली उस आभा के विषय में कुछ भी कहना अपर्याप्त होगा) जिस अवसर पर वह आभा जैसी विराजती है, उसका वर्णन नहीं किया जा सकता। (जहां तक उपमानों के आधार पर उसका वर्णन करने का सवाल है) चंद्रमा उसके सामने (दीप्ति की कमी के कारण) मंद पड़ जाता है और कमल (मुख की ताजगी के समक्ष) मलिन हो जाता है। (संपूर्ण सृष्टि में) एक भी रंग ऐसा नहीं है जिससे उस मुख की समता की जा सके (दीजियै जौ सर)। उस प्रिया के अनियारे (नुकीले) नयनों से तिरछी चितवन जब चलती है तो रति के प्रियतम (काम) के बाण (आश्रय के हृदय में) गिरने लगते हैं अर्थात अपनी तिरछी और नुकीली चितवन से वह प्रिया जिसकी ओर देखती है उसके हृदय में काम के बाण भर जाते हैं। इसका एक और अर्थ भी किया जा सकता है कि काम के बाण प्रिया की चितवन को देखकर (उसके इशारे पर) ही चलते हैं। सघन आनंद से भरी हुई जब वह प्रिया (जान) हंसती है तो (उसकी उज्ज्वल हंसी मूर्त होकर) गले में पड़ी हुई चमेली की चौलड़ी माला (चौसर) के रूप में फबती है।

अंतिम पंक्ति में भाषा का संकेत काफी दूर तक है। घनानन्द ने अपने छंदों में 'जान' या 'सुजान' का प्रयोग स्त्री और पुरुष दोनों के अर्थ में किया है। यहां अगर 'जान' का अर्थ नायक (आश्रय) मानें तो अर्थ होगा 'उस प्रिया की सघन आनंद देने वाली हंसी समझदार प्रेमी (जान=आश्रय) के हृदय में (वक्षस्थल पर) चमेली की चौलड़ी माला बनकर खिलती है।' घनानन्द का एक अन्य रूपचित्र इस संभावना को पुष्ट करता है :

हंसि बोलनि में छवि फूलन की बरखा उर ऊपर जाति है ह्वै।

वैसे यह मानकर भी अर्थ किया जा सकता है कि प्रिया के गले में चमेली की चौलड़ी माला पड़ी हुई है जिसके साथ उसकी उज्ज्वल हंसी और भी शुभ्रता के साथ फैल जाती है।

व्यतिरेक के सुंदर प्रयोग के साथ ही अलंकार के परंपरागत रूप से आगे के संकेत छंद में हैं। पहली पंक्ति की असमर्थता का रहस्य प्रतिपल प्रिया के सौंदर्य में आनेवाली नवीनता में है। 'क्षणे क्षणे यन्नवतामुपैति तदेवरूपम्।' संपूर्ण चित्र को यदि स्मृति में उभरा मान लें तो काव्यार्थ में और मार्मिकता आ जाती है।

प्रिया के मुख की अपूर्व माधुरी और उसकी उज्ज्वल हंसी का मूर्तीकरण। व्यतिरेक

का ललित रूप तो है ही, प्रतिपल वर्धमान सौंदर्य का संकेत बहुत स्पष्ट है। 'जैसी विराजति है जिहि औसर', ऐसी सुथराई अवर्णनीय है। नेत्रों की तिरछी चितवन को देखकर (चितवन का अनुसरण करते हुए) काम के बाण (आश्रय के मर्मस्थल पर) गिरते हैं। उज्वल हंसी उस सुजान के हृदय (वक्षस्थल) पर चमेली की माला की भांति फबती है।

अंगुरीन लौं जाय भुलाय तहीं फिरि आय लुभाय रहे तरवा।
चपि चायनि चूर ह्वै एड़िनि छ्वै धपि धाय छकै छवि छाय छवा।
घनआनंद यौं रस-रीझनि भीजि कहूं बिसराम विलोक्यौ न वा।
अलबेली सुजान के पायन-पानि पर्यो न टर्यौ मन मेरो झवा ।। 59 ।।

प्रमी प्रेमिका के पांवों के सौंदर्य पर लुटे हुए अपने मन की स्थिति का वर्णन कर रहा है। यह कथन सीधे नायिका को संबोधित नहीं है (उसका उल्लेख अन्य पुरुष में है) अतः इसको दूतीकथन का संदर्भ दिया जा सकता है। नायिका तक उसकी (प्रेमी की) बात पहुंच जाए, इसलिए वह अपने मन की हालत सखी या दूती से कह रहा है।

पहले मेरा मन (प्रिया की) अंगुलियों (पांव की) तक गया और वहीं भूल गया। (वहां से किसी तरह बचा तो) फिर तलवों तक आकर लुब्ध हो गया। (तलवों के सौंदर्य के प्रति लोभ का परिणाम यह हुआ कि) उनसे (तलवों से) चंपकर (यद्यपि चंपते हुए भी मन ने स्नेह—चायनि—का ही अनुभव किया) चूर चूर होकर (किसी तरह) दौड़कर (धपि) एड़ियों को छूकर (बच सका) अर्थात तलवों की पकड़ से छूट सका। वहां पर फिर छवा (एड़ी के पीछे का भाग) की छवि से छाकर (आप्लावित होकर) छक गया। इस प्रकार मेरा मन रस और रीझ (अथवा रीझ के रस) के सघन आनंद से भीग गया। वह बेचारा (वा) कहीं भी विश्राम का दर्शन न पा सका अर्थात मन बेचारे को कहीं विश्राम न मिला।

(अंत में घनानन्द की लाक्षणिक शैली का चमत्कार है) उस अलबेली प्रिया सुजान के (सुंदर) पांवों के हाथों में पड़ा हुआ मेरा मन (वहां से) हट न सका (और) वहीं (उन पांवों को साफ करने वाला) झंवा बनकर रह गया।

रीतिकालीन कविता में गुलाब की पंखुड़ी का झंवा, प्रेमी की पलकों का झंवा तो वर्णित है, यहां घनानन्द प्रेमी के मन से ही प्रिया के पांवों के लिए झंवा का काम ले रहे हैं।

'पांवों के हाथों पड़ा मन' विलक्षण प्रयोग है।

अद्भुत रूपश्री वाली सुजान के पांवों के हाथ पड़ा हुआ मेरा मन उसके पांवों का झंवा होकर रह गया है। बिहारी गुलाब की पंखुड़ी के झंवा की बात करते हैं, यहां मन (प्रेमी का मन) झंवा होकर रह गया है। 'पायन-पानि' में लाक्षणिक ढंग से मुहावरे का प्रयोग अप्रतिम है।

आड़ न मानति चाड़-भरी उघरी ही रहे अति लाग-लपेटी।
ढीठि भई मिलि ईठि सुजान, न देहि क्यौं पीठि जु दीठि सहेटी।

मेरी ह्वै मोहिं कुचैन करैं घनआनंद रोगिनि लौं रहैं लेटी।
ओछी बड़ी इतराति लगी मुंह नेकौ अघाति न आंखि निपेटी ॥ 60 ॥

प्रिय के रूप को बार बार देखतीरहने पर भी भूखी आंखों पर खीझती हुई नायिका स्वगत कहती है कि प्रिय के रूप को देखते रहने के बावजूद ये भूखी आंखें रात-दिन अतृप्त ही रहती हैं। पूर्वराग की अवस्था है।

अपनी आंखों की अतृप्ति से बेचैन नायिका कह रही है कि ये प्रणयोत्साह (चाड़) से इतनी भरी हुई हैं कि ओट का भी ख्याल नहीं रखती। (गुरुजनों या अन्य लोगों की आंख की ओट ही प्रिय की ओर देखना उचित है किंतु ये ऐसा कोई बंधन नहीं मानतीं) ये लाग (प्रीति) से इतनी लिपटी हैं कि (प्रिय को देखने के लिए) सदा खुली ही रहती हैं। (उघरी, नंगी रहना भी मुहावरा है 'लोकलाज छोड़कर किसी के पीछे पड़ना'।)

ये (आंखें) ढीठ हो गई हैं। (किसी का ख्याल नहीं करतीं) विशेषतः अपने इष्ट (काम्य) सुजान (सयाने प्रिय) से मिलकर (इनकी धृष्टता और बढ़ गई है) इन आंखों की आंखें (दीठि) सदा सहेट (संकेत स्थल, मिलन स्थल, यहां तात्पर्य प्रिय का रूप) की ओर लगी रहती हैं, वहां से कभी पीठ नहीं देतीं अर्थात पीठ नहीं फेरतीं।

ये आंखें मेरी हैं किंतु मुझे सदा बेचैन करती हैं (मेरी होने के कारण मुझे कोई छूट देने के बदले सताती हैं) और ये रोगिनी की तरह लेटी रहती हैं (प्रियदर्शन के निमित्त एकटक निश्चेष्ट पड़ी रहती हैं)।

ये इतनी ओछी हैं (थोड़ी उपलब्धि पर इतरानेवाली) कि इतने में ही (पूर्वराग में प्रिय का दूर से दर्शन मात्र पाने पर) इतरा रही हैं। ये मेरे मुंह लग गई हैं (मेरा अनुशासन नहीं मानतीं) और ये (वैसे तो) निपेटी हैं (आंखों के पेट नहीं होता, किंतु 'निपेटी' की वक्र व्यंजना 'पेटू' होने की है) किंतु जरा भी (नेकौ) तृप्ति का अनुभव नहीं करतीं, रात-दिन भूखी रहती हैं।

पूर्वराग का चित्र। प्रिय के रूपैश्वर्य को देखकर प्रेमी की आंखें जिस अतृप्ति का अनुभव करती हैं, उसी का वर्णन है। आश्रय को रात-दिन कुचैन (विकलता) में डाले रखने वाली भुक्खड़ आंखें बड़ी ओछी हैं। इस छंद में एक साथ ग्यारह मुहावरों का प्रयोग हुआ है। तुलनीय :

त्यों त्यों प्यासोई रहत, ज्यों ज्यों पियत अघाय।
सगुन सलोने रूप की जु न चख-तृषा बुझाय॥ (बिहारी)

निपेटी : इस शब्द का प्रयोग घनानन्द ने अन्यत्र भी किया है :

देखियै दसा असाध अंखियां 'निपेटनि' की
भसमी बिथा पै नित लंघन करति हैं।

(विश्वनाथ प्रसाद मिश्र : घनआनन्द कवित्त, छंद 29, पृ० 56.)

पानिप अनूप रूप जल कों निहारि मन,
गयौ हो बिहार करिबे कौं चाय ढरि कै।
परयौ जाय रंगनि की तरल तरंगनि मैं,
अति ही अपार ताहि कैसें सकै तरि कै।
धीर तीर सूझत कहूं न घनआनंद यौं,
बिबस बिचारो थक्यौ बीच ही हहरि कै।
लेस न सम्हार गहि केसनि मगन भयौ,
बूड़िबे तें बच्यौं को सिवार कों पकरि कै॥ 61॥

प्रिया के रूपजल की अगाध गहराइयों में प्रिय के मन के डूब जाने का वर्णन है। डूबने से बचने के लिए प्रेमी के मन ने जो उपाय किए वे व्यर्थ हो गए। मन उस रूप राशि में पूर्णतः मग्न हो गया।

(प्रिया के) रूपजल की अनुपम शोभा (पानी का पानी, पानी की चमक) को देखकर (मेरा) मन चाव (चाह) से द्रवित होकर (ढरिकै) बिहार करने (जलक्रीड़ा करने) गया। वहां जाकर (रूपजल के अतिरिक्त) विविध वर्णों अर्थात रंगों की तरल तरंगों में पड़ गया। अब उन लहरों को तैरकर वह कैसे पार करता? (ये रंग नायिका के अधरों, नेत्रों, केशराशि आदि के हैं।) [समुद्र की 'रंगवाली लहरों' के संदर्भ में ऐसी 'उत्ताल लहरें' जिनके बारे में कुछ भी नहीं कहा जा सके। (अपार-सागर)]।

रूपसागर में डूबते हुए मन को धैर्यरूपी तट (किनारा) कहीं दिखाई नहीं पड़ा। अतः मन बेचारा विवश होकर (घबरा कर) बीच में ही थक गया (उसने बचने की आशा छोड़ दी)। थोड़ा सा भी, वह (मन) अपने को संभाल पाने में असमर्थ हो गया। सहारे के लिए उसने (नायिका के) केशों को पकड़ा, किंतु (प्रेमी का कथन है कि) पूरी तरह डूब गया। भला कोई डूबता हुआ आदमी डूबने से बचने के लिए सिवार (शैवाल) को पकड़े, तो क्या बच सकता है? अर्थात सिवार को पकड़कर कौन बचा है? शैवाल केशराशि का उपमान है।

प्रिया के रूपजल की अगाध गहराइयों में प्रेमी के मन के डूब जाने का वर्णन है। संपूर्ण रूपक का आधार बालों का परंपरागत उपमान है, शैवाल। शैवाल (अर्थात केश-राशि) (रूपकातिशयोक्ति) को पकड़ कर बचने का प्रयत्न करने वाला क्यों न डूब जाता? भला कोई शैवाल पकड़ कर डूबने से बचा है? घनानन्द का काव्यार्थ किसी रूढ़ि का आश्रित नहीं होता। यह अपवाद है।

'पानिप अनूप रूप जल' में यमक तो है ही, साथ ही यह (पानी का पानी) एक विलक्षण प्रयोग भी है।

सिसुताई-निसि सियराई बाल-ख्यालन मैं
जोबन-विभाकर उदोत-आभा है रली।

गमागम-बस भयौ रस कौ समागम है,
आगे तें अधिक अब लागन लगी भली।
सकुच विकच दसा देखौं मन आई मनौ,
चाहति कमल होन कौन रूप की कली।
बड़भागी रागी अलि, ऐहै घनआनंद सों,
आंखिन सिरै है मधु लैहै भावतो अली ॥ 62 ॥

इस छंद में घनानन्द ने वय:संधि की अवस्था में प्रिया के अंगों पर सौंदर्यागम का वर्णन किया है। मध्यकाल में ऐसे चित्र नहीं के बराबर ही हैं। विशेषत: कली का कमल बनने (पुष्प) को उन्मुख होना, यौवनोन्मुख सौंदर्य के लिए अद्भुत उपमान है। नायिका की इस उभरती हुई शोभा से प्रभावित कोई सखी उसका वर्णन कर रही है। (रूपक और उत्प्रेक्षा)।

शैशव (सिसुताई) रूपी रात्रि बालसुलभ खेलों में ही बीत गई। (उसे मालूम भी नहीं हुआ कि कब शैशव बीता।) अब (उसके शरीर पर) यौवनरूपी सूर्य के उदयकाल की आभा (उषाकालीन अरुणाभा) छाई हुई है। इस गमन और आगमन (गमागम : शैशव का गमन और यौवन का आगमन) के फलस्वरूप (बस) रस का (आनंद का) समागम (सम्यक रूप से आगमन) हो गया है। (उसमें रस पूर्णरूप से भर गया है।) अत: (वह) अब पहले से (आगे से) अधिक भली लगने लगी है। संकोच सहित उसके अंगों (उरोज, नितंब, नेत्र आदि) में विकास (विकच, खिलने) की दशा को देखकर मन में यह बात आती है, (जैसे) यह कोई रूप की कली है जो खिलकर फूल बनना चाहती है (कमल का प्रयोग खिले हुए कमल अर्थात 'पुष्प' के रूप में किया गया है)। रूपकातिशयोक्ति।

सखी कहती है कि वह कोई बड़ा भाग्यशाली प्रेमी (रागी, रागयुक्त) (घनानन्द के समान) आएगा जो भ्रमर (अली) बनकर अपनी (प्रणयलुब्ध) आंखों को शीतल करेगा (सिरै है) और उस विकसित यौवन पुष्प का मधु ग्रहण करेगा। 'घनानन्द' कवि की 'छाप' भी है किंतु सघन आनंददाता प्रेमी कृष्ण, रसिक आदि अनेक रूपों में छंदों में आता है। 'घनानन्द' की यह विशेषता है कि 'कवि नाम' का सर्वत्र सार्थक प्रयोग हुआ है, कहीं भी वह निरर्थक 'छाप' के रूप में नहीं आया है।

वय:संधि पर प्रिया के रूप वर्णन की दृष्टि से यह छंद अपनी सहजता में अप्रतिम है। 'आगे ते अधिक अब लागन लगी भली' की व्यंजक सादगी अद्भुत है। विकास दशा की व्यंजना इस प्रकार है : रूप की कली फूल बनने चली है। पुरुष दृष्टि की आसक्ति पूर्ण चित्र को ऐंद्रियता देने में समर्थ है।

साखा-कुल टूटै ह्वै रंगीली अभिलाषा-भरी,
परि द्वै पखान बीच्र घसनि घनी सहै।
सोच सूखी इते मान आनि कै सलिल बूड़ै,
घुरि जाय चायनि की हाय गति को कहै।

तऊ दुखहाई देखौ छिदति सलाकनि सौं,
प्रेम की परख दैया कठिन महा अहै ।
प्रिय-मनसा लौं वारी मिहंदी अनंदघन
एरी जान प्यारी नेकु पायनि लग्यौ चहै ।। 63 ।।

गंभीर भावावेग के स्वत:स्फूर्त प्रकाशन के प्रति अधिक सतर्क रहने के कारण नाटकीय परिस्थितियों को घनानन्द बचा जाते हैं। भावावेग के कारण सहज वक्रता के समान ही नाटकीय प्रसंग भी जब कहीं उनके छंदों में आते हैं तो छंद की मोहकता बढ़ जाती है। प्रस्तुत छंद इसी कोटि का है जिसमें नायिका के पास नायक की सखी या दूती या नायिका की ही सखी मेंहदी पीस कर ले आई है। मेंहदी और प्रेमी की कामना को एक साथ अभिव्यक्त करने वाले श्लिष्ट प्रयोगों के द्वारा मेंहदी लगवाने का आग्रह प्रेमी को स्वीकार कराने का आग्रह बनाकर प्रकट किया गया है। पर्यायोक्ति अलंकार में अर्थात बहाने से अपनी बात कहने का ढंग मान लेने पर यह दूती कथन ही प्रतीत होता है।

सखी या दूती कहती है कि यह (मेंहदी) वृक्ष की शाखारूपी अपने कुल से टूट कर (तोड़ी जाकर) और अभिलाषा से भरी हुई (अनुराग के कारण) रंगीली होकर, दो पत्थरों (सिलबट्टा) के बीच कठोरता से घिसे जाने (की यातना) को सहन करके (इतने कष्ट के) सोच में सूख गई। यह इस सीमा तक सूख गई कि बाद में इसे जल में डूब जाना पड़ा। फिर (उसी जल में) यह गहन चाव (प्रेम) के कारण घुल गई। इसकी (यातनामयी) गति का वर्णन कहाँ तक किया जाए। उसके बाद भी यह दुख की मारी (दुखहाई) मेंहदी सलाखों से छेदी गई। हे ईश्वर (हाय दैया !) प्रेम की यह परख (परीक्षा) बहुत कठोर है। (इस कठिन परीक्षा को पार करके तब यह मेंहदी तुम तक पहुंची है।) अब यह तुम्हारे पांवों से उसी प्रकार लग जाना चाहती है जिस प्रकार तुम्हारे प्रेमी की मनोवृत्ति तुम्हारे पांवों से लगना चाहती है।

मेंहदी की पत्ती डाल से तोड़कर, सुखाकर, पीसी जाती है, फिर पानी में घुलाई जाती है। तब लोहे की पतली तीलियों के सहारे हाथों या पांवों में लगाई जाती है। इस पूरी प्रक्रिया को व्यक्त करने वाली शब्दावली श्लिष्ट रखी गई है, जिससे प्रेमी की मनोवृत्ति और मेंहदी की आकांक्षा को जोड़ा जा सके।

प्रेमी की मनोवृत्ति (मनसा) पहले (प्रिया की ओर आकर्षित होने के कारण) अपने कुल की शाखा से टूट गई। अनुराग की अभिलाषा से रंगी गई। दो पाटों (अपनी आकांक्षा और उसके विरुद्ध लोकलाज मर्यादा का ध्यान) के बीच पड़ी हुई घर्षण (संघर्ष) को झेलती रही। सोच (चिंता) में वह (प्रिय की मनसा) सूखती रही। इसके बाद जल (आंसू) में डूबकर घुलती रही। इतने पर भी संतोष न हुआ तो दुख की मारी वह (प्रिय की मनसा) सलाखों से (तुम्हारे कटाक्ष से अथवा अन्य लोगों के वचनवाणों से) विद्ध होती रही है। प्रिय की मनसा (तुम्हारी ओर आकर्षित होने के बाद) इस कठिन परीक्षा में पड़ती रही है। हाय दैया, कितनी कठिन परीक्षा है यह ! हे सुजान प्यारी, इतने कष्ट के बाद प्रिय की मनसा, तुम्हारे पांवों से लगना चाहती है। (तुम सब कुछ जानती हो,

क्या अब भी अवसर न दोगी ?) उस प्रकार ही यह मेंहदी भी इतनी कठिन परीक्षा के बाद तुम्हारे पांवों से लगना चाहती है।

यहां सांगरूपक की योजना न करके घनानन्द ने स्वाभाविकता की रक्षा की है। सारा वर्णन मेंहदी का है। इतनी कठिन परीक्षा के बाद यह मेंहदी प्रिया के पांवों में लगने को आकुल है, ठीक वैसे ही जैसे प्रिय की मनसा। प्रिय की मनसा के कष्ट व्यंजित होकर पाठक के मन में उभरते हैं। बाद में श्लिष्ट अर्थ की ओर ध्यान जाता है कि जो कुछ मेंहदी को सहना पड़ा है वही सब प्रिय की मनसा को भी झेलना पड़ा है। इस समय दोनों कृतार्थ होना चाहती हैं।

अंतिम पंक्ति में 'अनंदघन' और 'जान' शब्दों के स्थान पर ध्यान दें तो एक संकेत स्पष्ट हो उठता है। सखी कह रही है कि यह मेंहदी अनंदघन की (की ओर से) है और हे प्यारी सुजान, (उन्हीं की) मनसा की भांति तुम्हारे पांवों से लगना चाहती है। 'वारी' शब्द सखी का अपने प्रति कथन (मैं वारी जाऊं) भी हो सकता है, अथवा मेंहदी का विशेषण भी हो सकता है। जब मेंहदी का विशेषण होगा तो प्रिय की मनसा के साथ स्वतः लग जाएगा।

पूर्वराग या मान दोनों प्रसंगों में कथन का सौंदर्य समान रूप से सुरक्षित रहता है।

नायक की दूती या सखी का निवेदन नायिका से। दूती या सखी मेंहदी पीसकर लाई है और कहती है कि यह मेंहदी प्रेमी की कामना के समान तुम्हारे पांवों से लगने की अभिलाषिणी है। प्रेमी की कामना और मेंहदी की समानता पूरे छंद में श्लेष के आधार पर दिखाई गई है।

मान या पूर्वराग में प्रणय निवेदन बड़े नाटकीय ढंग से किया गया है।

उपमा, रूपक, श्लेष, विरोधाभास, पर्यायोक्ति।

हमैं तुम्हैं आजु लौं न अन्तर हो प्रान प्यारे
कहां तें दुर्‌यौ सो बैरी आंडे आनि है भयौ।
जियरा बिचारो इन सोचनि समाय जाय,
हियरा उदेगनि उजार सम ह्वै गयौ।
रावरे हू रंचक बिचारि देखौ जानमनि,
कौन के सहाय आय महादुख या दयौ।
मारि टारि दीजै ऐसो नीच बीच भलो नाहिं,
वहै रसभीनौ घनआनंद रहै छयौ॥ 64॥

अपने और प्रिय के बीच किसी प्रकार का अंतर (मतभेद या दूरी) न रखनेवाली नायिका को एक दिन पता चलता है कि प्रिय के मन में कोई अन्य बात आ गई है और वह उसे छोड़कर चला जाना चाहता है या चला गया है। इसी दुख से संतप्त वह प्रिय से ही कह रही है। मान और प्रवास दोनों प्रसंगों में कथन की मार्मिकता समान रहती है।

वियोगिनी कहती है कि हे प्राणों के प्यारे, आज तक तो हमारे तुम्हारे बीच कोई अंतर था ही नहीं। (हम एकात्म थे) अब यह अंतर (पार्थक्य का भाव) कहां से आकर

सामने पड़ गया है ? यह कहां छिपा हुआ था, जो इतने बड़े शत्रु के रूप में आकर अड़ गया है ? मेरा जी (जियरा) बेचारा इसी सोच से भर गया है। मेरा हृदय (हियरा) उद्वेग के कारण उजाड़ (उजड़ा हुआ स्थान, रेगिस्तान) के समान हो गया है। (उद्वेग के ताप की तीव्रता से हृदय की सारी आर्द्रता सूख गई है। जियरा और हियरा के प्रयोग और उनके बीच का सूक्ष्म अंतर अत्यंत मार्मिक है।) हे ज्ञानियों में शिरोमणि (जानमनि), तनिक विचार करके तो देखो कि यह अंतर (पार्थक्य भाव) किस (शत्रु) की सहायता से आकर हम लोगों को इतना बड़ा दुख दे रहा है। (संकेत यह कि कोई प्रच्छन्न शत्रु है जो इसको प्रेरित और उत्साहित कर रहा है अन्यथा इसकी अकेले यह हिम्मत नहीं हो सकती थी) हे प्रिय ! हम दोनों के बीच में इस नीच (अंतर) का रहना भला नहीं है। इसे मार कर यहां से हटा दीजिए (जिससे हम आप फिर एक हो जाएं और उसके परिणामस्वरूप) वे ही आनंद सघन की वर्षा करने वाले बादल हमारे ऊपर छाए रहें।

'अंतर' को शत्रु के रूप में रखकर उसका मानवीकरण घनानन्द की विदग्धता का सहज परिणाम है।

ध्यान देने की बात यह है कि एक छंद में यह विरहिणी कहती है कि 'हम लोग अपने बीच हार को भी पहाड़ की तरह मानते थे (तब हार पहार से लागत हे—दे० छंद 4)।

प्रस्तुत छंद में एकात्मभाव को और भीतरी स्तर पर लिया गया है।

'कौन के सहाय आय महादुख या दयौ' में जिस प्रच्छन्न शत्रु का संकेत है, वहीं कोई अन्य सुंदरी हो सकती है जिसके आ जाने से यह 'अंतर' उपस्थित हो गया है। यह बात सीधे न कही जाकर बड़ी कुशलता के साथ संकेतित है, 'तुम्हीं सोचो (तुम जानमनि हो) तुम्हें तो पता चल ही जाएगा कि ऐसा क्यों हुआ है।

अंतिम संकेत यह कि मेरे तुम्हारे साथ रहने पर जो रसभीना आनंद बरसता रहता था, वह फिर तभी संभव है जब हम एक हो जाएं अर्थात उस तीसरे से यह नहीं मिलेगा।

प्रवासी को संबोधित करके विरहिणी कहती है कि हे प्रिय, मुझमें और तुममें कभी कोई अंतर नहीं था। यह नीच (अंतर) कहां से आ गया है ? इसे मारकर भगा दीजिए ताकि वे ही रसभीने आनंद के बादल पुनः छाए रहें। ध्वनि यह कि इस नीच को नष्ट करने आ जाओ।

अन्तर गठीले मुख ढीले ढीले बैन बोलौ
सुन्दर सुजान तऊ प्राननि खरे खगौ।
सांच की सी मूरति ह्वै आंखिन में पैठो आय
महानिरमोही मढ़े मोह सों हियो ठगौ।
आनन्द के घन उघरे पै छल छाय लेत
कटुताई-भरे रोम रोमहिं अमी पगौ।
चाह-मतवारी मति भई है हमारी देखौ
कपट करे हू प्यारे निपट भले लगौ ॥ 65 ॥

विरहिणी को प्रिय के व्यवहार में प्रतिकूलता के बहुत से रूप दिखाई पड़ते हैं किंतु उसकी

आंतरिक विवशता यह है कि वह उतनी ही तीव्रता से उसकी ओर खिचती जाती है। अपनी इसी विवशता का वर्णन करती हुई वह कहती है :

हे प्रिय ! तुम भीतर से गठीले (गांठ रखनेवाले) हो, किंतु मुख से ढीले ढीले बचन बोलते हो। (जहां कसाव, गठीलापन है वहां ढिलाई नहीं होती। यहां भीतर कसाव है, बाहर ढिलाई है।) तुम सुंदर और सुजान हो किंतु मेरे प्राणों में (तीक्ष्ण कांटे की तरह) चुभते रहते हो (खगौ)। (जो वस्तु सुंदर होगी वह गड़ने पर भी कम दुख देगी, दूसरी ओर टेढ़ी वस्तु चुभने पर अधिक कष्ट देगी। वह प्रिय सुंदर है किंतु प्राणों में चुभता है तो उसकी वक्रता का आभास होता है।) तुम सत्य की मूर्ति (के समान विश्वसनीय) लगते हो और इसी रूप में मेरी आंखों में आकर बसे हो, किंतु तुम महानिर्मोही ही नहीं हो बल्कि मोह से (धोखे से झूठा मोह दिखा कर) मेरे हृदय को ठगते रहते हो। (जो सत्यमूर्ति होगा, वह धोखा नहीं देगा। यहां आंखों में वह इसी रूप में समाया हुआ है किंतु वास्तविकता यह है कि धोखा देता है। एक अन्य विरोध भी है। वह यह कि मेरे लिए मोहरहित हो, फिर भी मोह से मढ़े हुए के समान मुझे अपनी ओर खींचते हो। मुझमें मोह उत्पन्न करते हो, स्वयं मोहरहित हो।) तुम आनंद के बादल हो किंतु उघड़ जाते हो। फिर उघड़ जाने के बाद (चले जाने पर भी)(स्मृति में) छाए रहते हो। यही तुम्हारा छल है। तुम कटुता से भरे हुए हो (तुमसे प्रेम करके कटुता ही मिलती है) किंतु मेरे रोम रोम में अमृत का संचार करते हो अथवा तुम स्वयं रोम रोम में अमृत से भरे हुए हो (अमृत जैसे रूप वाले हो), किंतु मेरे प्रति कटुता से भरे हुए हो। अंत में वह कहती है कि मेरी बुद्धि (मति) तुम्हारी चाह (तुम्हें प्राप्त करने की आकांक्षा) के मद में मतवाली हो गई है (विवेक नहीं रह गया है)। इसीलिए कपट करते हुए भी तुम मुझे निपट भले लगते हो। (जो कपट करे उसके प्रति सामान्य बुद्धि कटुता का अनुभव करती है, किंतु मोहांध बुद्धि है इसलिए कपट करने वाले को ही और अधिक आवेग के साथ प्यार करती जाती है।)

'निपट भले लगौ' की व्यंजना सादगी और विवश मोहमुग्धता की स्थिति को स्पष्ट करने वाली है।

अकेले 'निपट' विशेषण के कारण विरोध की वक्रता स्वभावोक्ति की सहजता में रूपांतरित हो जाती है।

पूरे छंद में विरोध की वक्रता अत्यंत व्यंजक है। प्रिय की प्रतिकूलताएं बहुत हैं किंतु प्रेमी की नियति यह है कि कपट करता हुआ भी वह उसे निपट भला लगता है। यह इस-लिए कि उसकी चाह (रीझि) ही बावली हो गई है। वक्रता और सादगी दोनों का एक साथ निर्वाह इस छंद की अपनी विशेषता है।

याहि आएं आवन की आसा उर आय बसै,
चाहै निरबाहै नित हित-कुसरात कों।
है री वह बैरी घैरी उघर्‌यौ बिगोवनि पै,
ओछो जरि गयौ गोवै कहा भेद-बात कों।

मधुर सरूप याहि देखियै अनंदघन,
पोखै जान प्यारे संग रंग-मनजात कों।
सांझ सही साथिनि संजोगहि सजाय देति,
लाग्यो रहै गोहन ही प्रात प्रान घात कों ॥ 66 ॥

संयोग और बियोग की परिस्थितियां परस्पर विरुद्ध होती हैं, पर घनानन्द का प्रस्तुत छंद एक विलक्षण विशेषता से संपन्न है। यह कथन संयोगकाल का हो सकता है और उतनी ही सहजता के साथ वियोगकाल का भी। नायिका अपनी अंतरंग सखी से कह रही है कि संध्या का आगमन मेरे लिए सुखप्रद है और प्रभात का आना उतना ही दुखद है।

संयोग के समय नायिका को रात्रि में ही प्रिय की प्राप्ति होती है, अतः संध्या उस सुख की आशा लेकर आती है। रात बीतने पर प्रभात में प्रिय चला जाता है, अतः प्रतिक्षण प्रिय के साहचर्य की आकांक्षिणी नायिका कहती है कि यह प्रभात मेरे प्राणों के पीछे पड़ा रहता है।

वियोग शृंगार के संदर्भ में छंद की मार्मिकता बढ़ जाती है। संध्या के समय वियोगिनी को आशा होती है कि आज की रात प्रिय अवश्य आएगा। रात भर वह आशा भरी प्रतीक्षा करती रहती है। प्रभात के आने के साथ ही उसकी आशा टूट जाती है और उसके लिए जीना कठिन लगने लगता है।

वह कहती है कि इसके (संध्या के) आने से (प्रिय के) आने की आशा मेरे हृदय में आकर बस जाती है। यह संध्या प्रिय के कुशलक्षेम (कुसरात) को चाहती है और नित्य (प्रिय मिलन की आशा दिलाकर) उसका निर्वाह करती है। उधर हे सखी, वह (प्रभात) मेरा परम शत्रु (बैरी) है और कुचाली (घैरी) भी है। यह स्वयं जब खुलता है (अंधकार का घिरना और प्रकाश का फूटना या खुलना, इसी के लिए 'उघर्‍यो' प्रयोग है) तो (प्रिय मिलन की) आशा को छिपा लेने (समाप्त कर देने) के लिए ही आता है। यह प्रभात ओछे स्वभाव का है। जलाने लायक है (औरतों में प्रचलित गाली, मरा, जरा), यह भेद की बातों का गोपन कहां कर सकता है ? (मुझे प्रिय ने छोड़ दिया है, मैं दुखियारी हूं, इस रहस्य को रात अन्य लोगों की नजरों से छिपाए रहती है, किंतु सवेरा होते ही सभी लोग इस बात को जान जाते हैं।)

संयोग के प्रसंग में यह अर्थ होगा कि रात को मेरे और प्रिय के बीच घटित भेद की बातों को यह ओछा प्रभात उजागर कर देता है।

यह संध्या मधुर स्वरूप वाली है जो आनंद के घन प्रिय के स्वरूप (श्यामवर्ण) सदृश दिखाई पड़ती है अथवा यह प्रिय के स्वरूप को दिखा देती है और प्रिय के साथ मनसिज (मनजात) के रंग का पोषण करती है अर्थात काम सुख का आयोजन करती है। उस सुख को (जो प्रिय के साहचर्य से मिलता है) यह संध्या पुष्ट करती है (पोखै)। प्रिय सुख और काम के रंग का पोषण संयोग में तो ठीक है किंतु वियोग की स्थिति में इसे किस रूप में स्वीकार किया जाए ? पूरी पंक्ति अत्यंत करुण हो उठती है अगर इसको इस रूप में स्वीकार करें कि रात में स्वप्न आते हैं। उन्हीं 'स्वप्नों' में प्रिय समागम का सुख मिलता

है। प्रभात उस स्वप्न सुख को भी नष्ट कर देता है।

इस प्रकार यह 'सांझ' सही साथिन है (सच्चा साथ निभाने वाली) जो संयोग को सजा देती है (संयोग की व्यवस्था कर देती है, संयोग पक्ष में प्रत्यक्ष और वियोग पक्ष में स्वप्न के माध्यम से) किंतु इसी के पीछे आनेवाला (गोहन) यह प्रात (प्रभात) मेरे प्राणघात के लिए लगा रहता है अर्थात रात के साथ ही लगा रहनेवाला यह प्रभात मेरे प्राणों की घात में लगा रहता है।

गोहन का अर्थ ढंकना या छिपना भी होता है और साथ साथ लगा रहनेवाला भी। यहां रात के साथ लगा रहने वाला प्रभात मिलन सुख को छिपा देता है और इस प्रकार नायिका के प्राण के लिए संकट खड़ा कर देता है।

सामान्य जन के लिए रात का आगमन दुखद और प्रभात सुखद माना जाता है। यहां स्थिति उलट गई है। संध्या समय वियोगिनी को प्रियागम की आशा हो आती है और प्रभात होते ही निराशा। इसीलिए संध्या सुखद है और प्रभात दुखद।

यह चित्र संयोग का भी हो सकता है। भरे पूरे परिवार में केवल रात को संयोग सुख प्राप्त करने वाली नवोढ़ा का कथन होने पर भी यह कम मार्मिक नहीं है।

अभिव्यक्ति की कलापूर्ण सादगी महत्वपूर्ण है।

कंठ-कांच-घटी तें बचन चोखो आसव लै,
अधर-पियालैं पूरि राखति सहेत है।
रूप-मतवारी घनआनंद सुजान प्यारी,
काननि ह्वै प्राननि पिवाय पीवै चेत है।
छकेई रहत रैन-द्यौस प्रेम-प्यास-आस,
कीनी नेम-धरम कहानी उपनेत है।
ऐसे रस-बस क्यौं न सोवैं और स्वाद कहौ,
रोम रोम जाग्यौई रहत मीन केत है॥ 67॥

प्रिया के वचनरूपी मद में छके हुए प्रेमी की स्थिति का वर्णन विरोध के चमत्कार द्वारा किया गया है। छके हुए प्रेमी के रोम रोम में काम जाग्रत रहता है जबकि उसी मद के प्रभाववश उसकी समस्त स्वादेंद्रियां सोई रहती हैं। (यह जागना-सोना साथ साथ होता है।)

प्रिया अपने कंठरूपी कांच की सुराही से वचनरूपी तेज शराब (चोखो आसव) लेकर उसे अधररूपी प्याले में ढाल कर स्नेहपूर्वक अथवा भेदपूर्वक (सहेत) रखती है। (शराब की महफिलों में खुम, सुराही और प्याला सबका प्रयोग होता है। साक़ी द्वारा पिलाई गई शराब के नशे में पीनेवाले झूमते हैं। स्वयं वह अपने रूप के नशे में ही झूमती रहती है। यहां पूरी प्रक्रिया का ध्यान रखा गया है।) सघनआनंद स्वरूप वह प्यारी सुजान (स्वयं तो) अपने रूप के नशे में ही मतवाली (रूपमतवारी) रहती है किंतु मेरे (प्रेमी के) कानों के रास्ते (अपने अधरों का आसव) प्राणों तक पिला देती है। (एक ओर वह वचनरूपी आसव पिलाती है और दूसरी ओर पीनेवाले की) चेतना (चेत) को स्वयं पी जाती है। (साधारण

शराब पिलानेवाली पीनेवाले का धन लेती है, यहां वचनासव कानों से पिलाकर वह पीनेवाले की चेतना को ही पी जाती है।)

पीनेवाले प्रेमी की दशा यह है कि वह रात-दिन प्रेम की बढ़ती हुई प्यास (को बुझाने) की आशा में छका रहता है। (बिहारी ने भी कहा है : त्यों त्यों प्यासोई रहत, ज्यों ज्यों पियत अघाय।) इस प्रकार उसने नियम और धर्म की नई कहानी गढ़ ली है (अर्थात उसने पुरानी कथा को छोड़ दिया है)। पीनेवाला नियम धर्म का पालन नहीं करता है, यहां भी वह सारे नियम धर्म को छोड़ चुका है, यही संकेत है।

'उपनेत' का अर्थ 'उत्पन्न करना' है पर उसका सीधे निषेधात्मक अर्थ भी लिया जा सकता है। इस प्रेमी ने नियम धर्म की कथा (परंपरा) का अतिक्रमण कर दिया है। (उपनेत—अतिक्रमण करना) यही बात 'नई कहानी उत्पन्न कर ली है' से भी सूचित है। नई कहानी गढ़ ली है अर्थात पुरानी को छोड़ दिया है।

अंत में विरोध के चमत्कार से उक्ति की मार्मिकता और बढ़ जाती है। ऐसे रस (अद्‌भुत प्रेममद) के वश में रहने वाले (प्रेमी आश्रय) के अन्य स्वाद क्यों न सो जाएं (जबकि उसके) रोम रोम में काम जगा रहता है। रोम रोम में जागरण होने पर अन्य स्वादों के सो जाने में ऊपरी तौर पर विरोध है, किंतु आंतरिक संगति यह है कि जब रोम रोम में काम की कामना जगी हो तो अन्य स्वादों की आकांक्षा स्वतः सो जाती है। कामातुर व्यक्ति की अन्य बातों से उदासीनता जगतप्रसिद्ध है।

प्रेमी की चेतना को विलुप्त करके उसके रोम रोम में काम की कामना जगा देना और अन्य सभी वृत्तियों को सुला देना ही वह हेत (कारण) है जिसके लिए प्रिया ने वचनरूपी शराब को कंठरूपी सुराही से अधररूपी प्याले में ढाल कर (सहेत) रख लिया है।

विरोध के चमत्कार द्वारा प्रिया के रूपमद में छके प्रेमी की स्थिति। सुंदर रूपक। साधारण सुंदरी दूसरों को सुरा पिलाकर उनका धन हरण करती है। यहां नायिका वचनरूपी आसव पिलाने के साथ ही प्रेमी की चेतना को पी जाती है। 'पीना' सांप आदमी के सीने पर बैठकर उसकी सांस को पीता है और उसी के साथ अपना जहर उसकी सांसों में भर देता है।[1] प्रेमी ऐसे रस के वश में है कि उसके रोम रोम में काम जगा रहता है जिससे अन्य समस्त स्वाद सो जाते हैं। अन्य किसी बात का ध्यान ही नहीं रह जाता। कामातुर व्यक्ति की अन्य चीजों से उदासीनता जगजाहिर है। घनानन्द की प्रेमपीर का कारण यही स्थिति है।

जो ऐंद्रियता घनानन्द के संयोगसुख की प्रगाढ़ता और विरह की तीव्रता का कारण है, उसका आभास 'रोम रोम जाग्योई रहत मीन-केत है' जैसी स्थितियों से स्पष्ट रूप में मिल जाता है।

'सहेत' से यह भी व्यंजित है कि नायिका प्रिय को वचनासव उसे वश में रखने के लिए पिलाती है।

1. मैथिलीशरण गुप्त ने भी 'नहुष' में 'पीना सांप' का उल्लेख किया है :
'पीकर जगा गया हो जैसे उसे पीना सांप।'—('नहुष', संस्क० 16. पंक्ति 10, पृ० 63)

'उपनेत' का अर्थ वृहत हिंदी कोश (ज्ञानमंडल) में 'उत्पन्न करना' दिया गया और प्रमाण में घनानन्द की यही पंक्ति 'कीनी नेम धरम कहानी उपनेत है' उद्धृत की है। अन्यत्र इस शब्द का इस अर्थ में प्रयोग नहीं मिलता है।

कहियै सु कहा रहियै गहि मौन अरी सजनी उन जैसी करी।
परतीति दै कीनी अनीति महा, विष दीनौ दिखाय मिठास-डरी।
इत काहू सों मेल रह्यौ न कछू, उत खेल सी ह्वै सब बात टरी।
घनआनंद जान सयान की खानि, भुराई हमारे इ पैंडे परी॥ 68॥

प्रिय के सयानेपन और अपनी अनन्य आसक्ति के संबंध में विरहिणी का यह स्वगत अथवा सखी के प्रति कथन है।

वह कहती है, हे सखी, (सजनी संबोधन अपने आप के लिए भी हो सकता है) उन्होंने (मेरे साथ) जैसा किया उसे किस तरह कहा जाए, (कहना संभव भी नहीं और उसका कोई प्रयोजन भी नहीं) अतः मौन (को एकमात्र सहारे के रूप में पकड़ कर) रह जाना ही ठीक है। (फिर भी किंचित संकेतों में कहती है कि) उन्होंने पहले (मेरे) हृदय में विश्वास (परतीति को) उत्पन्न किया। उसके बाद घोर अनीति का काम किया (मुझे छोड़ दिया)। (उनका यह काम वैसा ही था जैसे मिठाई दिखाकर कोई किसी को अपनी ओर बुलाए और आने पर उसे जहर दे दे।) मिठाई की डली दिखाकर उन्होंने विष दे दिया। पहले रूप की मिठाई से आकर्षित किया और फिर वियोग का विष दे दिया)। (उनको सर्वस्व समर्पित कर देने के कारण) यहां मेरा (इत) किसी से (संसार के अन्य लोगों से) कोई मेल नहीं रह गया (मैं अकेली पड़ गई) और उनके लिए (उत) सारी बातें खेल जैसी (हलकी-फुल्की बातें) होकर उपेक्षित कर दी गईं (टरी)। अंत में वह कहती है कि मुझे यह पक्का विश्वास हो गया है कि वह सघन आनंदरूप सुजान प्रिय सयानेपन (धूर्तता भरी चतुराई) की खान है। दूसरी ओर भोलापन मेरे ही पीछे पड़ गया है। 'पैंडे परे' का अर्थ पीछे पड़ना होता है, ('पैंडे परे इत पातकी चातक') किंतु यहां 'पल्ले पड़ जाने' का अर्थ दे रहा है।

'भुराई' में मानवीकरण की विधि से पीछे पड़कर कष्ट देने वाली का अर्थ ध्वनित होता है, जिसके कारण विरहिणी को इतना कष्ट सहन करना पड़ा है। भोले को धोखा देने में थोड़ा चतुर भी सफल हो सकता है। यहां परिस्थिति की विशेषता यह है कि प्रिय सयानेपन की खान है, बड़े से बड़ा चतुर व्यक्ति भी उसके जाल में आ सकता है। इधर यह एकदम भोली है।

स्वभाव की यह विषमता ही इतने असाधारण दुख का कारण है, जिसको पहले नहीं समझ सकी थी किंतु अब समझ रही है।

'कान्ह परे बहुतायत में एकलैन की वेदन जानौ कहा तुम' (छंद 36) जैसे छंदों में जो बात कही गई है, वह प्रस्तुत छंद की तीसरी पंक्ति में संकेतित है। 'मैंने तो तुम्हारे लिए सबको छोड़ दिया और तुम्हारे लिए यह बात हंसी की बात जैसी होकर आई-गई हो गई।

अत्यंत सादगी से व्यथा की तीव्रता की व्यंजना की गई।

प्रिय के सयानेपन और अपने भोलेपन का अत्यंत सादगी भरा वर्णन। मुहावरों का

प्रयोग दर्शनीय है।

अंग अंग आभा-संग द्रवित स्रवित ह्वै कै
रचि सचि लीनी सौंज रंगनि घनेरे की।
हंसनि लसनि आछी बोलनि चितौनि चाल,
मूरति रसाल रोम-रोम-छबि हेरे की।
लिखि राख्यौ चित्र यौं प्रवाहरूपी नैनन पै
लही न परति गति ऊलट अनेरे की।
रूप को चरित्र है अनंदघन जान प्यारी
ऐं किधौं विचित्रताई मो चित चितेरे की॥ 69॥

विरही के हृदय में दाह और नेत्रों से अश्रुप्रवाह निरंतर बना रहता है। इतने पर भी विचित्र बात यह है कि प्रिया की छवि एक एक मुद्रा के साथ उसके सामने खिंची रहती है। आंसुओं की धारा से वह चटक छवि न तो धुलती है न किंचित मलीन होती है।

विरही कहता है कि हे प्रिय! तुम्हारे एक एक अंग की शोभा (आभा, दीप्ति) को देखकर उसके प्रभाव से मैं द्रवित और स्रवित होता रहा हूं। इस प्रकार तुम्हारी आभा के माध्यम से ही मैंने रंगों की प्रभूत (घनेरे) सामग्री (सौंज) को बनाकर एकत्र कर लिया है। (चित्र बनाने के लिए रंगों और जल आदि उपकरणों की आवश्यकता होती है। यहां सामग्री संपूर्ण है किंतु कहीं बाहर से नहीं लाई गई है।) चित्रकार (प्रेमी) का हृदय चित्र के बिंब (प्रिय) के एक एक अंग की आभा से इतना अधिक प्रभावित होता रहा है कि उसका चित्त द्रवित होता रहा है। इसके साथ ही प्रस्वेद आदि के माध्यम से वह स्रवित भी हुआ है। संपूर्ण सामग्री चित्रकार के हृदय से ही एकत्र हुई है और उसकी प्रेरणा देनेवाला प्रिया का वही रूप है जिसका चित्र खींचा जाना है।

ऐसे विचित्र उपकरणों की सहायता से जो चित्र खींचा गया है उसका आधार कोई स्थिर बिंब नहीं है। चित्र खींचा गया है प्रिय की एक एक मुद्रा का, एक एक भंगिमा का और साथ ही उसके संपूर्ण प्रभाव का। विरही (चित्रकार) कहता है कि हे प्रिय! तुम्हारी रसमयी मूर्ति की प्रत्येक मुद्रा, हंसने, देखने, अत्यंत मधुर बोलने, आकर्षक कटाक्ष करने आदि को मैंने अपने रोम रोम से देखा है। इस प्रकार देखकर तब मैंने अपने निरंतर प्रवाहित रहनेवाले नेत्रों के फलक पर तुम्हारी इस गतिशील छवि का अंकन किया है। चित्र के अन्य उपकरणों और बिंब के समान ही फलक भी विलक्षण है। चित्र भित्ति या कागज या ऐसे ही किसी ठोस आधार पर बनता है। यहां चित्र उन नेत्रों के (विरही के) फलक पर खींचा गया है जो निरंतर अश्रुप्रवाह से भरे रहते हैं। इसीलिए उनको प्रवाहरूपी नेत्र कहा गया है। प्रवाह पर कोई ठोस चीज भी नहीं टिकती, यहां तो रंगोंवाला चित्र रुका हुआ है। रंगों को प्रवाह में धुल जाना चाहिए और धीरे धीरे चित्र को धुंधला हो जाना चाहिए। यह चित्र और भी चटकीला होता जा रहा है।

इस उल्टे और अनोखे (अनेरे) चित्र की गति मेरी समझ में नहीं आती।

अंत में विरही चितेरा कहता है कि हे प्यारी सुजान (तुम सब कुछ जानती हो, संभवत:

यह भी बता सको कि) यह विचित्र चरित्र तुम्हारे सघनआनंद प्रदाता रूप का है अथवा मेरे चिरूपी चित्ततेरे की ही यह विचित्रता है (जिसके कारण यह विचित्र चित्र बना है)।

घनानन्द की इस चित्रकल्पना की तुलना तुलसीकृत विनयपत्रिका के एक पद से की जा सकती है :

शून्य भीति पर चित्र रंग नहिं तनु बिन लिखा चितेरे।
धोवै मिटे न मरे भीति दुख पाइय एहि तनु हेरे॥

दोनों में अंतर ज्ञानानुभूति और रागानुभूति का है। घनआनंद का प्रस्तुत चित्र विलक्षण इस बात में है कि इसका सारा वैचित्र्य आवेगपूर्ण विरही हृदय की सघन अनुभूति के कारण है।

संयोग के समय प्रेमी ने प्रिय की छवि को अपने हृदय में अंकित किया है। प्रिय के अंग अंग की आभा को हृदय में उतारते हुए आश्रय के सात्विक अनुभावों को चित्र खींचने के उपकरण के रूप में लिया गया है। संयोग में ही ये उपकरण तैयार थे जिनकी सहायता से वियोग की अवस्था में यह अद्‌भुत चित्र अंकित किया जा सका है। संयोग में प्रिय के सौंदर्य की दीप्ति का असाधारण प्रभाव प्रेमी के चित्त पर न पड़ा होता तो विरहानुभूति में भी इतनी तीव्रता न आ पाती। अंत में इस बात को संकेतित भी कर दिया गया है कि इस चित्ररचना का श्रेय भी तुम्हारे रूप के 'चरित्र' को ही है। 'रूप को चरित्र' का प्रयोग अत्यंत व्यंजक है। प्रिय की तरह उसके 'रूप' का भी अलग चरित्र है।

विरही के नेत्र सतत प्रवाहित हैं किंतु उस (अश्रु के) प्रवाह के ऊपर ही उसने(आश्रय ने) प्रिय की रंगभरी छवि अंकित कर ली है। प्रवाह पर चित्र नहीं टिकता। यहां अश्रु-प्रवाह भी है और प्रिय की छवि भी नेत्रों में निरंतर बनी रहती है। घनानन्द कहते हैं कि यह उस रूप का वैचित्र्य है अथवा मेरे चित्तरूपी चितेरे का। रंगों की सामग्री चित्रकार स्वयं द्रवित-स्रवित होकर एकत्र करता है। चित्र भी स्थिर, जड़ नहीं है। एक एक मुद्रा हंसने, बोलने, चितवन, मुस्कान, सबका एक सजीव चित्र है। उसने रोम रोम से उस छवि को देखा है, तब विरह में ऐसा विलक्षण चित्र अंकित हो सका है। ऐंद्रिय साहचर्य का साक्ष्य प्रस्तुत छंद में भी उल्लेखनीय है। कलात्मक निखार की दृष्टि से भी छंद अप्रतिम है।

नैन किये अति आरति-ऐन सु रैनि दिना चित-चोप बिसेखै।
नीके सुधानिधि-रूप छक्यौ रचि आगि चुगै सब त्यागि परेखै।
जैसें सुजान लखें घनआनंद नेही न आन हियें अवरेखै।
ऐसे उजागर हैं जग मैं परि चंदहि एक चकोरहि देखै॥ 70॥

चकोर का दृष्टांत देकर प्रेमी की अनन्यता का वर्णन करता हुआ विरही अपने नेत्रों के लिए कह रहा है कि मेरे ये नेत्ररूपी चकोर प्रियरूप चंद्रमा की ओर ही लगे रहते हैं। उपमान-उपमेय क्रम को उलटकर प्रतीप के माध्यम से बात कही गई है।

वह कहता है कि विरहदुख के कारण ये नेत्र इतने आर्त हो गए हैं कि लगता है ये आर्तता (दुख के कारण आया हुआ दैन्य) के घर हो गए हैं, किंतु इतने पर भी हृदय में रात-दिन(प्रियदर्शन के लिए) विशेष उत्साह बना रहता है। (एक ओर विरह का दुख

बढ़ रहा है। दूसरी ओर हृदय में प्रियदर्शन का उत्साह बढ़ रहा है।) चकोर सुधा के कोष (चंद्रमा के अमृत) का छक कर पान किए रहता है। इसीलिए उसके वियोग में प्रसन्नता-पूर्वक (रुचि) सारे पछतावे (परेखैं) को छोड़कर आग का भक्षण करता है।

'आंसू' में जयशंकर प्रसाद की अनुभूति इन्हीं रेखाओं का स्पर्श करती है :

है चंद्र हृदय में बैठा, उस शीतल किरण सहारे।
सौंदर्य सुधा बलिहारी, चुगता चकोर अंगारे॥

प्रिय की रूपसुधा की संजीवनी आग (विरह) के मारक प्रभाव को निष्प्रभ करती रहती है।

(दृष्टांत और प्रतीप अलंकारों का प्रयोग करता हुआ कह रहा है कि) जिस प्रकार कोई स्नेही पुरुष (आश्रय) सघन आनंददायिनी सुजान को (उसके संसार में उजागर रूप यौवन के प्रकाश को) एक बार एक झलक देख ले (लखैं) तो फिर अन्य किसी (रूपवती) को अपने हृदय में कोई महत्व नहीं दे सकता (अवरेखैं), उसी प्रकार संसार में उजागर (प्रकाशित) प्रकाशपिंड तो बहुत हैं किंतु चकोर सबको छोड़कर केवल चंद्रमा को ही देखता है।

नेही की सुजान के प्रति और चकोर की चंद्रमा के प्रति अनन्य भाव की तुलना की गई है। प्रसिद्ध उपमान उपमेय के क्रम को उलट दिया गया है। सामान्य (उगगा) पद्धति पर कहा जाता कि जिस प्रकार चंद्रमा को छोड़कर चकोर अन्य किसी को नहीं देखता उसी प्रकार सुजान को छोड़कर नेही और किसी को नहीं देखता। उसको उलट दिया गया है कि जिस प्रकार नेही सुजान की झलक पा लेने पर अन्य किसी को महत्व नहीं देता, उसी प्रकार चकोर चंद्रमा के अतिरिक्त अन्य को नहीं देखता।

विरह की गंभीरता का कारण यह अनन्य भाव ही है।

चंद्रमा के रूप से छके चकोर का अंगारे खाना और प्रिय के रूप की सुधा से छके प्रेमी का विरहदुख को झेलना एक जैसा ही है।

अभिलाखनि लाखनि भांति भरीं बरुनीन रुमांच ह्वै कांपति हैं।
घनआनंद जान सुधाधर मूरति चाहनि अंक मैं चांपति हैं।
टग लाय रहीं पल पांवड़े कै सु चकोर की चोपहि झांपति हैं।
जब तें तुम आवनि-औधि बदी तब तें अंखियां मग मांपति हैं॥ 71॥

श्रृंगार में रूप का महत्व सबसे पहले प्रकट होता है और रूप की सार्थकता है आंखों से (आश्रय की), अत: संयोग और वियोग दोनों दशाओं में आश्रय के नेत्रों की भूमिका सर्वाधिक महत्वपूर्ण होती है। इसीलिए प्रेमकाव्य में नेत्रों का महत्व उपेक्षित नहीं किया जा सकता। नेत्रों को स्वतंत्र व्यक्तित्व प्रदान करनेवाली घनानन्द की अभिव्यंजनाएं हिंदी काव्य में अप्रतिम हैं। प्रस्तुत छंद में वियोगिनी की आंखों का ऐसा ही वर्णन है।

प्रिय जब गया तो लौटने के बारे में उसने कोई बात नहीं की। अब प्रवास से यह सूचना आई है कि वह एक निश्चित अवधि के बाद लौट आएगा। यद्यपि अभी अवधि

बीतने में बहुत देर है किंतु आंखों की दशा यह हो गई है कि पागल होकर रात-दिन प्रिय की राह में ही बिछी रहती हैं।

प्रवासी प्रिय को ही संबोधित करके विरहिणी कह रही है कि जब से तुमने अवधि निश्चित कर दी है (औधि बदी) तब से इन आंखों की विचित्र गति है। ये (आंखें) लाखों अभिलाषाओं से भर गई हैं। (प्रिय दर्शन से संबद्ध नई नई कल्पनायुक्त अभिलाषाओं से भर गई हैं।) बरुनियों में निरंतर रोमांच की स्थिति बनी रहती है। (ये आंखें) सदा कांपती रहती हैं (प्रियदर्शन की आशा के आवेग में)। (ये विरहताप से जल रही हैं किंतु) सघनआनंदस्वरूप सुजान की अमृतमयी मूर्ति को ये आंखें अपनी चाहरूपी गोद में लेकर निरंतर चांपती रहती हैं। (प्रिय की चंद्रमा के समान छवि की स्मृति को अथवा स्मृति में प्रिय की अमृतमयी छवि को कामना के आलिंगन में कसती रहती हैं। वह प्रिय सुधाधर है, इसीलिए उसकी स्मृति का अमृत विरहदग्ध वियोगिनी को जीवित बचाए है।) प्रिय-दर्शन के उत्साह की तीव्रता इन आंखों में इतनी अधिक है कि चकोर के उत्साह को भी ये ढंके ले रही हैं (चकोर की अपेक्षा इनमें आवेग अधिक है)। इस उत्साह से टक लगाकर इन्होंने पलकरूपी पांवड़ों को बिछा रखा है। जब से अवधि की सूचना मिली है, तब से ये आंखें रास्ते को नाप रही हैं। (रास्ता नापना मुहावरा है। जब कोई आदमी बिना प्रयोजन सिद्ध हुए यात्रा करता है तो कहा जाता है कि 'रास्ता नाप रहा है' जिसका अर्थ होता है कि फल तो मिलनेवाला नहीं है।) वस्तुतः पलक पांवड़े बिछाने के बाद 'मग मापने' वाला मुहावरा इसी व्यर्थता की ओर संकेत करता है। अवधि बीतने में देर है, अतः समझदारी इस बात में है कि प्रतीक्षा तब की जाए जब आने का समय हो, किंतु घनानन्द के हृदय की वियोगिनी को तो आशा के विरुद्ध आशा करने का अभ्यास है। यहां तो फिर भी एक संभावना है, दूर ही सही।

व्यथा की गंभीरता के साथ ही कलात्मक दृष्टि से यह अद्भुत छंद है। विरहिणी की अभिलाषा, कंप, रोमांच, स्वेद, अश्रु, उत्साह, उत्कंठा, जड़ता इन समस्त विरहदशाओं का आरोप आंखों पर किया गया है। आंखें स्वयं पूर्ण वियोगिनी हो गई हैं।

लोकोक्ति का अत्यंत परिष्कृत प्रयोग हुआ है।

'सुधाधर' में प्रिय के अमृतमय अधरों के साथ चंद्रद्युति की व्यंजना भी मुखर है।

कलात्मक बारीकी और भावगांभीर्य दोनों दृष्टियों से उत्कृष्ट छंद है।

यह छंद भी वियोगिनी की आंखों को स्वतंत्र व्यक्तित्व प्रदान करता है। प्रवासी के लौटने की अवधि जब से मिली है, तभी से आंखें रास्ता नाप रही हैं। विरह की समस्त स्थितियां, कंप, रोमांच, अभिलाषा, उद्वेग, उत्साह आदि आंखें झेलती हैं। अत्यंत मार्मिक चित्र है।

> जिन आंखिन रूप-चिन्हारि भई तिन की नित नींद ही जागनि है।
> हित-पीर सों पूरित जो हियरा, फिर ताहि कहौ कहा लागनि है।
> घनआनंद प्यारे सुजान सुनौ जियराहि सदा दुख-दागनि है।
> सुखमैं मुखचंद बिना निरखैं नख तें सिख लौं विष-पागनि है ॥ 72 ॥

प्रिय का रूप जिन नेत्रों के माध्यम से प्रेमी के हृदय में आया, वे नेत्र अब प्रिय के वियोग में जल रहे हैं और उनके साथ विरहिणी का संपूर्ण शरीर जल रहा है। जब तक नेत्रों को प्रिय की रूपसुधा नहीं मिलती, पूरा शरीर पुनरुज्जीवित नहीं हो सकता। प्रवासी (साथ ही हृदयस्थ) प्रिय से विरहिणी कह रही है :

जिन (मेरी) आंखों के माध्यम से (आपके मोहक) रूप से मेरी पहचान (चिह्नारि) हुई (विरह में यह दुर्दशा हो गई है कि) उनकी नींद उनका जागरण है अर्थात पल भर को भी वे नींद नहीं लेती। (उनकी नींद ही उनका जागना है इस अर्थ में कि वे सदा खुली रहती हैं। अर्थ अगर 'सदा बंद रहती हैं' माना जाए तो भी असह्य दुख के कारण 'जागरण में भी नींद की अवस्था के समान नेत्रों का बंद रहना' सार्थक है।) मेरा जो हृदय प्रेम की पीड़ा (हित पीर) से भरा हुआ है (उसमें किसी और के प्रति लगाव हो ही कैसे सकता है), वह और कहां लग सकता है ? सघन आनंदस्वरूप हे सुजान प्रिय (तुम जानते तो हो, जरा सोचो) मेरे हृदय में दुख की जलन सदा बनी रहती है। (तुम्हारी आनंदवर्षा से ही यह जलन शांत हो सकती है, और तुम इस बात को जानते भी हो।)

अंत में वियोगिनी कहती है कि सुख में भरा हुआ (सुख मैं) तुम्हारा मनरूपी चंद्र बिना देखे नख से शिख तक मेरे शरीर में विष की व्याप्ति ही है। (मैं विष में आपादमस्तक डूबती जा रही हूं। इस विष के प्रभाव को आपके मुखरूपी चंद्रमा का अमृत ही नष्ट कर सकता है। मेरे इन नेत्रों को जब आपकी रूपसुधा का पान करने का अवसर मिल जाएगा तो मेरे सर्वांग का विष अपने आप उतर जाएगा।)

विरहिणी प्रवासी को ही संबोधित करके कहती है कि जो आंखें रूप (तुम्हारे) की पहचान का माध्यम बनीं उनकी नींद उनका जागना ही है। नेत्रों से ही वह रूप हृदय में आया है। इसी के कारण सारा कष्ट है। इसलिए वह कष्ट नेत्रों के माध्यम से ही दूर भी हो सकता है। 'नींद ही जागनि' में विरोध का चमत्कार है। 'हितपीर' में भी वही संकेत है। प्रिय के द्वारा किए जाने वाले प्यार की पीड़ा (उसके अभाव के दुख) से हृदय भरा हुआ है। अब जब वही प्रिय पुनः उस हित का संचार करे तो इस अभाव की पीड़ा का शमन हो सकता है। जो हृदय प्रेम से परिपूर्ण था वह अन्यत्र कहां लगे ? जीवित रहना ही यहां दुखपूर्ण जलन बन गया है। सुखमय मुखचंद्र के देखे बिना नख से शिख तक जहर में डूबकर रहना है। 'नख तें सिख लौं विष पागनि हैं' में विष (विरह से उत्पन्न) की व्याप्ति की प्रक्रिया सूचित है। वियोगी नेत्रों की अत्यंत करुण स्थिति सूचित है।

आंखैं रूप-रस चाखैं, चाहैं उर सचि राखैं,
लोभ-लागी लाखैं अभिलाखैं निबरैं नहीं।
तोहि जैसी भांति लसै, बरनिबो मन बसै,
बानी गुन गसै, मति-गति बिथकै तहीं।
जान प्यारी सुधि हूं अपुनपौ बिसरि जाय,
माधुरी-निधान तेरी नैसिक मुहाचहीं।

क्यौं करि अनंदघन लहियै संजोग-सुख,
लालसानि भीजि रीझि बातें न परें कहीं ।। 73 ।।

प्रस्तुत छंद में घनानंद की विशिष्ट सूक्ष्म दृष्टि और भावाकुल प्रणयानुभूति की कलापूर्ण अभिव्यक्ति हुई है।

छंद की कलात्मकता इस बात में है कि इसको पूर्वराग, संयोग और प्रवासविरह तीनों परिस्थितियों में रख कर काव्यास्वादन किया जा सकता है। संयोग में प्रेमी अपनी विशिष्ट संवेदनशीलता और प्रिय की अपूर्व रूपमाधुरी के कारण संयोग का सुख पाने में सफल नहीं हो पाता, क्योंकि प्रिय के समक्ष उसका अपना अलग अस्तित्व बचता ही नहीं।

पूर्वराग की स्थिति में ज्योंही प्रिया की स्मृति आती है त्योंही उसका अपना अस्तित्व तिरोहित हो जाता है और संयोग का अवसर नहीं मिल पाता।

प्रवासविरह में मानसिक संयोग का सुख भी नहीं मिल पाता क्योंकि प्रिय स्मृति के आते ही अपनापन विलीन हो जाता है। प्रिय की एक एक छवि विरही की चेतना में समाहित हो जाती है।

प्रिय के साथ यह अभेद भक्तिभाव का स्पर्श करता है। आराध्य के रूपैश्वर्य का आनंद लेने के लिए भक्त मुक्ति अथवा अद्वैत दोनों को अस्वीकार कर देता है।

प्रेमी कहता है कि मेरी आंखें (तुम्हारे) रूप के रस को चखना चाहती हैं और चाहें (कामनाएं) तुमको अपने हृदय में सुरक्षित रख लेना (सचि) चाहती हैं। (तुम्हारे) रूप के लोभ से ग्रस्त मेरी लाखों अभिलाषाएं दूर नहीं होती (निबरैं नहीं) अर्थात बढ़ती ही जाती हैं।

तुम्हें जिस प्रकार मेरा मन देखता है (देखकर प्रसन्न होता है) उसी प्रकार चित्रित करना चाहता है (वर्णन करना मन में बसा है) किंतु वर्णन तो वाणी से ही संभव है और मेरी वाणी का यह हाल है कि यह तुम्हारे गुणों से ही ग्रस्त हो गई है। तुम्हारे रूप गुण के पास (तहीं) जाकर मेरी बुद्धि की समस्त गतियां (मति-गति) थक जाती हैं।

माधुर्य की राशि (माधुरी-निधान) हे सुजान प्यारी! तुम्हारे रूप को किंचित (नैसुक) देख पाने की इच्छा के (अथवा अवसर के) उपस्थित होते ही तुम्हारी सुधि (तीव्रता से) आती है और ज्योंही स्मृति में तुम्हारी छवि आती है, मेरा अपना अस्तित्व बिसर जाता है।

(इतना ही नहीं) तुम्हें प्राप्त करने की लालसा (आर्द्रता) से मेरी अनुरक्ति (रीझ) इतनी भीग जाती है (रससिक्त हो जाती है) कि कोई बात कहने की स्थिति ही नहीं रह जाती। अतः आनंद के घन उस संयोग के सुख को कैसे प्राप्त करना चाहिए, यह मैं नहीं जानता अथवा मैं भला उस संयोगसुख को कैसे प्राप्त कर सकता हूं (जब अपना अस्तित्व ही अलग नहीं रख पाता)।

तन्मयता (प्रिय के साथ तन्मय हो जाने की स्थिति) की दृष्टि से यह मनोभूमि भक्ति की भी हो सकती है।

रस और भाव की दृष्टि से यह छंद अप्रतिम है।

प्रिय की अपूर्व रूपमाधुरी और प्रेमी की विशिष्ट संवेदनशीलता के कारण संयोग में भी सुख न मिल पाने की स्थिति। अत्यंत कलापूर्ण छंद। प्रेमी की आंखें उसकी अभिलाषा, वाणी, चाह, सुधि सबके सब प्रिया के सौंदर्य के साक्षात्कार से असमर्थ हो जाते हैं। उसकी सुधि आते ही अपना अस्तित्व खो जाता है। इस संकेत के अनुसार छंद विप्रलंभ का है। विरही का कथन है कि जब संयोग में भी संयोगसुख नहीं मिल पाता, तो वियोग में वह कैसे मिले? अभेद में आस्वाद नहीं रह जाता, इसलिए प्रेमी और भक्त आलंबन से अलग रहना चाहते हैं।

पल-दल-संपुट मैं मुंदै मन मोद मानै,
आरस-बिभावरी ह्वै होत भौंरहाई है।
द्वै सरोज बीच एक बसत रसत कैसें,
लसत सु ऐसे अचिरज अधिकाई है।
बाहिर तें रूप-मकरंद-पान करै पुन्य,
बड़ी भूतागति हेरें मो मति हिराई है।
नयोई रसिक घनआनंद सुजान यह,
किधौं प्यारी तेरे नैन सैन की निकाई है ॥ 74 ॥

विरहिणी के नेत्रों की पीड़ा की मुखर अभिव्यक्ति घनानन्द की विशिष्ट उपलब्धि है, किंतु प्रस्तुत छंद में आलंबन के नेत्रों का और उनके प्रति आश्रय के तीव्र आकर्षण का मार्मिक चित्र अंकित किया गया है।

प्रिया के नेत्रों पर रीझा हुआ प्रेमी कहता है कि (तुम्हारी) पलकों के दलरूपी संपुट में मुंदा रह कर मेरा मनरूपी भ्रमर प्रसन्नता का अनुभव करता है। आलस्यरूपी रात्रि के आ जाने से (रात्रि में कमल मुंदते हैं और आलस्यवश प्रिया के नेत्र मुंदते हैं) (तुम्हारी पलकें बंद हो जाती हैं अतः) मेरा मनरूपी भ्रमर बाहर बाहर ही चक्कर काटता रहता है।

आलंबन के मुंदे हुए नेत्रों में आश्रय का मन बंद रहता है और जब आलंबन के नेत्र आलस्यवश अधमुंदे रहते हैं तो बाहर रहा आश्रय का मन इधर-उधर चक्कर काटता रहता है अथवा आस-पास चक्कर काटता हुआ अधमुंदी आंखों के सौंदर्य पर मुग्ध होता रहता है।

खुली हुई आंखों (आलंबन की) के बीच आश्रय का मन, इधर-उधर भटकता है। (आश्रय कहता है कि) मेरा मन उन दो खिले हुए कमलों (तुम्हारे नेत्रों) के बीच अत्यंत सुखद आश्चर्य के साथ खोया हुआ, रस में डूबा हुआ घूमता रहता है (कि किस कमल में बैठकर रसास्वादन किया जाए)। उसे (मनरूपी भ्रमर को) अत्यधिक आश्चर्य है।

इस पंक्ति का अर्थ इस प्रकार भी किया जा सकता है कि आश्रय का कथन है कि मेरा मन भ्रमर दो (नेत्ररूपी) कमलों में अकेला होते हुए भी कैसे रसता-बसता है (द्वै सरोज बीच एक), यही महा आश्चर्य मुझे है (रूपकातिशयोक्ति)।

मन की यह भूतागति (भूताविष्ट जैसी विलक्षण दशा) देखकर मेरी मति (बुद्धि) खो गई है।

अंत में प्रेमी कहता है कि सघनआनंदस्वरूप अथवा आनंद के घन, हे सुजान प्रिय ! मेरा मन नए ढंग का रसिक है ('नयोई रसिक' से अनाड़ीपन ध्वनित होता है) अथवा हे प्यारी तुम्हारे नेत्रों के संकेत से यह विलक्षण शोभा (निकाई) उत्पन्न हुई है (जिसके कारण ऐसा आश्चर्यजनक कौतुक हो रहा है)।

रूपक, रूपकातिशयोक्ति और संदेह का भावोत्कर्ष में सहायक प्रयोग तो है ही, आलंबन के नेत्रों के प्रति आश्रय (प्रेमी) की प्रतिक्रिया का उसकी रीझ का अत्यंत कलापूर्ण अंकन भी किया गया है।

रस स्थिति की दृष्टि से सामान्यत: यह संयोग का चित्र माना जा सकता है। 'नयोई रसिक' का संकेत इसी प्रकार का है। किंतु 'नयोई रसिक' के तीखे व्यंग्य को दृष्टि में रखें (अपने मन की भर्त्सना करने के लिए उसे अनाड़ी कहा जा रहा है) और पूरे कथन को विरही का कथन मानें तो काव्यार्थ की मार्मिकता बढ़ जाती है।

विरही कह रहा है कि हे प्यारी, तुम्हारे नेत्रों की शोभा (की स्मृति) में उलझा हुआ मेरा मन किस भूतग्रस्त जैसी स्थिति में पड़ गया है ? यह तुम्हारे नेत्रों की शोभा के संकेत पर ऐसा हो रहा है अथवा मेरे मन के अनाड़ीपन के कारण ही इसे इतना दुख देखना पड़ रहा है।

आलंबन के नेत्रों का सौंदर्य और आश्रय का उनकी ओर तीव्र खिंचाव। प्रेमी का मन प्रिया के नेत्ररूपी कमलों के ऊपर मंडराता रहता है और उनके आलस्यरूपी रात्रि में मुंद जाने पर स्वयं बंद हो जाता है। वह कहता है कि यह स्थिति मेरे मन के नए रसिक (अनाड़ी) होने के कारण है अथवा तुम्हारे सौंदर्य की ही यह विशेषता है ? रूपकातिशयोक्ति और संदेह के अलंकार भावोत्कर्ष में विशेष सहायक हैं।

बरसैं तरसैं सरसैं अरसैं न, कहूं दरसैं इहि छाक छईं।
निरखैं परखैं करखैं हरखैं उपजीं अभिलाषनि लाख जईं।
घनआनंद ही उनए इनि मैं बहु भांतिनि ये उन रंग रईं।
रसमूरति स्यामहिं देखत ही सजनी अखियां रसरासि भईं ॥ 75 ॥

आश्रय (प्रेमिका) के नेत्रों का वर्णन है, जो वह स्वयं अपने से कह रही है अथवा किसी सखी से कह रही है। छंद का संकेत पूर्वराग की स्थिति की ओर है।

प्रेमिका सखी से कहती है कि मेरी ये आंखें बरसती हैं (अश्रु)। कभी प्रिय को देखने के लिए तरसती हैं (तृष्णा), कभी (प्रिय का ध्यान करके) उमंगित होती हैं और कभी (उनके न दिखाई देने से) निराश हो जाती हैं। प्रिय के ध्यान में ये आंखें इस तरह छकी हुई (तृप्त) हैं कि अन्यत्र ये देखती ही नहीं अर्थात कोई अन्य रूपाकार इनको आकर्षित नहीं करता। ध्वनि यह कि सामने पड़ने वालों को भी ये आंखें नहीं देखती।

कभी ये ध्यान से देखती हैं (कि कहीं प्रिय दिखाई पड़ जाए), कभी ये परीक्षा करती हैं (सामने पड़े रूपाकारों की परीक्षा, इसलिए कि कहीं उनमें प्रिय के रूप की कोई समानता लक्ष्य की जा सके) और कभी ये (अपनी साधना से) प्रिय को खींच भी लेती हैं (करखैं)। अगर ऐसा हुआ तो ये हर्षित हो जाती हैं। इस प्रकार इन आंखों में अभिलाषा

के लाखों अंकुर उग आए हैं जिनमें (अभिलाषाओं में) ये आंखें अनेक भावों में मग्न होती रहती हैं।

'करखैं' का अर्थ तोड़ना किया गया है। पर यह उपयुक्त नहीं लगता। पूर्वराग की स्थिति है अतः प्रिय का कभी दिखाई पड़ जाना स्वाभाविक भी है। कवि कहता है कि इन आंखों की साधना से ही प्रिय आकृष्ट होकर (खींचा जाकर) सामने आता है। उसकी एक झलक मिल जाने पर अभिलाषा के लाखों अंकुर उनमें फूट निकलते हैं। (जई= यवांकुर, अंकुर मात्र के लिए रूढ़)।

वह सखी से कहती है कि आनंद के घन (वे प्रिय) स्वयं इन आंखों में उमड़ आए हैं। इसीलिए ये (आंखें) भी उनके रंग में (अनेक प्रकार से) रंग गई हैं। ऊपर की चेष्टाएं जो नेत्रों के संदर्भ में वर्णित हैं, बादल पर भी घटित होती हैं। इसीलिए गूढ़ संकेत है कि प्रिय आनंद के बादल के रूप में इन नेत्रों में छा गए हैं और ये आंखें उन्हीं (प्रिय आनंदघन) के रंग में रंग गई हैं।

वे श्याम (आनंदघन, प्रिय) रस की मूर्ति हैं (अतः जहां वे रहेंगे रसस्रोत प्रवाहित होता ही रहेगा)। उनको देखते ही (अनुरक्त होकर उन्हें अपने हृदय में बसाकर) ये आंखें भी, हे सखी, रसराशि हो गई हैं (इसीलिए निरंतर प्रवाहित होती रहती हैं)।

प्रिय के प्रति अनुरक्त (उनको अपने में बसाकर) आंखों की जिन चेष्टाओं का वर्णन किया गया है वे आश्रय की स्थिति को अत्यंत कुशलता के साथ मूर्त कर देती हैं।

रसरूप प्रिय को देखती रहकर आश्रय की आंखें स्वयं रसराशि हो गई हैं। आश्रय के नेत्रों के साथ इतनी क्रियाएं एक साथ अत्यंत दुर्लभ हैं। एक एक पंक्ति में पांच पांच चेष्टाएं। घनाआनंद कवित्त (सं० डा० विश्वनाथ प्रसाद मिश्र) की टिप्पणी में 'करखै' का अर्थ तोड़ना किया गया है। वस्तुतः करखै का अर्थ है—खींचती हैं। इन्हीं आंखों की साधना से आकृष्ट होकर प्रिय एक झलक दे जाता है। उतने से ही इनमें अभिलाषा के लाखों अंकुर फूट निकलते हैं।

रूप लुभाय लगी तब तौ अब लागति नाहिं सुभाय निमेखै।
जो रस-रंग अभंग लह्यौ सु रह्यौ नहीं पेखियै लाखनि लेखै।
हौ घनआनंद एहो सुजान तऊ ये दहै दुखदाई परेखै।
आंखिन आपनी आंखि न देख्यौ कियौ अपनो सपनेऊ न देखै॥ 76 ॥

विरहिणी निठुर प्रिय के प्रति कहती है कि मेरी इन आंखों ने (नासमझी में) जो कुछ किया, अब उसी का फल भोग रही हैं। अब इनके हाथ में पछतावा ही बचा है। अपने किए को ये मिटा नहीं सकतीं। पछतावा तो दुखदायी होता ही है। मुझे दुख तो इस बात का है कि आप (जिनके कारण यह दुख है) सुजान हैं और आनंद के घन हैं (वर्षा कर सकते हैं, जलन बुझा सकते हैं) तब भी ये जल रही हैं।

विरहिणी कहती है कि ये आंखें तब (जब आपको इन्होंने पहली बार देखा) आपके रूप के प्रति लुब्ध होकर (आप से जा) लगीं (जुड़ गईं)। अब (इनकी हालत यह हो गई है कि) स्वाभाविक रूप में लगने वाली पलकें भी नहीं लगती अथवा निमिष (पल) भर

को भी ये स्वाभाविक रूप में नहीं लगतीं। (नींद नहीं आती) (विरोधाभास—तब लुब्ध होकर लगीं, अब स्वाभाविक रूप में भी नहीं लगतीं) अखंड (अबाध, अभंग) रूप से जो रस और रंग (आनंद) इन आंखों ने पहले (संयोग के समय) पाया अब लाखों उपाय (लेखे) करने पर भी उस रस रंग को (ये) नहीं देख पातीं। (वह सुख सदा के लिए छिन गया।)

अब तो मुझे दुख इस बात का है कि हे प्रिय ! तुम सुजान और आनंद के घन हो (सब कुछ जानने वाले और आनंद की वर्षा करने वाले हो) फिर भी ये (मेरे नेत्र) दुख में जल रहे हैं। (ध्वनि यह है कि तुम इनकी पीड़ा को जानते भी हो और चाहो तो दूर भी कर सकते हो, किंतु निठुर बने हुए हो) (सच भी है) पश्चाताप सदा दुखदायी होता ही है। अपने गलत कार्यों का कुपरिणाम सामने आने पर आदमी पछतावा करता ही है।

पछतावा इस बात का भी है कि आदमी अपने पिछले कार्यों को मिटा नहीं सकता, उनका फल उसे भोगना ही पड़ता है। जिस प्रकार अपनी आंखों से अपनी आंखें नहीं देखी जा सकतीं, उसी प्रकार अपने किए हुए को स्वप्न में भी फिर नहीं देखा जा सकता (कि उसका परिष्कार किया जा सके।)

किए हुए को अनकिया नहीं किया जा सकता। यहां तक कि उसे स्वप्न में भी देखा नहीं जा सकता, इसी असंभावना की ओर संकेत करने के लिए उपमान वाक्य हैं : 'जिस प्रकार आंखों से अपनी ही आंखों को नहीं देखा जा सकता।'

इस असंभावना को बिहारी ने इस प्रकार प्रस्तुत किया है :

जगत जनायो जिहि सकल सो हरि जान्यो नाहिं।
ज्यौं आंखिन सब देखिये, आंखि न देखी जाहिं।।

ध्वनि यह है कि अगर अपने किए को फिर से देखा जा सकता तो उसको मिटाना भी संभव होता। इस प्रकार एक भूल के लिए जीवन भर रोना नहीं पड़ता। किंतु यहां तो रोना ही इस बात का है कि अपना किया हुआ सपने में भी नहीं देखा जा सकता, वैसे ही जैसे अपनी आंखों से अपनी आंखें नहीं देखी जा सकतीं।

'आंखों के लगने में यमकयुक्त विरोधाभास विलक्षण है। लोकोक्ति का अत्यंत परिष्कृत और काव्यात्मक प्रयोग हुआ है।

विरहिणी अपनी आंखों की दुख दशा के लिए उनकी ही भर्त्सना करती है कि वस्तुत: इन्हीं के कारण यह सारी गड़बड़ हुई। तब रूप के लोभ में ये प्रिय से जा मिलीं। अब पल भर को भी ये नहीं लगतीं। हे सघनआनंदरूप प्रिय तुम तो चतुर हो फिर भी तुम्हारे नाते मेरी ये आंखें कितना कष्ट झेल रही हैं। अपना पिछला कार्य सपने में भी देखने को नहीं मिलता जैसे अपनी ही आंखों से अपनी आंखें नहीं देखी जा सकतीं। ध्वनि यह कि यदि पिछले कर्मों के सुधारने का अवसर मिलता तो इतना दुख नहीं होता।

'घनाआनंद कवित्त' की टिप्पणी में अंतिम पंक्ति का अर्थ है, 'अपनी आंखों से अपनी आंखों को देख लिया, पर वे अपनी करनी स्वप्न में भी नहीं देखते।'[1] प्रस्तुत छंद में वस्तुत:

1. विश्वनाथ प्रसाद मिश्र, 'घनानन्द कवित्त', संस्क० 6, पा० टि० पृ० 247

भर्त्सना अपनी आंखों की ही जा रही है, न कि प्रिय की।

> नैन कहै सुनि रे मन, कान दै क्यौं इतने गुन मेटि दयौ है।
> सुंदर प्यारे सुजान को मंदिर बावरे तू हम ही ते भयौ है।
> लोभी तिन्हैं तनकौ न दिखावत ऐसो महामद छाकि गयौ है।
> कीजियै जू घनआनंद आय कै पाय परौं यह न्याव नयौ है॥ 77॥

विरही की यह शिकायत बहुत रूढ़ हो गई है कि नेत्र रूपवाहक हैं। ये ही प्रिय की छवि को मन में उतार देते हैं। फिर मन पीड़ा से छटपटाता रहता है। सूर की गोपियां भी कहती हैं: 'मोरे नैना बिरह की बेलि बई।' किंतु विरहावस्था में मन में तो प्रिय रहता ही है। वह मन कभी उस छवि को नेत्रों को नहीं दिखलाता, जबकि नेत्रों के द्वारा ही मन उस छवि का मंदिर बना बैठा है। मन के प्रति नेत्रों की यह शिकायत घनानन्द के इस छंद में वर्णित हुई है।

नेत्र मन से कहते हैं कि हे मन, कान देकर (ध्यान से) सुन। तू मेरे इतने गुणों को क्यों मिटाए दे रहा है। उस सुंदर और प्यारे सुजान का मंदिर तू बना हुआ है, (इसमें कोई संदेह नहीं) किंतु हे बावले, विचार तो कर कि यह अवसर तुझको हमारे ही कारण मिला है। (नेत्र ही प्रिय के रूप को हृदय तक पहुंचाते हैं।) अब हे मन! तू इतना लोभी हो गया है कि उस प्रिय की मूर्ति को तूने अपने में छिपा लिया है। हमको उनकी एक झलक भी नहीं दिखाता। प्रिय को अपने पास रखने के महामद से तू इतना प्रमत्त हो गया है (छाकि गयौ है) कि विशेष रूप में प्राप्त इस अवसर के कारण को ही भूल गया।

मन का यह घोर स्वार्थ ऐसा है कि नेत्र उसके विरुद्ध आनंद के घन उस प्रिय से ही फरियाद करते हैं: हे प्रिय, अब आप ही आकर देखिए कि यह नया न्याय कैसा है। मैं आपके पांव पड़ती हूं। 'पाय परौं' में आंखों की ओर से विरहिणी स्वयं प्रार्थना करती है कि यह झगड़ा (नेत्र और मन का) एकदम नया है। आप ही आकर इसका न्याय कीजिए।

'न्याव नयौ है' में ध्वनि यह भी है कि यह नया न्याय अर्थात उलटा न्याय हो रहा है कि प्रथम तो नेत्रों ने उस रूप को ग्रहण किया फिर उसे मन को सौंप दिया। अब जबकि नेत्रों के सामने वह छवि नहीं है तो मन उनको उसकी एक झलक भी दिखाने को तैयार नहीं है अर्थात मन अन्याय कर रहा है। अतः हे प्रिय! अब तो आप ही आकर इसका समाधान कीजिए।

प्रिय वैसे नहीं, तो इस विचित्र झगड़े का फैसला करने के लिए ही संभवतः आ जाए। यही इसकी ध्वनि है।

विरहिणी के नेत्रों और मन का झगड़ा है। नेत्रों ने ही प्रिय को हृदय तक पहुंचाया। अब वियोग में प्रिय की मूर्ति तो हृदय में निरंतर बनी रहती है किंतु आंखें उसे देखने को तरस गई हैं। अत्यंत सुंदर छंद है। अंत में प्रवासी से प्रार्थना है कि वही आकर उस झगड़े को निपटाए, किसी बहाने आए तो।

फैलि रही धर अंबर पूरि मरीचिनि-बीचिन संग हिलोरति।
भौंर-भरी उफनात खरी, सु उपाय की नाव तरेरनि तोरति।
क्यौं बचियै भजिहूं घनआनंद बैठि रहें घर पैठि ढंढोरति।
जोन्ह प्रलै के पयोनिधि लौं बढ़ि बैरिनि आज बियोगिन बोरति ॥ 78 ॥

ज्योत्स्ना संयोग और वियोग दोनों में उद्दीपन का काम करती है। इसीलिए इसका वर्णन इस रूप में रूढ़ सा हो गया है। प्रस्तुत छंद में यह ज्योत्स्ना जितनी सक्रिय है, उतनी अन्यत्र नहीं दिखाई पड़ती। प्रलयकाल के समुद्र की तरह वह वियोगिनी को डुबा रही है। चांदनी की उफनती हुई सक्रियता रूढ़ि अथवा ऊहा पर से ध्यान हटा देती है और स्वयं में पाठक को भी डुबा लेती है। यह इस छंद की अपनी विशेषता है।

यह (ज्योत्स्ना) धरा और आकाश को पूरित करती हुई फैल रही है। यह अपनी किरणरूपी लहरों के साथ उफनती हुई हिलोरें मारती हैं। (झिलमिलाती हुई चांदनी को लहरों से उफनती हुई कहना, उसको अत्यंत कुशलता से मूर्त कर देता है।) वह तेजी से उफनती है क्योंकि भंवरों (आवर्त) से भरी हुई है। (उससे बचने के सारे) उपायरूपी नावों को वह (आवर्तों में) तोड़कर (तरेरिन) बलपूर्वक डुबा देती है। तात्पर्य यह कि चांदनी की इस बाढ़ से बचने के सारे उपाय आवर्त में फंसी नाव की तरह डूब जाते हैं अर्थात व्यर्थ हो जाते हैं।

चांदनी की इस बाढ़ से बचने के लिए छिपकर घर में बैठ जाइए तब भी इससे बचना संभव नहीं (क्यों बचिए) क्योंकि (यह) घर में घुसकर (पैठि) ढूंढ़ लेती है। (गवाक्षों अथवा किवाड़ की झिर्रियों से बंद घर में भी झांकती हुई चांदनी का यह चित्र कवि की संवेदनशीलता के साथ उसके सूक्ष्म निरीक्षण का परिचायक है।)

यह बैरिन ज्योत्स्ना (जोन्ह) प्रलयकाल के समुद्र की तरह बढ़कर आज वियोगिनी को डुबा देने पर लगी हुई है।

सामान्यत: चांदनी का उद्दीपन रूप में वर्णन शृंगार वर्णन की रूढ़ि का एक अनिवार्य अंग है। प्रस्तुत छंद में 'चांदनी की उफनती हुई बाढ़' अपने आप में इतनी जीवंत है कि सारे वर्णन में एक नई ताजगी आ जाती है। यही ताजगी घनानन्द की विशेषता है, जो उन्हें परंपरा में रखकर भी परंपरा से अलग कर देती है।

ज्योत्स्ना को प्रलयकालीन समुद्र के रूप में देखा गया है जिसमें वियोगिनी डुबाई जा रही है। रूपकपुष्ट पूर्णोपमा। चांदनी की बाढ़ अत्यंत जीवंत रूप में प्रस्तुत की गई है।

प्रान-पखेरू परे तरफैं लखि रूप-चुगौ जु फंदे गुन-गाथन।
क्यौं हितयै हित पालि सुजान दया बिंन ब्याध-वियोग के हाथन।
सालत बान समान हियें सु लहे घनआनंद जे सुख साथन।
देहु दिखाय दई मुख चंद लग्यौ अब औधि-दिवाकर आथन ॥ 79 ॥

लौटने की अवधि बीतने को है पर प्रिय की ओर से कोई आशाप्रद सूचना नहीं मिल रही है। अत: कातर होकर वियोगिनी कहती है कि अब तो अवधि भी बीत रही है। अब तो आ जाओ।

वियोगिनी कहती है कि मेरे प्राणरूपी पक्षी जो पहले तुम्हारे रूप का चारा चुगते हुए तुम्हारे गुणों (गुन) के जाल में फंस गए, अब (विवश) पड़े हुए तड़प रहे हैं।

आप सुजान हैं (अज्ञानी भी यह जानता है कि अपने हाथों पाले हुए जीव का बध स्वयं कोई नहीं करता) फिर भी दया-विहीन होकर वियोगरूपी वधिक के हाथों क्यों इन प्राणरूपी पक्षियों की हत्या कर रहे हैं, जबकि आपने अपने ही हाथों इन्हें (प्रेम के पोषण से) पाला है। (हित पोष के तोष सु प्रान पले)।

हम लोगों ने साथ साथ रहकर जिन सुखों का (संयोग के) उपभोग किया वे ही (सुख ही) आज वियोग में (स्मृति के माध्यम से) वाणों की तरह हृदय को बेधते हैं। (तीव्र स्मृतिदंश).

अंत में विवश होती हुई वियोगिनी कहती है कि अब तो अपने मुखरूपी चंद्र की एक झलक दिखा दो। अब तो अवधि रूपी सूर्य भी डूबना ही चाहता है (डूबने लगा है, 'आथन')।

सूर्य डूबने के बाद चंद्रदर्शन की स्वाभाविकता भी सिद्ध है। वियोग में अवधि का सूर्य जब तक नहीं डूब जाता, (अवधि बीत नहीं जाती) तब तक तो चंद्रदर्शन की आशा करना व्यर्थ है, किंतु अब अवधि बीत रही है, अब भी मुखचंद्र के दर्शन न हुए तो प्राणों की रक्षा नहीं हो पाएगी।

सूर्यास्त के बाद चंद्रोदय के स्वाभाविक व्यापार का काव्योचित प्रयोग। प्रथम पंक्ति के 'गुन' में श्लेषाधारित वक्रोक्ति।

श्लेष और काकुवक्रोक्ति के साथ रूपक की योजना। 'औधि-दिवाकर' की ध्वनि घनानन्द की अटूट आशा की सूचना भी देती है। सूर्यास्त के बाद चंद्रदर्शन अवश्य होगा।

सोवत भाग जगे सजनी दिन कोटिक या रजनी पर वारे।
नेह-निधान सुजान सजीवन औचक ही उर बीच पधारे।
सौतिन तें तिय पाय इकौसें भरे भुज सोच सकोच निवारे।
बैरिनि दीठि जरौ घनआनंद यौं जिय लै पल पाट उघारे ॥ 80 ॥

विरहिणी द्वारा देखा गया प्रियमिलन का स्वप्नचित्र है। विद्यापति, सूर आदि अनेक महाकवियों ने विरहिणी की आंखों के लगने पर इस प्रकार के स्वप्नों का मार्मिक चित्र खींचा है, जिसमें पलभर को (स्वप्न में) प्रियमिलन का सुख पानेवाली विरहिणी आंख खुल जाने पर कातर हो उठती है। घनानन्द द्वारा प्रस्तुत चित्र की विशेषता यह है कि इसमें कहीं 'स्वप्न देखने' की बात को सीधे नहीं कहा गया है। चुस्त और व्यंजनापूर्ण मुहावरेदार शैली में स्वप्नचित्र और उसके बाद की विह्वलता का मूर्त वर्णन है।

विरहिणी सखी से कह रही है कि मेरे सोते हुए भाग्य जग गए। (सोवत में सुंदर श्लेष है, दूसरा अर्थ है —मेरे सोते ही मेरा भाग्य (जो सो रहा था) जग गया। इस रात पर तो करोड़ों दिन को न्योछावर किया जा सकता है। (जिस रात को पल भर के लिए मैं सो सकी और ऐसा सुखद संयोग घटित हो सका कि अचानक ही मेरे प्रिय संजीवनीस्वरूप और स्नेह के आगार, सुजान मेरे हृदय में (अथवा 'उर बीच' का दूसरा अर्थ

आलिगनार्थ, वक्षस्थल पर) आ गए। (पहले जब कभी वे मिलते थे तो सौतों से घिरे रहने के कारण मैं मनचाहा नहीं कर पाती थी) अब सौतों से अलग अकेले में प्रिय को पाकर (इकौंसे) मैंने सारे सोच-संकोच छोड़ दिए (निवारे) और उन्हें अपनी भुजाओं में भर लिया (उर बीच का दूसरा अर्थ ही इस आलिगन के संदर्भ में अभीष्ट है)। (अभी मैंने प्रिय का आलिगन किया ही था कि) मेरी दृष्टि ही शत्रु हो गई। इसने पलकरूपी किवाड़ उघाड़ दिए (और इस प्रकार) मेरे प्राण ही (इसने) ले लिए। अब यह दृष्टि जल जाए। (जरी—स्त्रियों में प्रचलित गाली)

पलकें खुल गईं अर्थात नींद खुल गई। वह सुख क्षण तिरोहित हो गया। दुख में जैसे मेरे प्राण ही निकल गए।

एक दूसरी ध्वनि, कोई प्रिय को आलिंगन में ले, तब तक कोई दूसरा घर के किवाड़ उघाड़ दे। वही क्रूर कर्म आंखों ने किया।

विरहिणी द्वारा स्वप्न में देखे गए मिलन का चित्र। वह बैरिन दृष्टि जल जाए जिसने पल भर भी प्रिय का एकांत आलिंगन नहीं भोगने दिया और पलकों के पट उघाड़ दिए। सूरदास के चित्र से तुलनीय :

मनो गोपाल आये मोरे गृह हंसि कर भुजा गही।
कहा करौं बैरिन भई निंदिया, निमिस न और रही॥
ज्यों चकई प्रतिबिम्ब देखि कै आनंदी पिय जानि।
सूर पवन मिस निठुर विधाता चपल कियौ जल आनि॥

घनानन्द ने प्रस्तुत छंद में 'उर बीच पधारे' द्वारा नींद में (स्वप्न में) प्रिय के मिलने और नींद खुलने पर यथार्थ परिज्ञान की व्याख्या मार्मिक ढंग से प्रस्तुत की है। हृदयस्थ प्रिय ही मानो स्वप्न में मूर्त हो उठा था, स्वप्नभंग पर फिर अदृश्य हो गया। 'सोवत भाग जगे' में श्लेष और लोकोक्ति का कलात्मक प्रयोग। 'सोवत' : सोते समय (मेरे) अथवा मेरे सोते हुए भाग जग गए।

दरसन-लालसा ललक-छलकनि पूरि
पलकनि लागैं लगि आवनि अरबरी।
सुंदर सुजान मुखचंद को उदै बिलोकें,
लोचन-चकोर सेवैं आरति-परब री।
अंग-अंग-अंतर-उमंग रंग भरि भारी,
बाढ़ी चोप चुहल की हिय मैं हरबरी।
बूड़ि बूड़ि तरैं औधि-थाह घनआनंद यौं
जीव सूक्यौं जाय ज्यौं ज्यौं भीजत सरबरी॥ 81॥

रात के भीगने के साथ अपनी विरह व्यथा की वृद्धि से विकल होती हुई वियोगिनी कहती है :

प्रवासी प्रिय के दर्शन की लालसा की ललक से छलक कर भरी हुई पलकें (प्रिय के) आने की उत्कंठा (अरबरी) की ओर ही लगी रहती हैं। (ध्वनि यह कि पलकें लग नहीं

पातीं अर्थात नींद नहीं आती।) मेरे ये लोचनरूपी चकोर सुंदर सुजान प्रिय के मुखरूपी चंद्र को उदित होते ही देख लेने की लालसा से दुख (आरति) के पर्व (समय) का सेवन कर रहे हैं। (दुख का यह समय इसी आशा में काट रहे हैं कि पूर्णिमा (पर्व) की रात में (मिलन) उदित होते ही प्रिय के मुखरूपी चंद्र का दर्शन कर लेंगे। 'परब सेवैं' का दूसरा अर्थ है पूर्णिमा की पतीक्षा कर रहे हैं।)

रात होते ही (मेरे) अंग अंग में अंतर (हृदय) की उमंगें तरंगित होने लगती हैं। हृदय में प्रिय के साथ मनमानी क्रीड़ाएं (चुहल) करने का उत्साह आतुरता (हरबरी) बनकर प्रकट होने लगता है। (रात्रि के आने से प्रिय के आगमन की आशा और उत्कंठा बढ़ती है। किंतु रात गहरी होती जा रही है, उधर उनके आने का चिह्न प्रकट नहीं होता अतः कहती है कि) ज्यों ज्यों यह रात (शर्वरी, 'सरबरी') भींगती जा रही है त्यों त्यों (आशंका से) मेरा जी (जीव) सूखता जा रहा है। (ऐसा रोज होता है। रात्रि के आगमन पर आशा, उत्कंठा, फिर निराशा) इसी प्रकार मैं अवधि रूपी जलराशि में डूब डूबकर तिरती रहती हूं अर्थात कभी आशा से तैरने लगती हूं, कभी निराशा से डूबने लगती हूं। 'जी सूखना' और 'रात भींगना' में लोकोक्ति और विरोधाभास का अनुपम चमत्कार है।

रात के बढ़ने के साथ विरहिणी की बढ़ती हुई व्यथा का मूर्त अंकन। सुंदर रूपक, विरोधाभास। वियोगिनी के प्राण, जितनी ही रात भींगती जाती है, उतनी ही तीव्रता से सूखते जाते हैं। 'रात का भींगना' और 'प्राणों का सूखना' ये दोनों प्रयोग चित्र को करुणाजनक बना देते हैं। 'घनआनन्द कवित्त' में 'भीजति' का अर्थ 'बीतती है' किया गया है।[1] रात भींगने की तीव्र अनुभूति को अस्वीकार कर देने पर छंद की प्रौढ़ भावव्यंजना में बहुत अंतर आ जाता है। पूरा छंद हल्का पड़ जाता है। रात का भींगना केवल उसका बीतना नहीं है।

बिरह दवागिनि उठी है तन-बन बीच,
जतन सलिल के सु कैसें नीचियै परै।
अंतर-पुढ़ाई फटै, चटकत, सांस-बांस,
आस-लांबी लता हू उदेग-झर सों जरै।
दुख-धूम-धूंधरि मैं घिरे घुटैं प्रान-खग
अब लौं बचे हैं जौ सुजान तनकौ ढरै।
बरसि दरस घनआनंद अरस छांड़ि
सरस परस दै दहनि सब ही दरै ॥ 82 ॥

अपनी विरह व्यथा का वर्णन करती हुई विरहिणी प्रवासी प्रिय से अब भी दर्शन देने की प्रार्थना करती है। कहती है :

शरीररूपी वन में विरह की दावाग्नि उठी हुई है। बुझाने के उपायरूपी जल से वह भला कैसे नीची हो सकती है ? (कवि ने आग लगने के लिए 'उठी है' का प्रयोग त्रिलक्षणता के साथ किया है। यह दावाग्नि है, जंगल की आग जो जब भड़क उठती है तो फिर मंद नहीं पड़ती। वह पानी से बुझाई भी नहीं जा सकती। इसीलिए वह उठी हुई

1. विश्वनाथ प्रसाद मिश्र : 'घनानन्द कवित्त', संस्क० 6, पा० टि०, पृ० 213.

(भड़की हुई) आग, उपायरूपी पानी से नीचे नहीं आती अर्थात बुझती नहीं।) (जंगल की आग बांसों को सबसे जल्दी जलाती है जो चटक चटककर जलते जाते हैं। यहां रूपक में कहती है कि) सांसरूपी बांस चटककर जल रहा है। (बांस तो खोखला होता है, मेरा हृदय पुष्ट था लेकिन) भीतर की पुष्टता (पुढ़ाई) फट रही है। आशारूपी लंबी लता (जो बांस पर चढ़ी हुई है) भी उद्वेग की लपटों (झर) से जली जा रही है। दुखरूपी धूएं की धुंध (घुटन) से (मेरे) प्राणरूपी पक्षी घुटे जा रहे हैं। अब तक बचे हैं (तो इसी आशा से कि प्रिय) सुजान हैं (सब कुछ जाननेवाले), वे अब भी (किंचित मात्र भी) द्रवित हो जाएं (तनकौ ढरें) तो ये प्राण जी जाएंगे। अंत में प्रार्थना करती है कि हे आनंद के बादल (प्रिय) अब भी आलस (अरस में श्लेष भी है, दृष्टव्य : अ+रस अर्थात रसविहीनता) छोड़कर अपने सरस दर्शन और स्पर्श से इस दहन (जलन) का शमन कर दो (इसे बुझा दो) अथवा जलते हुए, घुटते हुए प्राणरूपी पक्षी इसी आशा में बचे हैं कि सुजान प्रिय (संभव है) द्रवित हो जाएं और अपने सरस दर्शन एवं स्पर्श से इस प्रचंड ज्वाला को ही जला दें। सामान्य प्रयोग ज्वाला को बुझाने का होता है। यहां यह कह रही है कि प्रिय चाहे तो वह जलन ही जल जाएगी।

विरह की जलन को दावाग्नि के रूपक के माध्यम से अधिक काव्यात्मक बना दिया गया है। दावाग्नि के धूएं में पक्षियों के घुटने का चित्र अत्यंत हृदयद्रावक है। विरहिणी को आशा है कि इस स्थिति से प्रिय अवश्य उबार लेंगे। प्रिय जब द्रवित होंगे तो जलन को ही जला देंगे। 'दहनि दहै' का प्रयोग विलक्षण है।

सुंदर सांगरूपक है।

'तन बन' के स्थान पर 'तन मन' भी पाठ मिलता है, पर 'दवागिनि' बन में लगती है, इसलिए 'बन' पाठ ही अधिक उपयुक्त जान पड़ता है।

दुख धूम की धूंधरि में घनआनंद जौ यह जीव घिर्‌यौ घुटि है।
मनभावन मीत सुजान सों नातो लग्यौ तन को न तऊ टुटि है।
बन जीवन प्रान को ध्यान रहो, इक सोच बच्यौ' ब सोऊ लुटि है।
घुरि आस की पास उसास गरे जु परी सु मरे हूं कहां छुटि है॥ 83॥

धूएं में दम घुटने से बड़ी कोई यातना नहीं होती, किंतु वियोगिनी कहती है कि विरह दुखरूपी धूएं की धुंध और कड़वाहट में घिरकर मेरा जी (जीव, दम) घुटने लगेगा। तब भी उस मनभावन मित्र (मीत) सुजान से लगा हुआ (मेरा) नाता (प्रणय संबंध) जरा सा भी टूटेगा नहीं। दम घुटने से मैं मर जाऊंगी, यह निश्चय है। एक ही ध्यान था (रहो) प्रिय का (बन जीवन, कृष्ण)। अब सोच (चिंता) यही है कि वह भी लुट जाएगा। (चेतना की समाप्ति पर प्रिय के ध्यान का जो धन मेरे पास है, वह भी लुट जाएगा।) (मृत्यु हो जाने पर भी मेरी आशा नहीं छूटेगी, इसी बात को रूपक में इस प्रकार कहती है कि) आशारूपी पाश (फंदे, 'पास') में कसा हुआ उसांस का गला मरने पर भी क्या छूट सकेगा अथवा उसांस (अंतिम बार उखड़ती हुई सांस) के गले में पड़ा हुआ आशारूपी फंदा मर जाने पर भी कहां छूट पाएगा अर्थात नहीं छूटेगा।

फंदे से गला कस जाने के कारण मरते हुए आदमी का चित्र मन में है। प्राण निकल जाने के बाद भी फंदा गले में ज्यों का त्यों पड़ा रहता है। यहां टूटती हुई सांस के गले में आशारूपी फंदे की बात कही गई है। ध्वनि यह है कि आशा छूटेगी कभी नहीं। यह भी सच है कि मारा भी इसी आशा ने ही है। उस निठुर के लौटने की आशा न रहती तो यह हालत न होती। उसी आशा के कारण यह दशा है। प्रिय के प्रति निष्ठा का यह स्वरूप है कि वह मरने पर भी कम नहीं होगी। प्रेम में अपनी ओर से निर्वाह करने का ही महत्व है। इसका पालन विरहिणी प्राण देकर भी करेगी।

आशा का यही अटूट सूत्र न होने के कारण मीन और पतंग जगत प्रसिद्ध प्रेमी होने के बावजूद घनानन्दीय विरहिणी की दृष्टि में कायर और कपूत होकर रह जाते हैं।

विरहिणी की अमर आशा। कहती है कि यदि विरह रूपी धूएं से प्राण घुट जाएं तो भी प्रिय से नाता नहीं टूटेगा। चिंता यही है कि मर जाने पर प्रिय का ध्यान भी समाप्त हो जाएगा किंतु मरने के बाद भी उसांस के गले में पड़ा हुआ आशारूपी पाश नहीं छूटेगा। फांसी से मरने वाले के गले में मृत्यु के बाद भी रस्सी लगी रह जाती है। ध्वनि यह है कि इसी आशा के कारण प्राण जाएंगे, तब भी मैं आशा नहीं छोड़ूंगी। एकपक्षीय निर्वाह की सीमा।

ए मन मेरे कहा करी तें तजि दीन चल्यौ जु प्रबीन ह्वै तो सौ।
ल्यायौ न काहुवै आंखि तरें हौं कहूं कबहूं करि तेरो भरोसौ।
मीत सुजान मिल्यौ सु भली करी बावरे मो सों भर्‌यौ किय रोसौ।
सोचत हौ अपने जिय में सपने न लहौं घनआनंद दोसौ॥ 84॥

वियोगिनी के साथ जो कुछ भी हुआ है, उसके लिए अपने मन को उत्तरदायी मानती हुई वह कहती है कि यहां तक तो ठीक है, मगर हे मेरे मन, तुम मुझसे ही क्रुद्ध क्यों हो गए हो, जबकि मैंने स्वप्न में भी कोई अपराध नहीं किया है।

हे मेरे मन! तू तो बड़ा प्रवीण है (फिर तेरे जैसे प्रवीण से यह कैसे हुआ कि) मुझ विपन्न को छोड़कर चला गया। यह तूने क्या किया? (मेरे पास और कोई धन नहीं था। मन ही था वह भी प्रिय के साथ चला गया।) मैंने तुम्हारा भरोसा करके ही कभी किसी को महत्व नहीं दिया (आंखों के नीचे नहीं लाई)। तुमने मेरे भरोसे की रक्षा नहीं की) तुम मुझे छोड़कर मीत सुजान से जाकर मिल गए। यह भी अच्छा किया। मगर ऐ पगले! मुझसे (मेरे प्रति) क्रोध से क्यों भरा हुआ है? मैं तो अपने जी में सोच रही हूं कि मैंने स्वप्न में भी कभी कोई अपराध नहीं किया। फिर मेरा ही मन मुझसे क्रुद्ध क्यों है?

अपने मन को अपने हित की बात के बिना विचारे प्रिय की ओर जाकर मिल जाने पर विरहिणी दुखी है। उसको लगता है कि मन ने भी मेरा साथ न छोड़ दिया होता तो आज शरीर और प्राणों की यह गति न होती। अंत में एक अत्यंत सूक्ष्म संकेत है कि यह शरीर वियोग के दुख में जर्जर होता जा रहा है। अगर मन (जो हठपूर्वक प्रिय के पास जाकर वहीं का होकर रह गया है) भी मेरे साथ होता तो यह दुर्गति न होती। मन के वापस न लौटने में वह किसी कारण अपने किसी दोष का संधान करना चाहती है लेकिन

उसे लगता है कि उसने तो स्वप्न में भी अपराध नहीं किया, तब मन क्यों रुष्ट है। अंतिम पंक्ति के उत्तरार्द्ध का अर्थ इस प्रकार भी किया जा सकता है कि यह जो कुछ भी हो रहा है, इसके लिए आनंद के घन उस प्रिय को तो स्वप्न में भी दोषी नहीं माना जा सकता।

इस छंद में इतनी मार्मिकता का कारण ही यह है कि वियोगिनी अपने मन तक को अपने अनुकूल नहीं पाती। मन को स्वतंत्र व्यक्तित्व देकर यह विशेषता उत्पन्न की गई है। लोकोक्ति का सुंदर काव्योचित प्रयोग है। 'आंखि तरें' की मार्मिक व्यंजना है। जनकपुर से आए हुए दूत दशरथ से कहते हैं :

'भूप देखि तव बालक दोऊ। अब न आंखि तर आवत कोऊ।'—मानस ॥

वियोगिनी का मन ही उससे अलग हो गया है। विरहदुख को झेलती हुई वह मन को संबोधित करके कहती है कि तूने यह क्या किया ? मेरे पास और कोई धन नहीं था। तू ही था। तू भी मुझे छोड़ चला। एक तेरा भरोसा करके मैंने कभी किसी की परवाह नहीं की। किसी को महत्व नहीं दिया। तू मुझे छोड़कर प्रिय के पास चला गया। तू मेरे प्रति कितने क्रोध से भरा है ? इसका कारण सोचती हूं तो मुझे स्वप्न में भी कोई दोष नजर नहीं आता। अंतिम पंक्ति का अर्थ इस प्रकार भी किया जा सकता है कि उस प्रिय (घनआनंद) को तो स्वप्न में भी दोष नहीं दिया जा सकता। सारा दोष मेरे मन का ही है जो मुझे छोड़कर निठुर प्रिय से जा मिला है।

रीझि बिकाय निकाई पै रीझि थकी गति हेरत हेरन की गति।
जोबन-घूमरे नैन लखें मतवारी भई मति वारि कै मोमति।
बानि बिलानि सुबोलनि मैं अनचाहनी चाह जिवावति है इति।
जान के जी की न जानि परै घनआनंद याहू तें होति कहा अति ॥ 85॥

प्रेमिका प्रिय के प्रति अपनी विलक्षण आसक्ति और प्रिय की अबूझ निठुराई की चर्चा करती है।

वह कहती है कि मेरी रीझि (रीझने की शक्ति) उनकी सुंदरता (निकाई) पर रीझ कर (उस सुंदरता के हाथों) बिक गई। (रीझ में यमक) उनकी अद्भुत गति देखकर मेरी देखने की गति थक गई। (गति में यमक) नेत्रों ने (प्रिय के) प्रमत्त (घूमरे) यौवन को देखा और परिणाम यह हुआ कि मेरी मति (बुद्धि) अपना अपनत्व (मोमति, ममत्व) न्योछावर करके मतवाली हो गई। ('मतवारी मति वारि,' 'मति, मोमति' में सभंगपद यमक)। (प्रिय के) मधुर बोल की मीठी विधि (अदा) में मेरी वाणी विलीन हो गई। मेरी यह न चाहने लायक (अनचाहनी) चाह (प्रीति) मुझे मार (इति) कर भी जिलाती है। (विरोधाभास : उसी चाह को अनचाहनी कहती है, उसी के कारण पीड़ित है और जीने का आधार भी उसी चाह को ही मानती है)। इतने पर भी जो प्रिय हैं, जान (सुजान, जिनके विशेषण में ही जानना, ध्वनित है) के जी की गति मेरी समझ में नहीं आती। (अंत में वह कहती है कि) इससे अधिक अति क्या होती है। 'अति होना' सीमातिक्रमण के अर्थ में प्रचलित है। तात्पर्य यह कि अब इससे ज्यादा और क्या होगा ? जो कुछ मेरे साथ हो रहा है, उससे अधिक कुछ भी होना संभव नहीं।

संकेत यह है कि जानने के अपने समस्त स्रोतों को (इंद्रियों को) मैंने प्रिय की ओर लगा दिया, उनसे मिला दिया, तब भी उनके जी की गति (उनके मन की बात) समझ में नहीं आती। इससे अधिक और क्या हो सकता है।

यमक की दृष्टि से भी छंद उत्तम है। विरहिणी की विवशता और कातरता का मार्मिक चित्रण है।

आश्रय-आलंबन की स्थिति को उलटकर देखें तो अर्थ में एक नई वक्रता आती है। आश्रय पुरुष है और आलंबन स्त्री जान या सुजान। तब 'घूमरे जोबन' (घूमरे—नशीला, मदयुक्त) से प्रिया के यौवन (जोबन का श्लेष उरोजों की ओर भी है) का नशा अब भी स्मृति में सालता है। इसीलिए मन वहां से लौटता नहीं। वहीं रमा हुआ है।

विरहिणी का एकांत समर्पण और प्रवासी प्रिय की अबूझ निठुराई का वर्णन। यमक की दृष्टि से अत्यंत सुंदर छंद है। 'अनचाहनी चाह' मुझे मारकर जिला रही है, अर्थात न चाही जाने लायक मेरी चाह (रीझ) ने प्रिय के प्रति समर्पित होकर मुझे मार डाला और यही चाह (आशा के कारण) मुझे अब भी जिलाए हुए है। इतने पर भी उस जान (जो नाम से भी जान है) के जी की गति नहीं जान पड़ती—भला इससे भी बड़ी कोई अति होती है।

घूंटैं घटा चहुंधा घिरि कै, गहि काढ़ैं करेजो कलापिन कूकैं।
सीरी समीर सरीर दहै, चहकै चपला चख लै करि ऊकैं।
एहो सुजान तुम्हैं लगे प्रान सु पावस यौं तजि ध्यावस सूकैं।
ह्वै घनआनंद जीवन-मूल, धरौ चित मैं कित चातिक-चूकैं ॥ 86 ॥

वियोगिनी निठुर प्रवासी प्रिय के प्रति कह रही है कि वर्षा में मेरे प्राणों पर इतने संकट हैं, फिर भी आप निठुर बने हुए हैं। चातक की चूक को अगर बादल क्षमा न करे तो और कौन करेगा ?

वह कहती है कि ये घटाएं चारों ओर से घिर कर मुझे घोट रही हैं। (घटाओं को देखकर कूजने वाले ये) मोर अपनी ध्वनियों से मेरा कलेजा निकाल लेते हैं। वर्षा की ठंडी हवा मेरे शरीर को जलाती है।(मेरी ओर आक्रामक की तरह) यह चपला (बिजली) अपने हाथों में लूक (ऊकैं) लेकर दौड़ती है (चहकैं)। मुझे जला देना चाहती है। हे सुजान प्रिय ! मेरे ये प्राण सिर्फ तुम्हारे लिए लगे (रुके) हुए हैं (अन्यथा इन अत्याचारों से अब तक इन्हें निकल जाना चाहिए।) लेकिन पावस में (इन उद्दीपनों के कारण) मेरे प्राण धैर्य (ध्यावस) खोकर अब सूखने लगे हैं। (भय से प्राण सूखना मुहावरा है।) मुझसे अगर कोई गलती हो गई हो, जिससे तुमने इतनी निठुराई धारण कर ली है, तो तुम तो आनंद के घन (बादल) हो और जीवन मूल (जीवन में श्लेष : पानी और जीवन) अर्थात जीवन के पानी के भी स्रोत हो। तुम भला अपने चित्त में चातक की चूक को कैसे धारण करते हो ? (चातक की अनन्यता प्रसिद्ध है। वह कोई चूक कर ही नहीं सकता। अगर चूक कर भी दे तो, अन्यत्र उसकी कोई गति न होने के कारण बादल के निकट वह हर क्षण प्रार्थी है। अतः उसकी चूक बादल कहां देखेगा ? दूसरी बात यह है कि बादल

का अंतःकरण जल का है। द्रवणशील है, और द्रवणशील व्यक्ति देर तक किसी पर नाराज नहीं रह सकता। उसे द्रवित होना ही है।)

चातक के रूप में स्वयं को प्रस्तुत करके विरहिणी अनन्यता का संकेत कर रही है और इसीलिए अपने को क्षम्य मानती है। फिर क्षमा करने वाला जलद है, वैसा उदार दूसरा नहीं। वर्षा के उद्दीपनों का रूढ़ प्रयोग भी छंद के प्रभाव को कम नहीं करता।

अत्यंत मार्मिक छंद। वर्षा में वियोगिनी की जलन बढ़ जाती है। वर्षा का एक एक उपकरण उसे जलाता है। वह आनंद के उत्स उस प्रवासी प्रिय से कहती है कि बादल होकर चातक की (मेरी) चूक (त्रुटि) हृदय में धारण करते हो? प्राण पावस में धैर्य (ध्यावस) छोड़कर सूख रहे हैं। (ऊक—लूक।)

अवधि सिराएं ताप तापे ह्वै कलमलाय,
आपु चाह बावरे उमहि उफनात हैं।
दरस-दुखारे चैन बंचित बिचारे हारे,
आंखिन के मारे आय तहीं मड़रात हैं।
इते पै अमोही घनआनंद रुखाई उर,
सोचनि समाय कै थहरि ठहरात हैं।
जानि अनखौहीं बानि लाड़िले सुजान की सु,
करि हूं पयान प्रान फेरि फिरि जात हैं॥ 87 ॥

प्रवासी प्रिय द्वारा दी गई अवधि बीत गई है। उसके प्राणों में निराशा व्याप्त हो गई है। इसलिए वे तड़पकर निकल जाना चाहते हैं किंतु दर्शन की लालसा अब भी बची हुई है। इसलिए निकले हुए प्राण भी लौट लौट आते हैं।

अपनी स्थिति का वर्णन करती हुई वियोगिनी कह रही है : अवधि के बीत जाने पर न मिटने वाले दुख के ताप से संतप्त और विकल (मेरे प्राण) उमंगित होकर निकल जाने के लिए उफनाते हैं। (उमंगित इसलिए कि शरीर की सीमा तोड़कर प्रिय से मिल सकेंगे, ऐसी आशा प्राणों को है।) (सिराएं और ताप तापे में विरोधाभास है।) ये मेरे प्राण प्रिय का दर्शन न मिलने के कारण दुखी और सुख संतोष (चैन) से वंचित हैं। ये आंखों के मारे हुए हैं (आंखों ने ही प्रिय का रूप पहले प्राणों में उतारा था) अतः (भीतर से उमड़ कर) आंखों में ही (तहीं) मंडराते रहते हैं। ध्वनि यह कि प्राण आंखों में अटके हुए हैं। इतने पर भी मोहरहित आनंद के घन (वे प्रिय) रुखाई धारण किए हुए हैं। इस बात को सोचकर या इसी चिंता में विलीन होकर (सोचनि समाय) कांपकर थरहरा जाते हैं। स्थिर हो जाते हैं। (प्राणों के लिए शरीर को छोड़कर निकल जाना कठिन है फिर भी वे निकल जाते हैं, किंतु) प्रिय की, उस लाड़ले सुजान की थोड़े में रूठने और संतुष्ट होने की आदत (अनखौंही बानि) को स्मरण करके मेरे प्राण प्रस्थान करने के बाद भी लौट आते हैं। (ध्वनि यह है कि प्राणों को इस बात की आशा रहती है कि अगर प्रिय रूठे भी हैं, तो जल्दी मान जाने की आदत के कारण फिर मान जाएंगे।) आशा का यह कभी न टूटने वाला तार ही प्रेमी के प्राणों की रक्षा करता है।

घनानन्द तो सांस टूटने पर भी आशा न छोड़ने की बात करते हैं।

प्रवासी के लौटने की अवधि बीत गई है। विरहिणी के प्राण बार बार प्रस्थान करते हैं। आंखों में आकर मंडराते रहते हैं कि अब भी प्रिय आ जाए। इतने पर भी न आने वाले निर्मोही की रुखाई का ध्यान करके वे थहर जाते हैं। प्रिय की अनखौही बानि (थोड़े में रुष्ट और तुष्ट होने की आदत) का स्मरण करके फिर शरीर मे लौट जाते हैं। अत्यंत करुण चित्र है।

'लाड़िले सुजान' में सुंदर विरोधाभास है। प्रिय 'सुजान' (सब कुछ जानने वाला) तो है, मगर 'लाड़ला' है अतः उसे मनमानी करने की आदत है।

'तापे' के स्थान पर 'तातें' पाठ भी मिलता है।

साहस सयान ज्ञान ताकत तुम्हैं सुजान,
तब ही सबनि तजी, अब हौं कहा तजौं।
रावरेई राखे प्रान रहे, पै दहे निदान,
यौं ही इन काज, लाज बिन हौं खरी लजौं।
ऐसी कै बिसारी गौं तिहारी न विचारी परै,
आनंद के घन हौ अमोहौ जौ ढरौं अजौं।
कौन बिधि कीजै कैसें जीजै सो बताय दीजे,
हाहा हो बिसासी दूरि भाजत तऊ भजौं ॥ 88 ॥

प्रथम दर्शन में ही प्रिय को अपना सब कुछ समर्पित कर देने वाली विरहिणी अब उसी निठुर प्रवासी से अपना जीवन बिताने का उपाय पूछ रही है जिसके दूर भागते रहने पर भी उस बेचारी का मन उसी को भजता (स्मरण करता) रहता है।

वह कहती है कि हे प्रिय, साहस, ज्ञान और चतुरता (सयान) इन सब को तो तुम्हें देखते ही (प्रथम दृष्टि में ही) मैंने छोड़ दिया (अथवा सबने मुझे छोड़ दिया)। अब मेरे पास बचा ही क्या है जिसे मैं छोड़ूं? आपके ही रखने से मेरे ये प्राण अब तक रहे। आपकी निठुराई के कारण ये निरंतर विरह की आग में जलते रहते हैं। इन जलते हुए प्राणों के नाम पर मैं लज्जाहीना (लज्जा तो आपके नाम पर छोड़ ही चुकी हूं) होकर भी लाज से मरी जा रही हूं (कि जिसके लिए लज्जा तक का परित्याग किया वही मुझे त्याग रहा है)। इस प्रकार तुमने मुझे भुला दिया। तुम्हारे घात (गौं, दांव) को विचार कर भी जाना नहीं जा सकता। तुम आनंद के बादल हो (बरसने की प्रवृत्ति है तुम्हारी)। यद्यपि मोहरहित हो, फिर भी अगर मेरी ओर द्रवित हो जाओ (ढरौ), तो आज भी (अजौं) मेरे प्राण बच सकते हैं। मैं क्या उपाय (विधि) करूं? किस प्रकार जीवित रहूं? मुझे यही बता दीजिए। मैं हाहा खाती हूं। जानती हूं मुझसे दूर भाग रहे हो। हे विश्वास-घाती! तब भी मैं तुम्हारा ही स्मरण करती (भजती) हूं। (मेरी इस विवशता को देख कर तो अपनी अकारण निष्ठुरता का त्याग करके मुझ पर कृपा करो।)

प्रथम दर्शन में ही प्रिय को पूर्णतः समर्पित हो जाने वाली विरहिणी अब उसी निठुर प्रवासी से पूछ रही है कि बता दो अब मैं कैसे जीऊं? विपत्ति में साहस, चतुराई और

ज्ञान सहायक होते हैं । ये मेरे पास भी थे किंतु ज्यों ही मैंने तुम्हें देखा सबने मेरा साथ छोड़ दिया । 'भाजत' और 'भजौं' में यमकाश्रित विरोध का चमत्कार है । तुम दूर भागते हो, मैं तब भी तुम्हें भजती रहती हूं । छंद का संपूर्ण प्रभाव अत्यंत मार्मिक है ।

मोहिं दुख-दोष सोखै पोखै सुख तोहि, मोहिं
चिंता-चिता चूरि तोहि राखै निधरक है ।
र्‌वाय कै जगावै मोहिं, बिहंसात्रै स्वावै तोहि,
तेरे भूल भरै मोहिं सालै ज्यौं करक है ।
तोहि चैत-चांदनी मैं सरसै हरष-सुधा,
मोहिं जारै मारै ह्वै बिषाद को अरक है ।
कहूं घनआनंद घुमड़ उघरत कहूं,
नेह की विषमता सुजान अतरक है ॥ 89 ॥

वियोगिनी अपनी और निठुर प्रवासी प्रिय की परिस्थितियों की तुलना करती हुई कह रही है कि परस्पर प्रेम करनेवालों के बीच इतना अंतर नेह की विषमता के ही कारण है जो अपने आप में अतर्क्य है । उसको तर्क और बुद्धि के सहारे समझा नहीं जा सकता ।

वह कहती है कि मुझे दुख और दोष देकर (मेरे प्राणों का) शोषण कर लेता है (सोख लेता है) उधर आपको (हे प्रिय) सुख देखर पुष्ट करता है (पोषै) । मुझे चिंता में चूर चूर कर देता है और तुम्हें निश्चिंत रखता है । मुझे (यही प्रेम) रुलाता और जगाता रहता है (न आंसू थमते हैं, न नींद आती है; उधर तुम मस्ती से सोते हो) और तुम्हें बिहंसने का अवसर देता है । सुख की नींद सुलाता है । (यही प्रेम) तुम्हारे मन में (स्मृति में) विस्मृति या भूल भर देता है (जिससे किसी स्मृति से तुम्हें कष्ट न हो) और मेरे हृदय में कांटे की तरह चुभता रहता है । तुम्हारे लिए (यह प्रेम) चैत की चांदनी में प्रसन्नता रूपी अमृत बरसाने का (चंद्रमा के समान) काम करता है और मेरे लिए विषाद (दुख) का सूर्य (अरक, अर्क) बनकर मुझे जलाता है । जलाकर मार डालता है । कहीं तो (तुम्हारे पास यह प्रेम) आनंद के घन के रूप में घुमड़कर बरसता है और कहीं (मेरे पास) सदा उघड़ा रहता है । यह सब देखकर (इस विषमता के लिए) यही कहा जा सकता है कि नेह की विषमता अतर्क्य है । इसमें कार्य-कारण की कोई संगित नहीं है । इसको समझा और समझाया नहीं जा सकता ।

ध्वनि यह है कि जिस प्रेम के नाते मैं इतना दुख भोग रही हूं, उससे तुम बिलकुल अप्रभावित रहते हो । यह विषमता कैसे समझ में आ सकती है, विशेषत: तब, जब तुम हृदयहीन (अमोही) नहीं हो ।

प्रिय जो (वियोगिनी का दुख बढ़ाने का काम) कर रहा है उसके लिए उसे दोषी न ठहराकर 'नेह की विषमता' की अतर्क्य स्थिति पर दोषारोपण किया गया है ।

विरहिणी प्रवासी को संबोधित करके कहती है कि नेह की यह विषमता अतर्क्य है । इसीलिए यही स्नेह तुम्हारे लिए इतना अनुकूल और मेरे लिए इतना प्रतिकूल हो गया है । तुलना के लिए कवि ने इस छंद में अत्यंत मार्मिक स्थितियों का चुनाव किया है । चैत

की चांदनी वियोगिनी के लिए विषाद का अर्क और निठुर प्रवासी के लिए हर्ष का अमृत है। प्रिय चाहे तो यह विषमता पल भर में दूर हो जाए, यही ध्वनि है।

अंग अंग छाई है उदेग उरझनि महा,
सांस लैबो आली गिरिहू तें गरुवौ लगै।
जोबन-सरूप गुन सूल से सलत गात,
तूल तिनका लौं ह्वै गुमान हरुवौ लगै।
सुंदर सुजान प्रान प्यारे के निहारे बिन
दीठि तौ अदीठि सी उजार घरुवौ लगै।
और जे सवाद घनआनंद बिचारै कौन
बिरह-विपाद जुर जीवौ करुवौ लगै ॥ 90 ॥

जो रूप यौवन और जीवन प्रिय के साथ रहने पर अत्यंत महत्वपूर्ण लगते थे, जिन पर गर्व होता था, वे ही अब प्रिय की अनुपस्थिति में व्यर्थ लगते हैं। जीवन बेस्वाद हो गया है। इसी स्थिति को विरहिणी स्वगत या सखी के प्रति कह रही है।

वह कहती है कि (वियोग व्यथा के कारण) मेरे अंग अंग में उद्वेग (बेचैनी) की उलझन छाई हुई है। यह उलझन बहुत बड़ी है। सारा शरीर इतना दुख रहा है कि हे सखी ! सांस लेना पहाड़ (पहाड़ उठाने) से भी भारी लगने लगा है (लोकोक्ति के माध्यम से अत्युक्ति)। प्रिय के साथ रहने पर अपने यौवन, स्वरूप (सौंदर्य) आदि गुणों पर गर्व होता था (कि इसमें इतना आकर्षण है कि ऐसे असाधारण प्रिय मेरे वश में हैं) वही गर्व अब शूल की तरह शरीर को सालता है। (यह प्रतीति हो रही है कि वह सब कुछ सत्य नहीं था। इसीलिए प्रिय विमुख हो गए।) रुई और तिनके की तरह मुझे मेरा गुमान (रूप, प्रेम और यौवन का गर्व) अब हलका (निस्सार) लगता है। सुंदर सुजान प्राणप्रिय को देखे बिना मुझे अपनी ही दृष्टि अदृष्टि की तरह (अंधी दृष्टि) लगती है। मेरा घर भी उजाड़ की तरह लगता है। (प्रिय के अतिरिक्त दृष्टि में कोई आता ही नहीं इसलिए वह अदृष्टि होकर रह गई है।) जीवन के जो अन्य स्वाद हैं, उनके विषय में अब कौन विचार करे, (यहां तो यह हालत हो गई है कि) विरह के दुखरूपी ज्वर में अब जीना (जीवित रहना) भी कड़ुवा लगने लगा है।

यह रूपक जीवन से सीधा जुड़ा हुआ है। ज्वर में जीभ ऐसी हो जाती है कि किसी चीज का प्रकृत स्वाद नहीं मिलता। मुंह कड़ुवाहट से भरा रहता है। इसी सत्य पर आधारित रूपक में विरहिणी कहती है कि विरह के ज्वर में और चीजें तो बेस्वाद लगती ही हैं, उनके विषय में क्या कहा जाए। यहां तक कि जीना भी कड़ुवा लग रहा है।

अत्यंत मार्मिक छंद है। रूपगर्विता और प्रेमगर्विता के गर्व की निस्सारता से लेकर विरह ज्वर में पूरे जीवन का कड़ुवा लगना विरहिणी की करुणाजनक स्थिति का सूचक है। 'तब हार पहार से लागत हे, अब आनि के बीच पहार परे' (छंद 4) की अनुभूति से तुलनीय।

प्रिय के बिना बेस्वाद जीवन की दुर्वहता की बात वियोगिनी कहती है। कुछ प्रयोग

अत्यंत मर्मस्पर्शी हैं। जैसे सांस लेना पहाड़ से भी भारी लगता है। दृष्टि अंधी हो गई है और घर (सब कुछ होते हुए भी) उजाड़ सा लगता है। ज्वर में कुछ पदार्थ कड़ुवे लगते हैं। इसके आधार पर बियोगिनी कहती है कि विरह विषादरूपी ज्वर में मुझे पूरा जीवन ही कड़ुवा लग रहा है। रूपक और लोकोक्ति के साथ करुण भावचित्र।

आयौ महारस-पुंज-भर्‌यौ घनआनंद रूप-सिंगार के मौरैं।
सींचत है हिय देस-सुदेस अपूरब आंखिन ठानत ठौरैं।
मोहन बांसुरिया सी बजैं मधुरे गरजें धुनि मैं मति बौरैं।
आज की मोरन की सजनी चित दै सुनि लै कछु बोलनि औरैं ॥ 91 ॥

विरह की लंबी अवधि के बाद प्रिय लौट रहे हैं। इस सूचना से आज प्रकृति और ही तरह की लग रही है। प्रचंड लू से पीड़ित मयूरों की बोली आज बादलों की ध्वनि सुनकर और उनका रूप देखकर कुछ और ही हो गई है। (भेदकातिशयोक्ति का उत्कृष्ट रूप)।

प्रियागम की सूचना से प्रसन्नचित प्रेमिका को बादलों का आना और मयूरों द्वारा उनका स्वागत करना विलक्षण रूप से अनुकूल लग रहा है। वह सखी से कहती है कि महारस का पुंज (आनंद या जलराशि) भरे हुए रूप और श्रृंगार के मुकुट (मौर) के समान नयनाभिराम (ये बादल घनआनंद रूप) आए हैं। आते ही ये (प्रेमियों के) हृदय प्रदेश रूपी सुंदर देश (सुदेश) को सींचते हैं। ये (दर्शकों की) आंखों में (अपने अभिराम रूप के कारण) अपूर्व स्थान (ठौर) बना लेते हैं। (इन्हें देखकर आंखों में अपूर्व प्रसन्नता भर जाती है।) उनकी गर्जना मुग्ध करने वाली (मोहन अथवा कृष्ण की) बांसुरी के समान बजती है। इतनी मधुरता से वे गरजते हैं कि इनकी ध्वनि को सुनकर मति (बुद्धि) बौरा जाती है। ये मोर जो अन्य प्रकार से (दुखी, उत्तप्त होकर) बोलते थे, आज (उन बादलों को देखकर) और ही तरह की (प्रसन्नता से भरी हुई) बोली बोलते हैं। (भेदकातिशयोक्ति से आगे की अभिव्यक्ति।)

मोरों की बोली में और प्रकार की (असाधारण प्रसन्नता की) ध्वनि सुनना वस्तुत: अपने मन की (नायिका, आश्रय की) बदली हुई अवस्था के कारण भी है। किंतु नायिका अपने मन के परिवर्तन को अत्यंत सहजता के साथ मयूरों की परिवर्तित मन:स्थिति से जोड़ देती है, जिससे उसके हृदय की उमंग का प्रकाशन हो जाता है। प्रकट रूप से अपने विषय में कुछ कहना भी नहीं पड़ता।

मन का और तरह का हो जाना, मुहावरा भी है। भेदकातिशयोक्ति में किसी उपमान की योजना न करके केवल उपमेय को 'और ही भांति' या 'और ही कुछ' कह कर दूसरों से भिन्न या श्रेष्ठ बताया जाता है!

'वे नैना औरैं कछू जेहि बस होत सुजान।'—बिहारी

अंत में एक महत्वपूर्ण संकेत और भी है। नायिका को मयूरों की बोली का 'और स्वर' पहले ही सुनाई पड़ गया है जिसके लिए वह सखी से कहती है कि तू भी ध्यान देकर (चित दै) सुन ले। मयूरों की बोली आज और तरह की लग रही है। सादगी में गूढ़

काव्यार्थ इस छंद की विशेषता है। प्रिय के आगमन की सूचना न मानें तो और भी मार्मिक अर्थव्यंजना होती है।

लंबे प्रवास के बाद प्रियागम की सूचना से ही विरहिणी को सब कुछ बदला हुआ लग रहा है। आज बादलों की गर्जना मधुर लग रही है, बांसुरी की तरह। मयूरों की ध्वनि और ही तरह की लग रही है। उल्लास की अभिव्यक्ति में यह भेदकातिशयोक्ति अलंकार पूर्ण सहायक हुआ है।

> रैन-दिना घुटिबो करै प्रान, झरैं अखियां दुखियां झरना सी।
> प्रीतम की सुधि अंतर मैं कसकैं, सखि ज्यौं पंसुरीन मैं गांसी।
> चौचंद-चार चवाइन के चहुं ओर मचैं, बिरचैं करि हांसी।
> यौं मरियै भरियै कहि क्यौं सु परौ जिन कोऊ सनेह की फांसी ॥ 92 ॥

प्रस्तुत छंद प्रवासविरह के गांभीर्य से युक्त होते हुए भी पूर्वराग के रूप में स्वीकार किए जाने पर अधिक महत्वपूर्ण हो उठता है। नायिका प्रिय के प्रति पूर्णतः आकर्षित है। उसकी अप्राप्ति का दर्द उसके मनप्राणों में बिंधा हुआ है। उधर चर्चा करने वाली स्त्रियां उसकी हंसी उड़ा रही हैं। अपना जीवन दूभर मानकर वह प्रीति की फांसी में औरों को न पड़ने की सलाह दे रही है। कथन सखी के प्रति अथवा स्वगत भी हो सकता है।

प्रिय की प्राप्ति के लिए तड़पती हुई प्रेमिका कहती है कि रात-दिन (इसी दुख में) प्राण घुटते रहते हैं। ये दुखिया आंखें झरने की तरह प्रवाहित होती रहती हैं। प्रियतम की सुधि (जिसने मन में प्राप्ति की तीव्र लालसा उत्पन्न की है और स्वयं प्राप्त नहीं हो रहा है।) अंतर में (हृदय में) इस प्रकार कसकती है जैसे पसलियों में फंसा हुआ कोई कांटा। (यहां ध्यान देने की बात यह है कि कांटा किसी भी अंग में धंस कर कसकता है। यहां पसलियों में धंसा हुआ कांटा है जो सीधे हृदय को छेदता रहता है। उपमा के भौतिक रूप की ओर भी कवि का ध्यान है।) एक तो यह दुख कि प्रिय नहीं मिल रहा है। दूसरा बड़ा दुख यह कि (मेरी यह दशा देखकर) परनिंदा में रस लेने वाली स्त्रियों (चवाइन) की चर्चाओं में चारों ओर मेरी बदनामी हो रही है। इस प्रकार की बातें गढ़ गढ़ कर वे सब मेरी हंसी करती हैं। मुझे यह नहीं समझ में आता कि इस प्रकार मर मर कर जीवन को कैसे बिताया जाए (भरियै)। (अब तो यही लगता है कि) स्नेह के बंधन में (जो फांसी के फंदे की तरह प्राण लेने वाला है) किसी को नहीं फंसना चाहिए।

चर्चा और बदनामी से दुखी होने की बात से पूर्वराग की स्थिति सूचित होती है। 'पंसुरीन में गांसी' वाली 'उपमा' प्रिय की कसकती हुई सुधि के लिए बड़ी मार्मिक है।

मीरा की उक्ति अंतिम पंक्ति से तुलनीय है:

> जो मैं ऐसा जानती, प्रीति किये दुख होय।
> नगर ढिंढोरा पीटती, प्रीति न करियो कोय।

प्रेम के कारण विरह में घुटती हुई विरहिणी अपने दारुण दुख का वर्णन करती हुई कहती है कि इस स्नेह की फांसी में कोई न पड़े। एक मर्मस्पर्शी उपमान विधान। प्रिय की स्मृति

ऐसे कसकती है जैसे पसलियों में गड़ा कांटा। ऊपर से चुगली-चर्चा का जहर। इस संकेत के कारण पूर्वराग की स्थिति भी मानी जा सकती है।

चाह-बढ़्यौ चित चाक-चढ़्यौ सो फिरै तित ही इतनेकु न धीजै।
नैन थकै छवि-पान छकै घनआनंद लाज त्यौं रीझनि भीजै।
मोह मैं आवरी ह्वै बुधि बावरी सीख सुनै न दसा-दुख छीजै।
देह दहै न रहै सुधि गेह की भूलि हू नेह को नांव न लीजै ।। 93 ।।

प्रेम की विकलता का अनुभव करती हुई नायिका कहती है कि हृदय में चाह (प्रणय की आकांक्षा) के बढ़ने का परिणाम यह हुआ है कि चित्त चाक पर चढ़ा रहता है। एक पल भी स्थिर नहीं रहता। चित्त वहीं घूमता रहता है (जहां प्रिय हैं)। यहां (मेरे पास) थोड़ी देर के लिए भी नहीं आता। (धीजै—धैर्य नहीं धारण कर पाता अर्थात ठहर नहीं पाता।)

मेरे नेत्र (प्रिय की) छबि का पान करके(खूब) छके (तृप्त)रहते हैं। इसीलिए शिथिल (थके) हैं। मेरी लज्जा (भी स्वाभाविक नहीं रह गई) रीझि (प्रीति) में भीगी रहती है अर्थात बेकार रहती है, सक्रिय नहीं रहती।

मेरी बुद्धि की हालत यह है कि वह मोह में विकल होकर बावली (पगली) हो गई है। अब वह न तो कोई सीख मानती है, न दुख की दशा में ही कोई कमी आती है।

इसी (प्रेम के कारण) से रात-दिन मेरी देह जलती रहती है (वियोग ज्वाला से) और घरद्वार की सुधि नहीं रह गई है। (इसीलिए वह दूसरों से कहती है कि) भूलकर भी इस 'स्नेह' का नाम नहीं लेना चाहिए क्योंकि इसके चक्कर में पड़ जाने पर मन-प्राण जलते रहते हैं और घरबार की सुधि नहीं रह जाती।

इसमें चित्त, नेत्र, लाज, बुद्धि और सुधि (घरद्वार की) सबको प्रेम के कारण अव्यवस्थित दिखाया गया है। इनमें से कोई अपने स्वाभाविक रूप में नहीं है। इसीलिए प्रेम का नाम भी लेना वह (प्रेमिका) ठीक नहीं समझती। किंतु विलक्षणता यह है कि स्वयं उस नेह को छोड़कर इन दुखों से मुक्त नहीं हो जाती। उस जलन में ही उसे सुख मिलता है।

मुहावरों का कलात्मक प्रयोग इस छंद में भी दर्शनीय है। भाव की दृष्टि से इसमें प्रवासविरह के स्थान पर पूर्वराग की स्थिति ही अधिक स्वाभाविक है।

इस प्रकार के छंदों में व्याजस्तुति की दृष्टि से विचार करें तो अनवरत मन-प्राणों को जलानेवाली प्रीति की संपूर्ण प्रतिकूलताओं को झेलते रह कर भी उस पथ पर अडिग भाव से बढ़ते रहने वाले अपने मन के प्रति प्रशंसा का ही भाव दिखाई पड़ता है। यहीं तो घनानंद सामान्य प्रेमकवियों से अलग हैं।

इस छंद में भी प्रेम से मिलनेवाली पीड़ा का उल्लेख करते हुए स्नेह का नाम लेना वर्जित किया गया है। मुहावरों की सादगी और भावव्यंजना की दृष्टि से अत्यंत महत्वपूर्ण छंद है। प्रेमप्रमत्त चित्त और शरीर की एक एक मुद्रा का अंकन बड़ी कुशलता से हुआ है।

कहियै किहि भांति दसा सजनी अति ताती कथा रसनाहि दहै।
अरु जौ हिय ही मधि घूंटि रहौं तो दुखी जिय क्यौं करि ताहि सहै।
घनआनंद जान न कान करें इनके हित की कित कोउ कहै।
उत ऊतर-पांय लगी मिहदी सु कहां लगि धीरज हाथ रहै॥ 94॥

विरह की असह्य जलन और अद्‌भुत लाक्षणिक वक्रता के मेल का यह छंद विरहिणी द्वारा सखी के प्रति कही गई बात से संदर्भित है। दशा ऐसी है कि उसे कहना संभव नहीं और बिना कहे रहना भी संभव नहीं। कहने पर जीभ जलेगी, न कहने पर हृदय जल रहा है।

विरहिणी सखी से कहती है कि हे सखी! अपनी व्यथा की कथा को मैं किस प्रकार कहूं? जो दशा मेरी है, वह तो वर्णन में आ ही नहीं सकती ('बखाने ते जाय परे दिन राति को अन्तर') उसकी कथा (जो दशा की अपेक्षा हल्की है) भी इतनी तप्त है कि अगर कहना चाहूं तो मेरी जीभ (रसना) ही जल जाएगी। (इसलिए कहने का साहस नहीं कर पाती)। बिना कहे अगर उस व्यथा को हृदय में ही पी जाऊं, पचा जाने की कोशिश करूं, तो हृदय पहले से ही दुखी है, उस व्यथा के ताप को वह क्योंकर सहन कर सकेगा (अर्थात बिना कहे रहना भी संभव नहीं है)। आनंद के घन सुजान प्रिय की हालत यह है कि वे यहां के (मेरे) हित की बात (कोई कितनी बार और कितने प्रकार से भी कहे) पर कान ही नहीं देते (सुनते ही नहीं)। वहां की (प्रिय के पास) हालत यह है कि प्रिय के पास से आनेवाले उत्तर के पांवों में मेंहदी लगी हुई है। पांवों में मेंहदी लगना मुहावरा है। किसी के न आने की बात को व्यंग्यपूर्वक इस प्रकार कहते हैं कि वे कैसे आएं उनके पांवों में मेंहदी लगी हुई है। यहां उत्तर नहीं आता। अब कहां तक धीरज हाथ में रहे (अर्थात धीरज छूट रहा है)।

लाक्षणिकता का आधार लोकोक्ति है। दोनों का अद्‌भुत काव्यात्मक निखार के साथ प्रयोग किया गया है। इस चमत्कार के साथ भावगांभीर्य में शिथिलता के स्थान पर और तीव्रता आई है। 'उत्तर' का मानवीकरण किया गया है।

विरहिणी अपनी व्यथाकथा को हृदय में रखे तो उसका ताप हृदय को जलाता है। किसी से कहना चाहे तो उसमें इतना ताप है कि जीभ जल जाती है। फिर कोई इतनी तप्त कथा को सुनेगा क्यों? उधर प्रवासी की ओर से आने वाले उत्तर के पांवों में मेंहदी लगी हुई है (अर्थात उत्तर नहीं आ रहा है) वह किस तरह धीरज धरे? किसी के न आने पर कहा जाता है क्या पांवों में मेंहदी लगी है? लोकोक्ति को लाक्षणिक वक्रता का आधार बनाया गया है। 'ऊतर पांय लगी मेंहदी' में खीझ निराशा अमर्ष, असहायता, विपन्नता, तीव्र वेदना की अनुभूति एक साथ व्यंजित होती है।

बात अनोखी कहा कहियै सुनि बैठे सरै न करै कछु कीबो।
देखत देखत सूझि परै नहिं बूझत बूझत बौरई लीबो।
एहो सुजान दुहेली दसा दुख हाथ लगें हू न छीजत दीबो।
है घनआनंद सोच महा मरिबो अनमीच बिना जिय जीबो॥ 95॥

विरहिणी अपनी अनोखी दशा का वर्णन करती है। वह कहती है कि मेरी बात अनोखी है। इसको कैसे कहा जाए और कहा भी जाए तो बैठकर सुनने के अतिरिक्त सुननेवाले के लिए कुछ करना संभव नहीं है। (कुछ करना व्यर्थ भी है।) सुनो, (सुनि) न तो बैठे रहने से काम बनता है (सरै), न कुछ करने से ही कोई काम बनता है। (काम बनने का तात्पर्य है प्रिय का आगमन और उसका कोई उपाय नहीं है अतः बैठना, न बैठना, कुछ करना, न करना—सब बराबर है।)

देखते देखते (प्रिय का मार्ग देखते देखते अथवा सूनी आंखों अपनी दशा देखते देखते) अब कुछ भी दिखाई नहीं पड़ता। (आंखें पथरा गई हैं। दृष्टि मंद पड़ गई है।) पूछते-पूछते (प्रिय के विषय में कुछ भी सूचना) अब मैंने पागलपन (बौरई) ही ले लिया है। अब न कुछ दिखाई देता है, न कुछ समझ में आता है। हे सुजान प्रिय! मेरी दुखदशा (एकाकीपन, दुहेली) दुख ही दुख हाथ लगने पर भी कम नहीं होती (न छीजत)। वह बढ़ती ही जाती है। (ध्वनि यह कि एक दुख हाथ में है तो दूसरा दुख नहीं आना चाहिए, मगर दुख पर दुख आते जा रहे हैं।) हे आनंद के घन, प्रिय! सोच तो इसी बात का है कि मैं बेमौत (अनमीच) मर रही हूं और बिना जीवन के जी रही हूं।

बेमौत मरना मुहावरे का इतना ललित प्रयोग अन्यत्र दुर्लभ है। बिना जीवन के जीने का आशय यह है कि मेरा जीवनसर्वस्व प्रिय है। वह पास नहीं है तो जीवन का आधार भी नहीं है। फिर भी मैं शरीर धारण कर रही हूं। बिना मृत्यु के कारण के (वियोग दुख से) मर रही हूं। मुहावरे को दोहरे अर्थ गौरव से मंडित कर दिया गया है।

समझने की कोशिश में सिर खपा कर पागल (नासमझ) हो जाना अत्यंत मार्मिक स्थिति है। (बूझत बूझत बौरई लीबो) देखते देखते आंखों का पथरा जाना, दृष्टि विहीन हो जाना—विरहिणी के करुण चित्र को मूर्त करने में पूर्ण समर्थ है।

मुहावरों को नई शक्ति से अनुप्राणित करनेवाली घनानन्द की भाषा के तेवर को इस छंद में स्पष्ट देखा जा सकता है।

बेमौत मरने और बिना प्राणों (जीवन) के जीने के मुहावरों पर आधारित इस छंद में प्रेमी की दुर्दशा का वर्णन किया गया है। यह बात कितनी विलक्षण है कि दुख पर दुख आते जा रहे हैं फिर भी वे कम नहीं होते। कोई उपाय करते नहीं बनता और बेमौत मर कर भी बिना जीवन (प्रिय) के जीना पड़ रहा है।

जान सजीवन-प्रान लखें बिन आतुर आंखिन आवत आधे।
लोग चबाई सबै निरदै अति बान से बैन अयान सौं साधे।
को समझै मन की घनआनंद औरई वेदन बौरई नाधे।
पीर-भर्‌यौ जिय धीर धरै नहीं कैसें रहै जल जाल के बांधे ॥ 96 ॥

वियोगिनी अपने प्राणों की विकलता की कथा कहती हुई बताती है कि ऐसे में धैर्य धारण करने का काम वैसे ही असंभव है जैसे जाल से जल को बांधने का कार्य करना।

वह स्वगत या सखी के प्रति कहती है कि (मेरे) प्राणों के लिए संजीवनी स्वरूप सुजान (प्रिय) को बिना देखे (प्राणों की दशा यह है कि) वे आधे होकर आंखों में आकर अटक

जाते हैं। (केवल आंखों में दर्शन लालसा के रूप में चेतना बची रहती है।) ऊपर से अन्य लोगों की हालत यह है कि वे सब दूसरे की निंदा करने वाले (चवाई) हैं। वे अत्यंत निर्दय हैं। दया न होने के कारण नहीं जानते कि उनकी चर्चा मेरे लिए कितनी घातक है। वे लोग अपने बचनरूपी वाणों का संधान अज्ञानी धनुर्धर की तरह (अयान लौं) करते हैं। (ध्वनि यह कि चतुर धनुर्धर एक वाण में शिकार के प्राण ले लेता है। मूर्ख शिकारी वाणों को गलत निशाने पर मारते हैं। उनसे केवल पीड़ा होती है। प्राण नहीं निकलते।) हे सघन आनंद बरसानेवाले प्रिय (घन)! (तुम्हारे बिना) मेरे मन की (अकथ कथा) कौन समझ सकता है? यह जो मेरा बावलापन (बौरई) है, इसने और ही प्रकार की वेदना से मुझे संयुक्त कर दिया है (नाधे)। 'और ही' वेदना से तात्पर्य उस वेदना से है जो पहले से अननुभूत है, अतः उसकी व्याख्या या अभिव्यक्ति संभव नहीं है। वह विलक्षण प्रकार की है। पीड़ा से (पीर) भरा हुआ यह मेरा हृदय (किसी भी उपाय से) धैर्य नहीं धारण कर पाता है। भला जाल के बांधने से (जाल के बंधन में) कहीं जल बंधा रह सकता है? वचनवाणों से जर्जर हृदय में धैर्य कैसे रुके?

जाल (या छलनी) में जल का न रुकना, मुहावरा है। भला जाल में जल बंधेगा?

एक दूसरी ध्वनि भी है। जाल में असंख्य छिद्र होते हैं। हृदय में भी वियोग के वाणों ने (और अनाड़ियों के वचनरूपी वाणों ने भी) असंख्य छिद्र कर दिए हैं। अब भला छिद्रों के जाल (उस हृदय) में धैर्य कैसे टिक सकता है?

'औरई वेदन' की विलक्षणता का मर्म भेदकातिशयोक्ति से खुलता है।

प्राणों का संजीवन रूप प्रिय को देखे बिना आधे हो जाना और आंखों में आकर अटक जाना, दर्शनलालसा के साथ ही प्राणों की क्षीणता का सूचक है।

पूरा छंद ही गंभीर भाव और उत्कृष्ट कलात्मकता से अनुप्राणित है।

वियोग की दारुण वेदना के समय धैर्य धारण करने में असमर्थ विरहिणी कहती है कि प्रिय को देखे बिना प्राण आधे होकर आंखों में अटक जाते हैं। मेरी बावली मति और ही प्रकार की वेदना का अनुभव करती है। दूसरों की निंदा करनेवाले लोग गलत निशाने पर बार बार अपने वचनवाण मारते हैं। पीड़ा से भरा हुआ मेरा हृदय धैर्य नहीं धारण कर पाता। भला जाल के बांधने से पानी बंधता है? पीड़ा से विद्ध हृदय की तुलना असंख्य छिद्रोंवाले जाल से करके कथन की मार्मिकता बढ़ा दी गई है। भेदकातिशयोक्ति।

मीत सुजान अनीति करौ जिन, हा हा न हूजियै मोहि अमोही।
दीठि कौं और कहूं नांहि ठौर, फिरी दृग रावरे रूप की दोही।
एक बिसास की टेक गहें लगि आस रहे बसि प्रान बटोही।
हौ घनआनंद जीवनमूल दई! कित प्यासनि मारत मोही॥ 97॥

विरहिणी प्रवासी प्रिय के प्रति निवेदन करती है कि हे प्रिय! सुजान (सब कुछ जानने-समझनेवाले) मीत हो। (कहते हैं कि नादान दोस्त से समझदार दुश्मन अच्छा होता है। तुम मीत भी हो और सुजान भी) तुम अनीति न करो (जो अजान और अभिन्न हों वे कुछ भी करें। तुम अनीति करो तो शोभा नहीं देता) मैं हा हा खाती हूं। (अत्यंत कातर भाव

से प्रार्थना करती हूं) तुमने मुझे मोह लिया है। अब अमोही (मोहरहित) मत बनो। (मोहि और अमोही शब्दों की ध्वनि है कि जिस गुण से मुझे मोहा है, उसी गुण को छोड़ मत दो।) मेरी दृष्टि को और कहीं भी ठौर नहीं है। (मेरो मन अनत कहां सचु पावै, जैसे उड़ि जहाज को पंछी पुनि जहाज पै आवै।—सूर) मेरे दृगों में तुम्हारे रूप की दुहाई फिर गई है। (जैसे कोई राजा किसी प्रदेश को जीतकर उसमें अपनी दुहाई फिरा दे कि इस संपूर्ण क्षेत्र पर मेरा अधिकार हो गया है। दूसरे का प्रवेश निषिद्ध है।) मेरे प्राण मेरे शरीर में पथिक (बटोही) की तरह हैं। (इस बटोही शब्द की मार्मिक ध्वनि यह है कि प्राण कभी भी निकल सकते हैं) ये प्राणपथिक अब तक चले जाते, लेकिन तुम्हारे विश्वास की आशा का सहारा (टेक) पकड़कर ही अब तक बसे (रुके) हुए हैं। (ध्वनि यह है कि अब अगर यह विश्वास आपने प्रतिफलित नहीं किया तो आशा का सूत्र टूट जाएगा और प्राणपथिक चल पड़ेंगे।)

अंत में विशेषण का साभिप्राय प्रयोग करके (परिकर) कहती है कि हे प्रिय! तुम आनंद के घन हो और जीवनमूल हो (जीवन के स्रोत) (जीवन में श्लेष : जीवन और पानी। जो पानी का आदि है वह किसी को प्यास से मारे तो उसकी निर्दयता ही है)। फिर भी मुझे प्यासी मार रहे हो! हाय दैव! यह तुम्हारी कैसी निर्दयता है।

मीत, सुजान, घनआनंद, जीवनमूल—जितने विशेषण प्रिय के लिए उपयुक्त हैं, उन सब की ध्वनि यही है कि वह निर्दयता का कोई काम नहीं कर सकता। यह उसकी प्रकृति नहीं है। निठुराई आरोपित है, जिसको छोड़ना उसके लिए बहुत सहज है। इसीलिए विरहिणी को आशा है कि प्रिय की यह निठुराई अवश्य छूट जाएगी। एक दिन वह आएगा ही।

प्रिय (आलंबन) के रूप की दुहाई (दोही) सारे संसार में फिरी हुई है। वियोगिनी की दृष्टि को और कोई स्थान नहीं जहां वह ठहरे (अन्य कोई रूप आंखों पर नहीं चढ़ता।) मेरे प्राणरूपी पथिक एक झलक की आशा में अटके हुए हैं। जीवनमूल होकर मुझे मत मारो। प्रिय चाहे जितना निठुर हो उसकी सहृदयता का पूरा भरोसा है।

उर-भौन में मौन को घूंघट कै दुरि बैठी बिराजति बात बनी।
मृदु मंजु पदारथ-भूषन सों सु लसै हुलसै रस-रूप मनी।
रसना अली कान-गली मधि ह्वै पधरावति है चित-सेज ठनी।
घनआनंद बूझनि-अंक बसै बिलसै रिझवार सुजान धनी ॥ 98 ॥

शब्दातीत अर्थ गौरवसंपन्न मौन की गरिमा को जितना घनानन्द ने समझा है और जिस सफाई से उसे अभिव्यंजित किया है, वह मध्यकाल के लिए अपरिचित स्थिति है। आधुनिक हिंदी काव्य में मौन का महत्व निराला और अज्ञेय ने पहचाना है। प्रस्तुत छंद में मौन के उसी गुरु अर्थ की अभिव्यंजना सांगरूपक के माध्यम से की गई है। बातरूपी वधू को मौन का घूंघट किए हृदयरूपी भवन में बैठी हुई बताया गया है।

छंद की संरचना इस बात की पूरी छूट देती है कि उस 'बात' को आप प्रणयानुभूति समझें, रहस्यानुभूति समझें, भक्ति का आस्वाद समझें अथवा गूढ़ काव्यार्थ समझ लें। वैसे

गूढ़ संकेत यह भी है कि इन सारी 'बातों' का केंद्र हृदयस्थ 'प्रेमतत्व' ही है जो अनेक रूपों में प्रकाशित होता है।

कवि कहता है कि बात (काव्य या प्रणय की अनुभूति) रूपी वधू (बनी) मौन का घूंघट करके हृदयरूपी भवन में (कवि या प्रेमी के) बैठी हुई शोभा पाती है। व्यंग्यार्थ यह कि अनुभूति चाहे काव्य की हो अथवा प्रणय की अपने वास्तविक रूप में तो वह मौन के अवगुंठन में ही रह जाती है। वाणी में जो व्यक्त होता है, वह वास्तविक अनुभूति का आभास मात्र होता है। घनानन्द के अनेक छंदों में इस प्रकार के संकेत मिलते हैं :

मन तें मुख लौं नित फेर बड़ो कित ब्यौरि सकौं हित की बतियां।

(दे० छंद 44)

जानैं वेई दिन-राति, बखाने तें जाय परै दिन-राति को अन्तर।

(दे० छंद 6)

उस (बात की) रसरूपी मणि अर्थात प्रेम या काव्यरूपी मणि के आभूषण के समान मृदु (कोमल) और मंजुल पदार्थ (पद=शब्द के अर्थ) शोभा पाते हैं। ये मृदु और मंजु पदार्थ शोभित होते हुए उल्लसित होते हैं। रूपक में बात रूपी वधू के आभूषण बनकर ही पदार्थ (शब्द और उनके अर्थ अर्थात वाणी के उपकरण) शोभा पाते हैं। आभूषण में अपनी शोभा कहां? वे तो सुंदरी के स्वाभाविक सौंदर्य के साहचर्य में ही शोभा पाते हैं। ('अंजन त्यौर ही ताकौ करै'—दे० छंद 54) ध्वनि यह कि हृदय में जो बात (अनुभूति) है, उसके आभूषण की हैसियत से ही शब्द और उनके अर्थों की शोभा है। वह बात (अनुभूति) नहीं है तो अलकार व्यर्थ हैं। अकबर का कथन इसी ओर संकेत करता है :

इश्क को दिल में जगह दो अकबर,
इल्म से शायरी नहीं आती।

एक अर्थ इस पंक्ति का इस प्रकार भी हो सकता है, पदार्थ और आभूषणों से रसरूप मणि का प्रकाश बाहर झलकता है अन्यथा वह अप्रकाशित ही रह जाता। पदार्थ ही अनुभूति को कुछ कुछ प्रकाशित करने में सफल होते हैं। ('कविहिं अरथ आखर बल सांचा'—तुलसीदास।)

रूपक आगे बढ़ता है। मौन के घूंघट में छिपी बातरूपी वधू तक उसके प्रिय को पहुंचाने में सखी को भूमिका अनिवार्य है।

वाणी (रसना) रूपी सखी (अली) कानरूपी गली (मुख्य द्वार से भिन्न, व्यक्तिगत उपयोग में आनेवाला मार्ग) के बीच होकर (प्रिय को) चित्तरूपी सजी हुई शय्या पर ले आती है (पधरावति)। बूझनि (बूझि=बुद्धि=काव्य की समझ) की गोद में बैठ कर (बसै) ही सघनआनंदस्वरूप, सुजान, रीझनेवाले प्रिय (धनी, दूल्हा) बातरूपी वधू के साथ विलास करते हैं।

इस रूपक में 'बूझनि-अंक' और 'रिझवार सुजान धनी' में पात्रता और उपाय के संकेत छिपे हुए हैं। 'सुजान', 'धनी' और 'रिझवार' इन विशेषणों में काव्य और प्रेम के

गूढ़ाशय को समझने की योग्यता वाले व्यक्ति (रसिक) की पात्रता का संकेत है। इस प्रकार की पात्रता वाला रसिक जब काव्य (या प्रेमतत्व) को बूझने की समस्त (शास्त्रीय, बौद्धिक और अभ्यासगत) योग्यता (बूझनि) के अंक में (इन सभी तत्वों के साथ) उस बातरूपी वधू (अथवा कविता) को लेकर बैठेगा, तभी घनानन्द की (वैसे समस्त श्रेष्ठ कवियों की) कविता के साथ विलास कर सकेगा अर्थात उसका आनंद प्राप्त कर सकेगा। (यह पात्रता न हो तो 'बात' ऊपर से निकल जाएगी।

प्रेमानुभूति और काव्यानुभूति के संदर्भ में उपर्युक्त कथन को सामान्य धरातल पर रखें तो व्यापक अर्थ की प्रतीति होती है। वैसे इस कथन को घनानन्द द्वारा अपनी कविता (प्रणयानुभूति) के संदर्भ में माना जाता है। 'समुझै कविता घनआनंद की जिन आंखिन नेह की पीर तकी' जैसी पंक्तियों में घनानन्द के काव्य को समझने की जो शर्तें हैं, वैसी ही शर्तें प्रस्तुत छंद में भी हैं। वैसे सामान्य कविता या प्रेमानुभूति के संदर्भ में भी छंद का महत्त्व अप्रतिम है।

शब्दातीत अर्थगौरवसंपन्न मौन की महिमा का सांगरूपक द्वारा स्पष्ट प्रकाशन इस अद्भुत छंद में किया गया है। जो बातरूपी वधू (बनी) हृदय के भवन में मौन का घूंघट किए विराज रही है, वह प्रणयानुभूति, भक्तिभावना, रहस्यानुभूति अथवा काव्य-मर्म में से कोई हो सकती है, ऐसी कुशलता के साथ उसे प्रस्तुत किया गया है। मूल ध्वनि यह कि अनुभूति काव्य की हो या प्रणय की, वास्तविक रूप में मौन में ही रहती है, हृदय के भीतर। जो कुछ बाहर आता है, वह आभास मात्र है। पदार्थ रूपी आभूषणों से वह रसरूपी मणि (अनुभूति या काव्यमर्म) विलसती है, प्रकाशित होती है। चित्त-रूपी शय्या पर रिझवार (रसिक) को कान की गली से रसनारूपी सखी ले जाती है जहां वह बूझनि (समझदारी) की गोद में (उस वधू के साथ) विलास करता है। 'बूझनि अंक' और 'रिझवार सुजान धनी' में उपाय और पात्रता के संकेत हैं। गीतावली के एक पद से तुलनीय :

> पौढ़िये लाल पालने हौं भुलावौं।
>
> × × ×
>
> बाल-विनोद-मोद-मंजुल-मनि-किलकनि खानि खुलावौं।
> तेइ अनुराग-ताग गुहिबे कहं मति मृगनयनि बुलावौं।
> तुलसी-भनिति-भली-भामिनि उर सो पहिराइ फुलावौं।
> चारु चरित रघुवर तेरे तिहि मिलि गाइ चरन चितु लावौं।।
>
> (गीतावली, पद 18)

> अंतर मैं बासी पैं प्रबासी को सो अंतर है,
> मेरी ना सुनत दैया आपनीयौ ना कहै।
> औचननि तारे ह्वै सुझावौ सब सूझो नाहिं,
> बूझी न परति, ऐसें सोचनि कहा दहौ।

हौ तौ जानराय, जाने जाहु न अजान यातें
आनंद के घन छाय छाय उघरे रहौ।
मूरति मया की हाहा सूरति दिखैये नेकु
हमैं खोय या विधि हो कौन धौं लहा लहौ ॥ 99 ॥

अपने अंतःकरण में प्रिय की उपस्थिति का निरंतर अनुभव करनेवाली विरहिणी का यह कथन प्रणय के क्षेत्र में जितना मार्मिक है, दर्शन के क्षेत्र में उतना ही महत्वपूर्ण है। अभंग और सभंग यमक, श्लेष, विरोधाभास अलंकारों के साथ संगीतात्मकता इस छंद की अतिरिक्त उपलब्धि है।

(पहली ही पंक्ति में दोनों प्रकार के यमक का प्रयोग हुआ है) विरहिणी कहती है कि हे प्रिय यद्यपि तुम मेरे अंतर (हृदय) में ही स्थाई रूप से निवास करते हो तथापि तुममें और मुझमें इतना अंतर (फासला) है जितना प्रवासी जनों के बीच होता है।

प्रवासी प्रिय की प्रिया विरहिणी है किंतु प्रिय को इतने मूर्त रूप में अपने हृदय में अनुभव करती है कि उसी से उलाहना देने लगती है। वह कहती है कि तुम मेरे इतने निकट (हृदय में ही हो), किंतु मेरी पुकार नहीं सुनते। (मेरी नहीं सुनते, न सही) कुछ अपनी ओर से भी तो नहीं कहते। तुम्हारी निठुराई की हद है।

तुम्हारी अन्य विलक्षणता यह है कि तुम मेरी आंखों के तारे (दृष्टि, पुतली, नजर) बनकर मुझे सब कुछ दिखा देते हो। (प्रणयानुभूति की तीव्रता से मैं अपरिचित थी। तुम्हीं ने मुझे इससे परिचित कराया है) किंतु जिन आंखों से यह सब देखती हूं, उन्हीं आंखों से तुम नहीं दिखाई देते। मैं यह नहीं समझ पाती कि ऐसी चिताओं से मैं किस लिए और क्यों जली जा रही हूं अर्थात तुम मुझ इस प्रकार की चिंता में क्यों जला रहे हो ?

तुम स्वयं तो जानराय (ज्ञानियों में शिरोमणि) हो। सब कुछ जान लेते हो। मगर मैं तुमको नहीं जान पाती। अतः मेरे लिए तो तुम अजान (जिसे न जाना जा सके) ही हो।

हे प्रिय ! तुम मेरे हृदय को शीतल करने के लिए, आनंद के घन (बादल) हो, किंतु विडंबना यह है कि छाए रहकर भी उघड़े रहते हो (घिरते हो फिर भी नहीं बरसते)। ध्वनि यह है कि रहते हृदय में हो, व्यवहार परदेसी का करते हो। प्रस्तुत रहकर भी अप्रस्तुत रहते हो।

'छाय छाय उघरे रहो' में विरोध का चमत्कार बहुत सूक्ष्म स्तर पर है।

तुम माया (मोह, स्नेह) की मूर्ति हो। मैं हा हा खाती हूं (कातर होकर प्रार्थना करती हूं) की अपनी मूर्ति क्षण भर के लिए दिखा दो। मुझे इस प्रकार खोकर (अपने से अलग करके) मैं नहीं समझती कि तुम कोई बड़ा लाभ प्राप्त कर रहे हो। तुम्हें पाकर मैं खो गई, अब मुझे खोकर तुम कौन सा लाभ पा रहे हो ?

प्रेमिका के इस कथन कि 'लोचननि तारे ह्वै सुझावौ सब सूझौ नाहिं' का एक विचित्र अर्थ किया जाता है। 'मैंने नेत्रों की पुतलियों द्वारा बहुत ध्यानपूर्वक तुमको देखने का प्रयास किया, किंतु फिर भी तुम दिखाई नहीं पड़े।' (भाष्येन्दुशेखर, पृ० 306)। वस्तुतः

इस पंक्ति में 'सुझावौ' क्रिया आश्रय के लिए नहीं, आलंबन के लिए आई है। वह प्रिय नेत्रों का प्रकाश बनकर संसार के अन्य रूपों से आश्रय को परिचित करा देता है, पर स्वयं नहीं दिखाई पड़ता। बिहारी इसी बात को इस प्रकार कहते हैं :

जगत जनायो जिहि सकल सो हरि जान्यो नाहिं।
ज्यों आंखिन सब देखियै आंखि न देखी जाहि ॥

प्रिय की समस्त विशेषताओं का आरोप ब्रह्म (ईश्वर) पर करने पर यह दर्शनपरक छंद हो जाता है। जीव ईश्वर को संबोधित करके कह रहा है कि आप मेरे अंतर में स्थित हैं फिर भी प्रवासी जैसी अलंघ्य दूरी है। संसार से मुझे परिचित कराकर स्वयं आप मेरी दृष्टि में नहीं आते। मैं इसी चिंता में मरा जा रहा हूं। आप सर्वज्ञ हैं किंतु मेरे लिए अज्ञेय हैं। आप आनंद के स्रोत हैं। संपूर्ण जगत में व्यक्त और व्याप्त रहकर भी आप अदृश्य रहते हैं। आप कृपा की मूर्ति हैं। मुझ जैसे अकिंचन को खोकर आपको कौन सा लाभ मिल जाएगा ? अत: मुझे स्वीकार कर लीजिए।

प्रणय के क्षेत्र में अपने जैसा अनन्य प्रेमी किसी को न मानने के एकांत विश्वास और अनन्य समर्पण का संकेत है। एक अन्य छंद में विरहिणी कहती है :

'नहिं खोवते जो हमें पावते जू' यदि सचमुच मेरी संपूर्ण विशेषताओं को समझ कर (मेरे समर्पण की अनन्यता की परख करके) तुम मुझे अपनाते तो इस तरह खो नहीं देते।

प्रेम और दर्शन दोनों क्षेत्रों में समान रूप से महत्वपूर्ण छंद। अपने अंतःकरण में सतत विराजमान प्रिय को संबोधित करके विरहिणी कहती है कि अंतस्थ हो फिर भी प्रवासी जैसी दूरी है। सब कुछ दिखा देते हो, स्वयं सामने नहीं आते। न मेरी सुनते हो, न अपनी कहते हो। इस प्रकार तुम्हारे कारण मैं खो गई हूं। मुझे इस तरह खो कर (अपने से अलग करके) बोलो तुमने कौन सा लाभ प्राप्त कर लिया है ?

अभंग और सभंग श्लेप दोनों प्रकार के यमक और विरोधाभास के साथ संगीत-पूर्ण ध्वनिरचना और मार्मिक अभिव्यक्ति की दृष्टि से महत्वपूर्ण छंद।

बहुत दिनान के अवधि-आस-पास परे,
खरे अरबरनि भरे हैं उठि जान कौ।
कहि कहि आवन संदेसो मनभावन को,
गहि गहि राखत हैं दै दै सनमान कौ।
झूठी बतियानि की पत्यानि तें उदास ह्वै कै,
अब न धिरत घनआनंद निदान कौ।
अधर लगे हैं आनि करिकै पयान प्रान,
चाहत चलन ये संदेसो लै सुजान कौ ॥ 100 ॥

विरह की अंतिम स्थिति ('मरण दशा' के ठीक पूर्व की स्थिति) का अंकन इस छंद में हुआ है। प्रेमी के प्राण अब कंठ से भी निकल कर अधरों पर आकर अटक गए हैं, केवल इसलिए कि प्रिय का संदेश शायद अब भी मिल जाए।

प्राण निकलने को हैं। प्रेमी उस स्थिति का वर्णन करते हुए कहता है कि बहुत दिनों की अवधि की आशा के (आशारूपी) पाश (फंदे) में फंसे हुए (मेरे प्राण) अत्यंत उतावली में (खरे=तेज, अरबरनि=उतावली) भर गए हैं कि जल्दी चल पड़ें। (उठिजान को=चल पड़ने के लिए) (आज तक फंदे में गला कसने और प्राणों के निकलने की हड़बड़ी के बावजूद) इनको मनभावन (प्रिय) के आने का संदेश (आया है या आने वाला है ऐसा) कह कह कर, किसी तरह समझा-बुझाकर ('सनमान' देकर) पकड़ पकड़ कर (गहि गहि) बलपूर्वक रोक रहा हूं। लेकिन बार बार झूठे संदेश पर विश्वास करके और उस विश्वास के फलस्वरूप (निराश होने के कारण) उदास होकर अंत में (निदान कौ) अब प्राण घिरते नहीं (अब उन्हें घेरा नहीं जा सकता)। स्थिति यहां तक पहुंच गई है कि प्राणों ने प्रस्थान कर दिया है। वे अधरों तक आकर लगे हुए हैं। अब ये प्राण सुजान प्रिय का संदेश लेकर चल पड़ना चाहते हैं। (अब तो आ जाओ)

मरण दशा का स्पष्ट संकेत है किंतु मरणासन्न प्रेमी की आशावादिता की यह स्थिति है कि अब भी उसे प्रिय के संदेश की आशा बनी हुई है। (एक छंद में तो यहां तक कहा गया है कि मरने के बाद भी उसास के गले में आशा का फंदा पड़ा ही रहेगा अर्थात आशा नहीं छूटेगी; 'घुरि आस की पास उसास-गरे जु परी सु मरे हू कहां छुटि हैं' (दे० छंद 83)। अत्यंत कारुणिक चित्र है।

अति प्रसिद्ध छंद। विरह की अंतिम अवस्था (मरण दशा) के ठीक पूर्व की स्थिति पूरी करुणा के साथ चितित्र की गई है। विरही के प्राण मरते समय भी प्रिय के संदेश या एक झलक के लिए अटके रह गए हैं। वेदना की सघनता के कारण इस छंद के रचना काल के संबंध में एक किवदंती जुड़ गई है।

'कहते हैं कि मरते समय इन्होंने (घनानन्द ने) अपने रक्त से यह कबित्त लिखा था।'[1]

वस्तुतः घनानन्द ने जिस प्रगाढ़ता से प्रेम किया, जैसी गंभीरता के साथ भक्ति को अपने जीवन में उतारा, उसी असाधारण गौरव के साथ अपने रक्त की एक एक बूंद से ब्रज की धूल को आत्मसात करते हुए उन्होंने अपने प्राण भी त्यागे। बहुत संभव है कि यह छंद ठीक उन्हीं परिस्थितियों में लिखा गया हो और अंतिम क्षणों में सुजान की स्मृति उभर आई हो। दैहिक प्रेम को घनानन्द ने ईश्वरीय प्रेम की गुरुता दी यह बात भी इस छंद के उपर्युक्त रचनाकाल की पुष्टि करती है।

प्रेम को महोदधि अपार हेरि कै, बिचार,
बापुरो हहरि बार ही तें फिरि आयौ है।
ताही एक रस ह्वै बिबस अवगाहैं दोऊ,
नेही हरि राधा जिन्हैं देखे सरसायौ है।
ताकी कोऊ तरल तरंग-संग छूट्यौ कन,
पूरि लोक लोकनि उमंगि उफनायौ है।

1. रामचंद्र शुक्ल : 'हिंदी साहित्य का इतिहास', संस्करण, 16 पृ० 320.

सोई घनआनंद सुजान लगि हेत होत,
ऐसें मथि मन पै सरूप ठहरायौ है ॥ 101 ॥

प्रेम के संबंध में विलक्षण प्रेमी घनानन्द का कथन है। उन्होंने बताया है कि सांसारिक और भक्तिमूलक (आलौकिक) प्रेम में क्या अंतर और क्या संबंध है। जिस प्रकार सूफी इश्क मजाजी से ही इश्क हकीकी तक पहुंचता है, उसी प्रकार इस छंद में मनुष्य के प्रेम को ईश्वरीय प्रेम के साथ जोड़ा गया है। यह छंद इस बात का प्रमाण है कि घनानन्द का शृंगार चित्रण चाहे जितना मांसल और जैविक हो, अंततः उनके विश्वास के अनुसार वह राधाकृष्ण के ईश्वरीय प्रेम सागर की बूंद मात्र ही है।

प्रेम के अपार महासागर को (दूर से ही) देखकर, विचार (विवेक या बुद्धितत्व) बेचारा घबराकर (हर्हारि) अपनी ओर वाले तट (वार) से ही लौट आया है। (ध्वनि यह कि प्रेमतत्व का अवगाहन तो क्या, उसका स्पर्श भी (बुद्धि) विचार के वश की बात नहीं है।) उसी अपार प्रेमपयोधि में सर्वांग डूब कर (बिबस) तथा एकरस होकर दोनों महान नेही राधा और कृष्ण उसका अवगाहन करते हैं। उन दोनों पूर्ण प्रेमियों को देखकर वह (प्रेम का) सागर भी हर्षित हो जाता है। (ध्वनि यह कि राधा-कृष्ण के अतिरिक्त प्रेमतत्व का अवगाहन कोई अन्य नहीं कर सकता) उसी अगाध प्रेमसागर की तरल तरंगों (जो राधाकृष्ण को देखकर उमगती हैं) से किनारे पर (संसार में) छूटी हुई कोई एक बूंद (कण) समस्त लोकों में पूरित होकर उफनाई हुई है। (उस सागर को अगाधता का अनुमान भी संभव नहीं है जिसका एक कण मात्र समस्त लोकों को डुबा कर उफन उठने की क्षमता रखता है।) (तरल वस्तुतः कण का विशेषण है।) कवि कहता है कि वही (एक कण (बूंद) जो समस्त लोकों में उफनाया हुआ है) घनानन्द और सुजान (तात्पर्य यह कि सांसारिक प्रेमी और प्रेमिका) के लिए हेत (सांसारिक लगाव, स्नेह, प्रेम) होता है। अंत में कवि कहता है कि 'इस प्रकार मन को मथ कर मैंने प्रेम के स्वरूप का निश्चय किया (ठहरायौ) है।

घनानन्द द्वारा ठहराया हुआ प्रेम का यह स्वरूप चिंतन और उससे अधिक अनुभव करने का विषय है। जितना गूढ़ तत्व है, स्पष्टीकरण उतना ही साफ है।

असाधारण प्रणयी कवि घनानन्द का यह छंद सांसारिक और ईश्वरीय प्रेम संबंधी उनकी अवधारणा का स्पष्ट परिचायक है। सूफी इश्क मजाजी से इश्क हकीकी तक पहुंचने की बात करते हैं। इस छंद में मानवीय प्रेम को ईश्वरीय प्रेम के ही एक कण के रूप में प्रतिष्ठित किया गया है।

विचार बेचारा प्रेमपयोधि के तट से ही घबराकर लौट आता है। वह सागर राधा और कृष्ण को पाकर हर्षित होता है। वे दोनों उसकी लहरों का अवगाहन करते हैं। उसी सागर की एक बूंद समस्त लोकों में उमड़ उठी है। घनानन्द का, सुजान के प्रति प्रेम उसी कण का एक अंश है, ऐसा स्वरूप (उन्होंने अपने) प्रेम का निश्चित किया है।

घनानन्द का शृंगार चाहे जितना ऐंद्रिय रहा हो, इस एक छंद से स्पष्ट है कि अंततः वह उसी प्रेम का एक अंश है जो ईश्वरीय है। प्रेम के स्वरूपनिरूपण की दृष्टि से यह एक अद्भुत छंद है।